清华大学公共管理系列教材

电子政务理论与实践

孟庆国　樊　博　编著

清华大学出版社
北　京

内容简介

本书的有关内容是作者在多年的公共管理信息类课程教学内容的基础上凝练而成的，主要涉及电子政务的基础概念、电子政务的管理模式、电子政务的事务处理信息系统、政务智能系统、电子政务的业务流程、电子政务的绩效评估、电子政务的安全策略以及中国电子政务发展基础和框架及相关案例等方面。旨在让读者认识电子政务在推进政府改革和创新中的重要作用，掌握电子政务的基本概念、模式、流程及绩效方面的基本知识，并在实践中灵活运用电子政务的基本工作方法。

本书具有很强的针对性和实用性，既可作为 MPA 及各种电子政务课程班的培训教材，又可供政府工作人员在从事电子政务建设实践的过程中参考和借鉴。

图书在版编目(CIP)数据

电子政务理论与实践/孟庆国，樊博编著.—北京：清华大学出版社，2006.3（2022.1重印）
（清华大学公共管理系列教材）
ISBN 978-7-302-12557-0

Ⅰ.电… Ⅱ.①孟…②樊… Ⅲ.电子政务 Ⅳ.D035.1-39

中国版本图书馆 CIP 数据核字(2006)第 010852 号

责任编辑：周 菁 王荣静
责任印制：杨 艳

出版发行：清华大学出版社
网 址：http://www.tup.com.cn，http://www.wqbook.com
地 址：北京清华大学学研大厦 A 座 **邮 编：**100084
社 总 机：010-62770175 **邮 购：**010-62786544
投稿与读者服务：010-62776969，c-service@tup.tsinghua.edu.cn
质 量 反 馈：010-62772015，zhiliang@tup.tsinghua.edu.cn

印 装 者：北京富博印刷有限公司
经 销：全国新华书店
开 本：185mm×260mm **印张：**11.75 **插页：**1 **字 数：**261 千字
版 次：2006 年 3 月第 1 版 **印 次：**2022 年 1 月第17 次印刷
定 价：38.00元

产品编号：020807-02/G

序言

PREFACE

世界各国在提倡和推进信息化战略中都把电子政务列在电子商务、远程教育、远程医疗、电子娱乐这五大战略之首。从世界范围来看，推进政府部门办公自动化、网络化、电子化已是大势所趋。我国政府自三金工程和[①]政府上网工程实施以来，也在不断加大电子政务系统的推进力度，一些重要政务信息系统在各级政府管理中越来越重要。电子政务的实施和推进是一项艰巨而复杂的系统工程。首先应该从认识电子政务建设对于提高国民经济总体素质、提高现代化管理水平、加强政府监管、提高行政效率的重要性的角度，掌握并深入理解电子政务的基本概念、方法和模式。因此，国内很多高校开始设置电子政务专业，开设有关电子政务方面的课程，加强对各级人员的教育和培养。清华大学公共管理学院和上海交通大学国际与公共事务学院作为全国公共管理硕士(MPA)指导委员会信息类课程建设的牵头单位，从1999年就开始电子政务及信息技术类课程的设计和规划，并陆续开设了多门有关课程。本书的内容就是在这些课程的教学积累中，通过不断提高，最后凝练而成的。

本书主要包括电子政务的基础概念、管理模式、事务处理信息系统、政务智能系统、业务流程、绩效评估、安全策略、政府信息资源管理以及中国电子政务发展基础、框架及相关案例等方面的内容。通过系统的学习，读者能够认识并深刻理解电子政务的概念及其在政府创新和公共管理实践中的地位和发展方向，提高自身应用电子政务系统的水平和能力。本书具有很强的针对性和实用性，既可作为MPA及各种电子政务课程的培训教材，又可供政府工作人员在从事电子政务建设实践的过程中参考和借鉴。

---

① “三金工程”指金桥工程、金关工程和金卡工程。

目录

CONTENTS

电子政务的概念与发展

1.1 电子政务的基本概念

电子政务并不是简单地将传统政府管理移植到互联网上，而是人类为了适应新的技术变革而采取的生产关系与上层建筑的调整。这种调整使政府以一种新的形态和模式面向公众。

1.1.1 电子政务的定义

1. 政府信息化的背景

在当前网络化、信息化、全球经济一体化的趋势中，政府信息化作为国家信息化的基础，直接影响国家的竞争力和社会经济的发展进程。信息技术的应用在未来的政治、经济和军事方面逐渐成为主导力量。因此，对政府信息化的理解应该跳出技术层面的认知，将信息化与国家竞争力、结构调整和体制创新统一起来。

在未来的世界中，谁在收集、处理、加工和传播信息上拥有更强的能力，谁就有条件获得竞争优势。一个国家的信息化发展水平直接关系到该国在未来世界经济和政治格局中的地位。

2. 电子政务的定义

电子政务是近几年伴随着互联网、电子商务等新生事物的产生出现的新概念，它是由英文 E-Government 翻译而来的，但 E-Government 的字面意思应为“电子政府”，但后来可能主要是为了与“电子商务”相对应，大家习惯用“电子政务”来代替“电子政府”这一原意了。

国内外关于电子政务的定义有很多，但总结起来主要是从四个角度来对其进行定义。

从狭义的角度：电子政务就是政务工作电子化，即政府在公共管理和服务等政务工作中，全面应用现代信息技术，特别是互联网技术、计算机技术进行管理，并提供各种公共服务。

从广义的角度：电子政务是指包括各级行政机关系统的政务工作信息化，如国家权力机关、司法机关、政协及其他公共部门的政务工作信息化以及各级党委党务工作的信息化。

从管理的角度：电子政务就是政府机构应用现代信息技术，将管理和服务通过网络技术进行集成，在互联网上实现政务组织结构和工作流程的优化重组，对传统政务进行持续不断地革新，以实现高效率的政府管理和服务。

从技术的角度:电子政务是基于网络技术、数据库技术、全文信息检索技术、GIS 技术、RS 技术、GPS 技术、数据仓库和数据挖掘技术、空间数据挖掘技术、空间决策技术、数据通信技术、标准化技术、信息安全技术和信息共享技术等的政务信息管理系统。

3. 电子政务的内涵

电子政务是指政府机构运用现代网络通讯技术与计算机技术,将政府的管理和服务职能通过精简、优化、整合、重组后在互联网上实现,以打破时间、空间以及条块分割的制约,从而加强对政府业务运作的有效监管,提高政府的科学决策能力。并为社会公众提供高效、优质、廉洁的一体化管理和服务。

电子政务的建设是与政府改革、工作流程重组、科学决策紧密结合的,即利用先进信息技术来推进政府组织机构的改革、优化政府业务流程、提高决策制定的科学性。电子政务是一场伟大的革命,它的实质就是转变工业化模型的大政府的管理体系,以适应虚拟的、全球性的、以知识为基础的数字经济。

1.1.2 电子政务与传统政府

1. 传统政府

传统政府的组织结构是政府自上而下地统一划分管理层次和管理幅度,政府内部有一个金字塔形的部门结构,高层政府垄断信息,而底层政府和公众只能掌握有限的局部信息。在这种组织结构中,管理层次和管理幅度成反比。管理层次越多,管理幅度越小;管理层次越少,管理幅度越大。上层管理者对下层进行监督和控制,下层向上层请示、申诉并执行命令。每个组织均按自下而上的层级结构形成一个指挥系统,即一级管一级。上级的意思通过中间层到下层,不需要上级时时刻刻一竿子插到底去管理每一个人。下级的反馈信息也不能很好地及时被上层了解。因此,组织内部是相对封闭的、不自主的、互动性不强的,且它的信息交流结构会导致失真。因为一个组织在一定时期内处理信息的能力是有限的,流经各个等级结构的信息,往往因其中地位较高者的意愿和敏感,以及因地位低下者的屈从而被歪曲。

传统政府的组织结构是高度集权的、层级制的、垂直的金字塔结构。政务的处理方式是以政府机构和职能为中心的。企业、社会组织和公众要通过政府部门办理相关事务,必须首先了解各个政府部门的基本职能、权限和具体分工,然后按照先后顺序分别到不同的政府部门办理。因为业务流程复杂,审批环节众多,议事程序漫长,使得政府的服务对象苦不堪言。例如有的地方盖一栋大楼需要盖上数百个公章,开设一个企业要等上半年、一年的时间。这样不但浪费了大量的社会资源,也大大损害了政府的形象,使得政府与企业、政府与公众的矛盾日益加深,也为政府官员的腐败行为留下了巨大的空间。

2. 电子政务

电子政务作为区别于传统政府的一种组织形态,它充分运用了现代信息和通信技术,打破了传统政府的组织界限,在互联网上构建了一种新型的信息传播模式,从而形成了一种完全开放的矩阵式的组织结构。矩阵式组织结构是一种实现横向联系的有力模式。信息可以通过网络进行快速流动和传递,形成纵横交错、四通八达,甚至是超越国界、超越时空界限的信息流。电子政务将使集权式的管理体系过渡到交互式、网络化的扁平管理体系,一改过去单一的信息传递渠道，成为全方位、多层次、多形式、多途径、跨越时空的信息传递渠道，上层管理者与下层在信息获得的范围、数量、时差上的区别在不断缩小。信息传递渠道除由上到下的垂直传递渠道外，还有同一层级的各个管理机构和人员之间的横向传递渠道，不仅高层管理者可及时获得全局性信息，而且处于不同层次、不同部门管理岗位上的工作人员也能及时获得全局信息。

在网上只有主动的参与者，不存在过去意义上的“受众”。信息在一切个体间平等地流动，金字塔式的权力模式被打破，公众参政的基本方式之一就是上网。政府机构不再是注重硬性管理，按科层官僚制原则构建“管理体系”，而是按系统整体原则构建的、有限刚性和有限柔性相济的、能对生态环境及时做出反应的有机体，它是一种灵敏快速的决策系统和高效能、高质量的政府管理系统。电子政务所具有的这种发散式的网络传播途径，使中央政府的政令能够畅通无阻地送达权力底层；反之，基层的反馈信息也能迅速地向上传递。同级政府、部门之间不再被地理边界或大门围墙所阻隔，传统的垂直组织层级信息传递功能被网络所替代。

电子政务以公众的需求为中心的，流程式的虚拟政府，是一种扁平的网络化结构。政府以“向社会提供高效、优质的政府管理与服务”作为出发点。企业、社会组织和公众申请的各种经济与社会事务，政府的受理窗口和受理流程要严格地依据既定的时间约定和规则约定进行相关处理。申办人可以随时查询事务处理的状态，监督政府的工作行为和绩效。高层领导者可以以高级的权限和身份来对网络的工作流程进行管理、控制和监督。

在传统政府向电子政务转变的过程中，需要充分运用现代信息和通信技术，在网络上形成强势信息流，建立一个虚实结合、安全可靠、容量大、功能强、24 小时全天候的信息管理系统，让公众即时了解政府机构的组成、职能和办事规程。随着电子政务的建立和完善，政府通过网上与公众进行互动沟通，听取公众的意见与心声，不断地调整政府的行为，将促进政府行政的公开化、民主化、效率化。

1.2 电子政务与政府管理创新

1.2.1 转变政府职能

政府职能是行政系统在社会经济中所承担的职责。转变与更新政府职能是行政系统适应环境变化的基本方式。面对以信息技术为载体、以市场化为动力的全球化浪潮的冲击，以及以知识创新为内核、以产业信息化为重要特征的知识经济的挑战，电子政务的创建与推动，为政府职能由管理型向服务型的转变提供了重要的物质设备与技术支持。但更重要的是，它使管理型政府转变为服务型政府成为必然。电子政务的特质就在于它是服务型政府，即透过电子媒体创新政府的管理和服务。电子政务希望达成这样一种理想的服务形态，即公民没有走进政府机关即可获取丰富的信息；公民只需在单一机关办事，任何问题皆可随问随答，所办事情立等可取；若公民申办事情涉及多个机关，政府机关可在一处办理，全程服务；公民无需进入政府机关，即可经过电脑连续申办。未来政府服务将朝着“单一窗口”、“跨机关”、“24 小时”、“自助式”服务方式的方向发展。换言之，电子政务要求政府创新其服务的方式，使政府服务快捷、方便，畅通，更为直接和公平，具有更高的附加值。

在信息化社会中，与电子政务相关的行为主体主要有三个，即政府、企(事)业单位和居民。而政府的业务活动也主要是紧紧围绕着这三个行为主体展开，即包括政府与政府之间的互动；政府与企、事业单位，尤其是与企业的互动；以及政府与居民的互动。

1.2.2 提高政府的决策品质

政府决策是政府面对需要解决的一些社会重大问题做出某种政策或行动的选择。政府决策最初多是经验决策。随着资本主义的萌芽和工业经济时代的到来，社会化大生产迅速发展，社会各生产部门之间的分工和协作日益显著，商品交换和信息流通渐趋频繁，人类社会进入了市场经济的新天地。这时候的社会生产表现出了规模庞大、结构复杂、功能综合、因素众多、变化多端、影响巨大等特点。生产、消费、流通三大领域的关系越来越错综复杂，牵一发而动全身。在这种情况下，一个决策的失误势必会引起连锁反应，造成整个社会生产的混乱。这样，依靠个人的素养和经验进行过程简单、信息量很小的经验决策已无法适应工业经济社会的要求。

因此，按照决策的科学理论和健全的科学程序，运用现代科学的决策方法进行决策的活动出现在政府决策中，这就是现代科学决策。工业经济时代的科学决策方法经过了调查研究、科学预测、智囊协助、决断理论和试验等多个步骤，它实现了决策的科学化、程序化和民主化。知识经济时代的电子政务决策不仅与工业经济时代的政府决策有共同特点，而且更鲜明地表现出了知识和信息在政府决策中有不可磨灭的作用，使政府的决策更加科学化。“决策科学化”是一个有着明确内涵的概念，它要求决策过程建立在制度的基础上，经过科学的程序，广泛发扬民主，大量收集信息，充分研究论证，采用集体决策的方式，利用现代化的技术手段，把静态的典型研究与动态的系统分析结合起来，把定性分析与定量分析结合起来，以期最大限度地提高决策精度。

在知识经济时代，电子政务要想做出科学决策，必须具备以下条件：决策者要具有更广博的知识和高质量的信息；信息成为政府决策的基础；信息革命给政府改革提供了新机会。

在以市场经济为主导的信息时代的政府决策，应当民主化、科学化和集约化。特别是经济发展与经济建设百年大计项目的重大决策，不但需要有一定的民主程序、专家论证、集纳多方意见，更需要有相关学科的信息作为为依据或参照。以社会科学为例，它不仅可以提供市场当前需求与未来走向信息、人口资源状况信息等，还可以用哲学、文化学、思维科学的理论充实决策者的头脑，优化他们的智能。国外发达国家的政府或大财团，为使自己的决策科学化与效益优化，都建有服务性的参谋机构，如美国的兰德公司就属于此类机构。应当建立起决策民主化的程序和决策科学化的机制，随着政府机构改革的深化，那种权力高度集中的“全能”政府将会转化，将从包揽社会、企业、市场、个人事务的“全包”中解脱出来，变为“大市场”、“小政府”的格局，将为政府科学决策打下良好的基础。

综上所述，我们可以将电子政务比喻为一座高效、有序运转的“信息处理器”，政府管理的过程便是收集、加工、处理信息的过程，而这些准确、适时、相关的信息经过以上程序的处理转化成类别清晰、内容准确的数据，储存在“信息处理器”的智能化内存中，当政府履行职能、制定政策时，相关的信息数据便准确上传、启用，使政府科学判断、理性决策、正确行动，全面服务于社会和公众。

1.2.3 增强政府的反应能力

数字化信息技术革命加快了现代社会生产、生活的节奏，市场瞬息万变，市民的需求和社会生活朝多元化方向发展，这在客观上要求政府能及时、准确地做出回应，迅速灵活地调整战略、策略。而传统政府金字塔式的管理模式由于层级多、决策权高度集中，且存在难以完全克服的官僚主义作风和不负责现象，使这种结构模式从获得信息到做出决策再到调整政府的组织行为需要较长的周期，其结果往往是在迅速变化的环境面前显得机械、迟钝、呆滞，坐失良机，影响政府形象。而网络信息在传递时不受时空阻碍的互动方式，使人们在认知世界方面获得了前所未有的、痛快淋漓的感觉，它将极大地提高人们参与政府管理的兴趣。一个连线的、一拨即通的政府，每一项议案都可引来大量电子邮件，因特网将成为市民与政府对话的主要途径。可见，电子政务的建立大大提高了政府的反应能力和社会回应力。

政府能力是指政府能否成功地适应环境挑战的程度。具体地说，政府能力是指建立政府行政领导部门和政府行政机构，并使它们拥有制定政策和在社会中执行政策，特别是维护公共秩序和维护其自身合法性的能力。政府上网为提升政府能力创造了良机。一方面，政府上网提高了公共行政的工作效率，行政工作人员有更充裕的时间、充沛的精力，提高自身的素质，提高管理技术，更加准确地认识控制环境，制定更加理性的政策，实施更加有效。这样，不但加强了行政机关的自身建设，有利于政府机构运作，而且提升了对社会事务的管理能力。另一方面，凭借电子政务，政府部门能够加强政府与政府、政府与社会、政府与公民之间的沟通、交流，获取大量的政治、经济、社会、文化等方面的信息，发布各界需要(除国家机密和个人隐私之外)的信息，增加公民对政府的认同和支持，维护政府在公民中的权威性和合法性，极大地提高政府的回应能力。同时，政府上网能促进民主政治的发展。公民参政议政是宪法赋予每个公民的权力，也是每个公民的责任。随着经济的发展和社会的进步，公民文化素质的不断提高，公民的民主意识也在逐渐增强，参与国家和社会事务管理的愿望也越来越强烈，由被动参与转变为主动参与，参与的人群由少数转变为多数，参与的范围也由窄渐宽。从公民的角度看，参政议政的内容表现为知情、参与、监督等权利。通过网络，公民有更多的机会、更方便快捷的方式了解政府在做什么，怎么做，与政府及时沟通，反映他们的心声，使政府的决策更加理性，提高政府决策的质量，实现对政府更加有效的监督。从政府的角度看，可以凭借电子政务发布政府公告，提供市政、公共事业、工商、环卫、人文、检察、医疗卫生等方面的行政信息，增加公共行政的透明度，增强政府的服务职能。

政府的反应能力主要体现在对来自基层、民众的信息反馈速度的快慢。对一个管理机构而言，其信息结构是搜集、处理、储存、传递信息的渠道和方式。在传统组织结构下，信息结构是纵向层式的，整个信息的搜集、处理、储存、传递是树形的，顶点只有一个，越到基层，发散叉越多。所以这种方式收集信息有一个漫长的过程，对信息的反馈自然很慢。网络技术使职能结构与外界的信息交流是开放性的、多层次的、交互式的。信息的收集和处理是分散式的，形成多个信息中心，信息的传递渠道纵横交错。这便于各个职能机构更好地利用外部信息资源，而且，信息的反馈速度也很快。

电子政务数字化网络技术的运用大大提高了信息的保真率，从而改变了政府现行信息传递模式与组织结构：社区或市民借助网络多种渠道将信息直接传至决策层，使信息传递渠道多元化；中间层级功能的消退，导致现代城市组织结构向中空化方向发展。两大变化的实质在于中间层级信息传递功能被网络替代，这就消除了信息与决策层之间的人为阻滞，使信息传递更加准确、及时，避免了信息传递失真。其次，网络拓展了决策信息源，改变了决策者的有限理性。

在21世纪，互联网将各终端用户发展为潜在的决策信息源，他们的意愿、要求可随时在网络上发送。由于网络终端交互联系，其意愿表达会引发网上信息聚集，即某种意愿的表达可能带动其他用户就相关问题发表见解，表达意愿，从而把恰当的信息提供给政府的领导者，避免信息不完全产生的有限理性。上网以后政府的信息采集就方便多了。国际国内、上下左右的材料就可以通过互联网信手拈来。大至国际冲突，小至一个村委会的情况，都可以通过互联网及时获取事件真相和国际舆论动向。

凭借网络，政府可以建立政府组织之间、政府与企业、政府与社会、政府与公民之间便利的网络沟通及快捷的反馈机制，从而可以打破时间、空间层级确立的制约，便于倾听社会各界的需求和呼声，传达政府施政的意图、方针，促进民主政治的发展。

电子政务的建立对政府工作人员素质也提出了更高的要求，将促进干部的年轻化、知识化与专业化。工作人员素质直接关系着政府反应能力的强弱，他们必须掌握丰富的相关专业理论知识，具备敏锐的观察、判断和分析问题能力和信息化运作的水平。

1.2.4 增加政府管理的透明度

政府作为我们社会的管理者，同时，也是我们社会最大的信息源，掌握着几乎全部的公共信息资源，若能充分利用此资源，实现政府信息流通和共享，必然有助于国家的整体发展。电子政务建立了一个政府与社会、企业、公众进行平等的信息交流与资源共享和交互服务的平台，电子政务信息设施与互联网联接，并提供开放的入口。政府信息化也使政府以外的企业、社会组织和个人能够通过政府提供的信息服务，即时地获取这些资源并实现增值利用，从而有利于国家和社会的整体发展。例如，通过互联网，政府可对当地信息产业的主要力量实施引导和组织，实现政府信息资源的市场价值，引导和形成新的消费热点和经济增长点，从而带动相关产业群的发展。政府信息化还为建立市场导向型企业提供宏观环境。信息系统的开放性和服务性，可以消除对市场的行政分割和寻租行为，提高政府的经济调控效率与水平，这将极大地推动政府职能转换和我国经济转轨的进程。可靠高效的政府信息网络，将政府的服务快速、方便、廉价地传给公众，扩大公共信息传播。政府信息具有权威性、宏观性、系统性和科学性，可以减少市场不良信息的“噪音”给企业市场决策造成的困扰，帮助企业进行恰当的预期和决策，减少不必要的经济波动。同时，一个能方便与公众沟通的“电子政务”，可以及时接受社会各领域的反馈意见，提高工作效率、决策质量和办公的透明度。

信息公开是民主政治的基础，也是开放政府的根本要求。在传统的政府机构对外办公活动中，社会公众由于不能随时随地了解政府的办公程序与有关政策，常常“跑断腿”，怨声载道;政府工作人员为了应付公众不断重复提出的问题,常常"磨破嘴",产生厌倦情绪。甚至由于信息流通不畅而为腐败现象的产生滋生机会。互联网的运用,使政府可以向公众公开办事程序,提高政府工作效率,促进廉政建设。政府在网上设置网站和主页,可以在网上公开政府部门的名称、职能、组织结构和办事章程等信息,依其性质向社会、组织、企业公开提供非保密政府信息的检索。以便公众迅速了解,增加了办事的透明度。同时,可以设立友好的访问界面及丰富的站点,接受社会各界的意见,自觉接受公众的监督,做到政务公开。

从现代政治学和行政管理学的角度看,政务公开的首要目的是明晰行政权力的作用界线,最终减少政治腐败事件的出现几率。当我们采取政府上网的高科技手段推行政务公开以后,公仆与主人的位置就一下子真的明朗起来了。招生、招工、提干、进出口配额、办理证照、税费收缴和减免、收费管理和使用、职称评定、用地审批、征地补偿、城市规划、退伍转业军人安置、建设工程管理、固定资产投资项目审批、罚没款收缴和管理使用、邮电资费、电价管理、生育证审批和发放、计划外生育管理费征收和使用、扶贫救灾款物分配、农民负担、乡镇财务等等,以前感觉"神秘莫测"的事项均被赤裸裸地挂到了网上晾晒、风干、缩水,人们开始实实在在地感到公仆的本职乃是服务,其手中的权力更多的是责任和义务。感到许多部门和各级公职人员已不再扮演高高在上的管理者角度,而是转向了愿意进行换位思考,替办事者着想的服务者角色。

电子政务在网上建立起政府与公众之间沟通的桥梁,便于发挥民众的主观能动性,在网上行使自己对政府的民主监督权利。政府通过网络对的民众来信和意见做出及时的反应,提高了工作效率,减少了腐败的产生,树立起了政府在公众中的威信。同时,还可以就一些问题开展网上调查,作为政府各部门工作的参考。"政府上网"的互动性,不但使公众了解政府的目标、计划、政府亦可随时了解公众的意见和要求,从而减少政府决策的盲目性、主观性,同时,也可以提高公众对政府决策的理解度和支持率,增强政府与公众的交流。

在进入信息化社会的高级发展阶段后,随着社会资源的无缝隙整合程度的不断加强,滋生腐败的土壤会越来越少,这是电子政务追求的重要目标之一。

1.3 电子政务的发展实践

1.3.1 国外电子政务发展特点

从电子政务在全球的发展来看,在政府推动下,电子政务在各国都呈现阶段式发展。大多数国家电子政务的发展起步时间大致相同,各国发展电子政务的目的大都集中在简化政府管理流程、提高政府工作效率、树立政府形象等方面。电子政务的出发点基本上都是以满足本国人民对政府在经济事务管理和社会服务等方面的要求为主。从国外当前的情况来看,电子政务的发展有下面几个比较重要的特点。

1. 领导人的政治意愿与具体实现的结合

电子政务是政府管理方式的革命,它不仅意味着具有生产力性质的政府管理工具的创新，政府利用现代信息技术和网络环境可以提高办公室工作效率和生产力，精简机构，降低管理成本。同时，这种新的生产力工具的使用将不断改变政府的管理结构和管理方式。这就意味着电子政务的发展必将引发传统官僚由于数字鸿沟而产生的对新事物的恐惧，以及基于传统观念与习惯的抵制，传统官僚体制的利益部门化所形成的“信息孤岛”也将顽强抵制信息共享。事实上，电子政务发展较好较快的国家大都最初源于国家或政府领导人敏锐的洞察力、强烈的政治意愿和有力的领导。越来越多的国家政府领导人已经认识到电子政务是治理国家不可缺少的工具，而电子政务具有向公民提供真正切实有效的服务才能得到公众的广泛支持的功能。这些领导人认识到了电子政务对于国家生存和发展的重要性，从政治上确定了电子政务的目标并勾画了未来的蓝图；同时，也落实了相应的实施部门和所需的资源。其中，特别重要的是明确地定义电子政务的目标，以及通过做哪些事情或完成哪些项目来达到这些目标。电子政务不是一个概念，也不是一种技术，而是一个庞大的系统工程。它需要洞察力、政治意愿和踏踏实实地组织实施。

2. 以用户为中心，引进“客户关系管理”技术

将公众视为政府的“客户”，一切以客户为中心。这是 21 世纪政府管理创新的基本理念。“客户关系管理”是近年来在企业界非常流行的一种通过改进与客户进行信息互动交流的技术，来掌握客户消费习惯和行为方式，并以此留住客户，达到扩大市场占有率的目的。现在，这种技术也开始运用于电子政务之中，帮助政府管理与其“客户”，即企业和居民的关系。因为，政府比任何企业或单位的“客户”都多，将“客户关系管理”引入电子政务之中，可以体现以用户为中心，按照用户的意向来设计政府的电子政务系统，这样可以帮助政府了解“客户”个性化需求，更好地实施服务，从而建立新的、良好的政府与企业、政府与公民的关系。

3. 门户网站成为主要趋势

政府门户网站已经成为电子政务发展的一种基本形式，即通过一个门户网站可以进入政府的所有部门，或者可以进入任何一个由政府向用户所提供的服务项目。对于那些需要几个政府部门同时介入才能完成的事务处理，这种门户网站对用户来说极为方便。

1.3.2 典型国家的发展实践

1. 美国

美国的电子化政府建设是与其行政改革紧密联系在一起的。这场改革始于 20 世纪 80 年代初，当时提出了“重塑政府”的口号。1993 年克林顿政府加快了行政改革的步伐，设立由副总统戈尔领导的全国绩效评估委员会。该委员会在大量调查的基础上提出了《创建经济高效的政府》和《运用信息技术改造政府》两份报告，试图借助信息技术提高政府管理的绩效，节约行政成本。更进一步，美国国家基础信息设施小组(NII)于 1994 年制定了《政府资讯科技服务的远景》，推动了电子化政府的建设。该小组认为政府改革不仅仅是人事精简、政府财政赤字缩减，而且必须运用信息技术彻底重塑政府对民众服务的职能。因此，该小组提出的目标是要建立一个以民众需求为导向的“电子政务”，提供更有效率的、更易使用的服务，以及更多获取政府服务的机会与渠道。

美国的信息化工作是由联邦政府统一发起和组织的。为了加强对政府信息化工作的领

导，联邦政府成立了一个专门的组织结构——政府技术推动小组。该小组的成员包括：①政府信息化促进协会联盟；②信息技术产业顾问协会；③政府信息服务小组；④州级信息主管联盟；⑤国家电信信息管理办公室；⑥国家政府官员协会；⑦政府评估组及首席信息化小组等。该小组的主要职能是负责全国的信息化管理指导工作，包括：①技术推进；②法规政策建议；③管理投资；④改善服务；⑤业绩评估等。

美国政府还建立了信息主管制度，在联邦政府各部门及州政府都设立了首席信息官(CIO)。另外，国会也设立了一个信息委员会，监督政府信息化执行情况。

美国“电子政务”的基础架构如下：

- 建立一套共同的整合性政府运作程序，提供民众前台便捷申请服务。所有跨部门的申请事项，将会由系统自动处理，民众无需介入。
- 提供一套共同的统一信息技术工具、获取信息方法以及服务措施，增强标准化和交互性，使政府各部门可以共享信息，减少某一部门对信息技术独特性或个别性的需求。
- 使政府服务面对民众，渠道多元化、窗口单一化。即民众可以利用各种渠道，通过各部门交互串通的“单一窗口”，便可“一站到底”获取政府的信息和服务。

美国电子政务的应用重点主要体现在以下几个方面：

- 建立全国性的、整合性的电子福利支付系统。
- 发展整合性的电子化取用信息服务。
- 发展全国性的执法及公共安全信息网络。
- 提供跨越各级政府的纳税申报及交税处理系统。
- 建立国际贸易资料系统。
- 推动政府部门电子邮递系统。

美国电子政务在很大程度上正在成为全球电子政务的模板。由于电子政务的实施，1992—1996年，美国政府的员工减少了24万人，关闭了近2 000个办公室，减少开支1 180亿美元。美国政府网站的成熟性在全球是最高的，联邦政府一级机构已经全部上网，所有的州一级政府也全部上网，而且几乎所有的县市都已建立了自己的站点。

2. 英国

加强电子政务建设、发展电子商务和促进全民上网是英国信息化建设的三大基本任务。

英国电子政务发展的主要指导思想是：建立“以公众为中心”的政府；在电子政务建设过程中，应加强跨部门的合作，以更好地满足公众需求；在制定有关政策和方案时，应照顾到少数民族及残疾人的需求；通过实施电子政务，极大地提高政府的工作效率和改进服务方式。其基本特点是：①建立强有力的领导机构；②缩小数字鸿沟，实现全民上网；③建立和开发知识管理系统；④“政府入口”；⑤发展电子民主。

在进行电子化政府建设的过程中，英国把目标分为早期和远期两种。

早期目标：

- 实现政府各部门的办公自动化。
- 远程办公和群体办公。

- 提供资料查询等。

远期目标：

- 增强政府机制的效率和有效性。
- 改善公民、企业与政府部门之间的交互作用。
- 推动民主进程，利用信息技术大力发展远程民主，使民众在家里或社区就可以参与政府的政策制定过程，或办理相关事务。

关于电子政务，英国政府制定了明确的发展计划。2002年，25%的政府服务实现电子化；2005年，50%的政府服务实现电子化；2008年，100%的政府服务实现电子化。据英国内阁办公室(Cabinet Office)最近公布，英国建设电子政务的工作卓有成效，现在已有40%的政府服务可以通过互联网提供给公众，远远超出原先预定的目标。

3. 加拿大

为加强政府对企业的服务，1994年4月由加拿大工业部与各省政府以及企业共同合作成立了五个“加拿大商业服务中心”，以“单一窗口”的方式向企业提供政府的各种商业信息和服务；另为加强政府对社会公众的服务，加拿大有近300个政府公共信息服务网站开始提供以“民众需求为导向”及“一站服务到底”的政府信息及申办程序，各种社会福利措施的支付工作也开始以电子方式支付。政府已经推动的应用项目如下：

- 电子化的公开招标系统，使加拿大全国各地区的公司都能够有同等的机会对政府采购活动进行投标。
- 推行单一的商业注册登记号码。
- 运用电子资料交换与扩大推动电子商务，进行政府采购、支付和税收征管。
- 试行以电子公告栏及国际互联网传送政府的电子文件。

加拿大政府正采取一系列的措施，将共同需求整合为整合性的电子信息基础设施。这些措施包括：

- 共同的电子邮递服务系统(Common Messaging Service System)，连结大约15万名联邦公务员。
- 政府网络的合理化方案(Program to Rationalize Government Network)，最终的目标是要建设一个供联邦政府使用的单一的共同骨干网络。
- 建立国际互联网站(Internet Site)，进行互联网服务。
- 共同的电信及信息服务(Common Telecommunication and Information Service)。

加拿大政府已着手制造“共同信息及通讯基础设施”的建设计划，这项计划的重点在于建立以下的核心信息基础设施以推动共同性信息服务的发展：

- 共同性的电子商务信息基础设施及服务包括以X.500标准为基础的电子目录、公钥架构(Public Key Infrastructure)所必要的安全性的电子信息服务和电子认证所必要的电子签章服务。
- “单一窗口”创新措施的支持服务包括“一站到底”服务中心的支持服务和“公共信息服务站”(Kiosk)的支持服务。
- 网络合理化及管理服务包括依据顾客的需求提供各种宽带的通信服务、网络管理及监控中心服务、骨干网络服务和ATM服务。

- 资料仓储作业环境服务。
- 数据处理设施管理服务。

4. 比较

美国、加拿大、英国电子政务建设对比：

事　　项	美　　国	加　拿　大	英　　国
电子政务计划	2003 年联邦机构全部上网	2004 年所有政府服务全部上网	2005 年所有政府服务全部上网
设立电子政务专员（CIO 或 CZAR）	布什宣布要设立电子政务 CIO(尚在酝酿中)	已任命协调处理电子政务进程的 CIO	已任命一个电子特使(由首相直接领导)
推出门户网站	2000 年 9 月开通“第一政府”网站（www. firstgov. gov）	2001 年 1 月开通加拿大门户网站（www. canada. gc. ca）	2001 年 2 月正式开通大不列颠在线(www. ukonline. gov. uk)
面向用户信息提供	提供高速搜索引擎访问，能够访问种类丰富的在线政府数据库	提供的信息尚不十分丰富	按主题分类提供大量信息
主要服务	报税表单为主	提供在线纳税业务	以提供在线纳税为主
推进在线咨询服务	仅推出一个试验辅导区	推出了一个可以在线交互访问的论坛	已有许多妇女接受预防暴力犯罪的咨询

1.3.3 未来的发展趋势

1. 基本发展理念

(1) 更加强调“以民众为中心”的服务理念

信息技术带来的最大影响之一就是缩短了服务提供者与接受者之间的距离。未来的政府将更加强调是民众的政府，各国政府将利用信息技术增强民众对政府政务的参与程度，及时获悉民众需求，以民众需求为导向，把未来政府建设成以民众为中心的电子政务。

(2) 促进政府服务全面上网，提高服务质量

电子政务的目标主要是政府为了更好地给公众和社会提供服务。世界各国的政府正积极应用互联网为民众提供在线服务，政府也将广为运用“公共信息站”及自动柜员机等自动化服务设施，为民众提供获取政府服务的多元化渠道。

(3) 整合服务，实现“单一窗口”和“一站到底”

信息技术的发展使得民众对未来政府的期望值不断提高，不仅仅是要求服务质量得到提高，而且要求获得服务的方式和程序也要不断改善。民众期望在任何时间、任何地点，以多种渠道获取自己所期望的服务形式和服务内容。为满足民众需求，世界各国政府将不断自我创新和调整，整合传统公共服务，建立“单一窗口”，给民众提供“一站到底”的公共服务。

(4) 加强组织管理，迈向知识管理

电子政务的建设不仅仅是传统柜台服务向网络的简单移植。它涉及信息技术对政府机构的重组和对政府服务的整合，涉及政府再造，触及政府上上下下的各个层面。为保障“电

子政务”的顺利开展，世界各国都成立了专门的组织机构并授予相应权利，作为执行部门来负责电子政务的开展。随着信息通信技术应用的发展，电子政务也将由信息管理迈向知识管理，成为知识型、智能型政府。

(5) 消除“数字鸿沟”，促进社会信息平等

在未来电子政务建设过程中，各国政府将会积极致力于消除“数字鸿沟”问题，努力缩小“信息富人”和“信息穷人”之间的差距，使得每一个人都具有获得政府电子服务的权利，尤其是那些非常关键的服务，避免新的信息技术给人们带来新的障碍。因此世界各国在电子政务的开展过程中将注重普及城乡宽带网络建设与信息教育，使信息应用普及社会每个阶层和每个地理区域，照顾信息弱势群体，缩小信息交流差距。

(6) 增强公众参与意识，发展电子民主

电子民主是未来世界各国“电子政务”建设中的一个焦点。所谓电子民主，就是指通过信息技术实现民主过程中价值理念、政治观点或其他个人意见等的交流和反映。电子民主的内容涉及范围很广，包括在线选举、民意调查、选举人与被选举人的电子交流、在线政务公开、在线立法、公众参与等。信息技术和互联网的发展为公众参与政府决策提供了良好的契机，同时也对传统政府的理念和制度产生了巨大的冲击。电子民主的发展不仅仅能使民众有效监督政府决策，促进政府勤政廉政，提高民众对政府的信任度，而且也能反映“电子政务”的公众需求导向。当然，要把这种“民主”控制在秩序的范围之内。

2. 电子政务的基本前提

电子政务的最终实现，离不开以下几个因素。

(1) 政府信息的公开

电子化政府的一个基本的前提在于政府信息的公开化。在现代社会中，不仅政府有获取信息的需求，人民也由于政治参与、经济活动和个人发展，增强了对政府信息的需求。一个国家的政府乃是该国最大的信息收集、整理、生产、应用、扩散的机构。不仅如此，其拥有的信息也与民众的政治、经济、社会生活息息相关，不可或缺。

(2) 发展公用电子资料库

政府信息化的一个重要目标就是，政府所拥有的信息资源能够实现高度的共享，从而实现公共信息资源的增值利用。

(3) 政府信息与通信网络的发展

- 推动国家信息的基础结构(NTT)的发展，加速国家信息化的步伐，经过一段时间的发展，将政府、企业、社会组织和公民连结在一起，使整个社会共享信息。
- 以互联网为基础，建构政府信息服务骨干网络 GSN(Government Service Network)，在骨干网络上提供电子窗口、电子目录、电子邮件、电子新闻、电子民意箱等基本服务。
- 发展和建设政府机关内部的局域网(intranet)应用环境，提供各级政府人员电子邮件、电子目录、电子新闻、电子信箱的能够环境。
- 建设和发展电子化政府的系统平台，作为取得政府信息化服务系统及信息设施，如电话、个人电脑及工作站、自动提款机、共用信息服务亭(Kiosk)等，其广泛分布于家庭、公共场所、办公场所及各级政府机关的信息设施，将为公民以及社会各界提供进

入政府以取得信息及服务。

- 发展单一窗口、一站到底(one-stop)的政府信息服务。

(4) 政府业务的电子化

根据国外发达国家的经验,政府业务的电子化,预期应向以下方面予以推动与发展:

- 电子公文。政府机关的公文处理,实施公文制作电脑化,稽催管理自动化以及电子公文交换。
- 电子邮寄。政府的会议通知、信息传达、政策宣传、法规颁布、意见调查等,以电子邮寄方式处理,以加快信息的流通。
- 电子采购。在网络安全认证的基础上,政府机关在网络上进行采购、交易支付等电子作业。人民、企业与政府之间的有关财务处理及支付逐步经由网络处理。政府的公共建设招标和投标,亦可随着电子安全认证制度的建立,在网上进行。
- 电子法规、电子规划管理、电子税务、电子人事、电子工商、电子保健、电子公共事业服务等。

(5) 政府服务模式的创新

从某种程度上来看,电子化政府的特质在于它是服务型政府,即透过电子媒体创新政府的服务。

(6) 电子政务与政府"再造"

从世界范围来看,政府信息化始终是与政府的"再造"相联系的,而且是政府"再造"的一个重要内容和工具。信息化在促进政府行政的现代化、民主化、公开化、效率化方面起着十分重要的作用。现代信息和通信技术的发展,对政府管理的理念、政府的治理结构、政府程序和工作流程、政府政策和政策制定都发生了极大的冲击,信息化在促进政府反应力、提升政府沟通效率、提高决策质量和水平,人力精简和有效运用人力资源、节约政府开支与经费、扩大公民参与、创新政府服务等方面均显示了其比较优势。因此,电子化政府的实现必须与政府"再造"相结合,从目前发展来看信息技术与政府"再造"的结合主要体现在:应用信息技术改变传统的层级化的、公共组织的架构,建立网络型组织;改变政府运作的流程,建立一个无缝隙的政府(Seamless Government),即在任何时间和地点能够获得服务的政府;改变政府的职能,实现导航型政府;改变政府的治理结构,从强势国家单独治理模式转变为国家与社会的共同治理;实现政府治理观念的变革,确立顾客与消费者导向的政府。

(7) 电子政务的法律与制度

电子政务健康、有序的发展离不开一个完整、统一的法律和制度框架。

(8) 电子化政府的安全环境

政府信息不仅是国家资产,而且是需要精心管理的重要资产。信息安全在一定程度上是电子政务生命所在。信息安全涉及保密性(控制那些存取信息的人)、完整性(确保信息的更新与修改只能经由授权者进行)、可用性(确保信息授权用户总是能够存取信息)等问题。随着科技的发展,政府信息化正在由专属主机、封闭网路、开放式分散处理系统,逐步走向国际互联网的多媒体信息交流和业务处理,在此情况下,信息安全便成为一个头等重要的大问题。

(9) 公务员的教育与培训

从一定程度上来讲,公务员的信息素质以及应用能力的高低,是政府信息化能否落实的关键。适应政府信息化发展的需要,每一位公务员除了必须具备基本的电脑操作以及应用能力处理政府公务之外,也要适应信息时代的到来,依其专业性质和业务需要,具备较高的信息网络应用的相关能力,这样才能成为一个符合信息时代要求的公务人员。

第2章 电子政务的管理模式

2.1 电子政务的指导思想

20 世纪 70 年代末，伴随着全球化、信息化、市场化以及知识经济时代的来临，西方各国掀起了汹涌澎湃的行政改革潮流，既是对数 10 年来行政管理实践的检讨和反思过程，同时也是对新时代、新环境的自觉适应过程。从理论上看，新公共管理无疑是当代行政改革的主流理论。

新公共管理以现代经济学和私营企业的管理理论与方法为理论基础，不强调利用集权、监督以及加强责任制的方法来改善行政绩效，而是主张在政府管理中采纳企业化的管理方法来提高管理效率，在公共管理中引入竞争机制来提高服务的质量和水平，强调公共管理以市场或顾客为导向来改善行政绩效。

新公共管理从产生到现在，一直没能形成统一的、成熟的理论框架，但其核心理念是以市场为导向的政府管理和服务。新公共管理倡导建立企业化政府，将现代企业的精神、现代企业管理和企业信息化的先进理念引入电子政务的核心价值观。强调以客户为(企业和公民)导向和绩效驱动是新公共管理的最核心的内容。例如，引入一些现代企业概念，由企业客户关系管理引申为政府用户关系管理与公民关系管理，由现代企业的管理绩效评估机制引申为以绩效驱动的政府管理模式，由生产流程重组引申为政务流程重组等等，推动新兴政府模式的产生。

2.2 服务导向的电子政务

2.2.1 客户导向的服务型政府

服务型政府是指在公民本位、社会本位和权利本位的指导之下，通过法定程序，按照公民的意志组建起来，承担服务责任，履行服务职能的政府。它是对传统管制型政府模式的一种根本性变革。

客户导向战略来源于企业管理中的客户关系管理(Customer Relationship Management，CRM)战略，行政学者把这一战略引入到政府管理中来。他们把顾客比喻成公众，把政府看成公共产品和公共服务的提供者，认为客户导向就是以客户的需求为出发点，并以客户的满意程度作为衡量公共服务标准的战略。遵循的是公民本位和社会本位的理念。纵观学者们对客户导向战略的阐述,我们可以把其内涵大体归为以下三点:

- 从客户方面:强调客户对公共服务和公共产品的选择权、知情权。公众是公共服务的消费者,是政府的客户,他们通过对服务方式和内容的选择来影响政府机构的行为。
- 从公共服务的提供者方面:强调其对顾客需求的快速回应,对客户的负责任,以公众的满意度作为政府服务质量的标准。
- 在公共服务的提供者和客户的关系方面:强调加强政府与公众的直接联系与沟通,使政府能及时了解公众的需求和对公共服务的满意度。

总之,客户导向战略在公共管理领域的提出,其根本目的是为了更好地处理政府与公众的关系,突出"以人为本"的政府管理理念。

2.2.2 客户关系管理理论

著名的咨询公司 Gartner Group 认为 CRM 是迄今为止规模最大的 IT 概念。它并非等同于单纯的信息技术或管理技术。CRM 是为了提高企业的效益,将原来的以产品为中心,转变为以客户为中心的经营理念。可以从以下三个层面来理解 CRM 的内涵:

- **CRM 是一种管理理念**。就是把客户视为企业最重要的资产,在企业文化同业务流程结合的同时,形成以客户为中心的经营理念,通过完善的客户服务和深入的客户分析来满足客户的个性化需求,实现客户的终身价值。
- **CRM 是一种管理机制**。旨在改善企业与客户之间关系的新型管理机制,它主要实施于企业的市场营销、销售、服务、技术支持等与客户相关的领域。CRM 的实施,要求以客户为中心来构架企业的业务流程,完善对客户的快速反应机制以及管理者的决策组织形式,要求整合以客户驱动的产品、服务设计,在企业内部实现信息和资源的共享,通过提供快速、周到的优质服务来提高客户的满意度和忠诚度,不断争取新客户和新商机,最终为企业带来持续的利润增长。
- **CRM 是一种管理软件和技术**。它将最佳的商业实践与数据仓库、数据挖掘、销售自动化以及呼叫中心(Call Centre)等信息网络技术紧密结合起来,为企业提供一个基于电子商务的现代企业模式和一个业务自动化的解决方案。

所以,CRM 的核心思想就是倡导从"以产品为中心"转向"以客户为中心"的企业经营理念和运作模式,旨在改善企业与客户之间的关系,目标是通过提供更快速、更周到和更准确的优质服务来吸引和保持更多的客户。在实现个性化服务的同时,通过对业务流程的全面管理来降低企业的成本,最终实现企业赢利最大化的目标。

2.2.3 客户关系管理系统

CRM 专注于销售、营销、客户服务和支持等方面,通过管理与客户间的互动,降低营销成本,发现新市场,提高客户价值、客户满意度、客户利润贡献度以及客户忠诚度,实现最终效益的提高。CRM 整合了企业的资源体系,优化了市场的增值链条,是电子商务环境下企业制胜的关键所在。从体系结构角度来看,CRM 架构主要分为以下三个部分(如

图 2-1)：

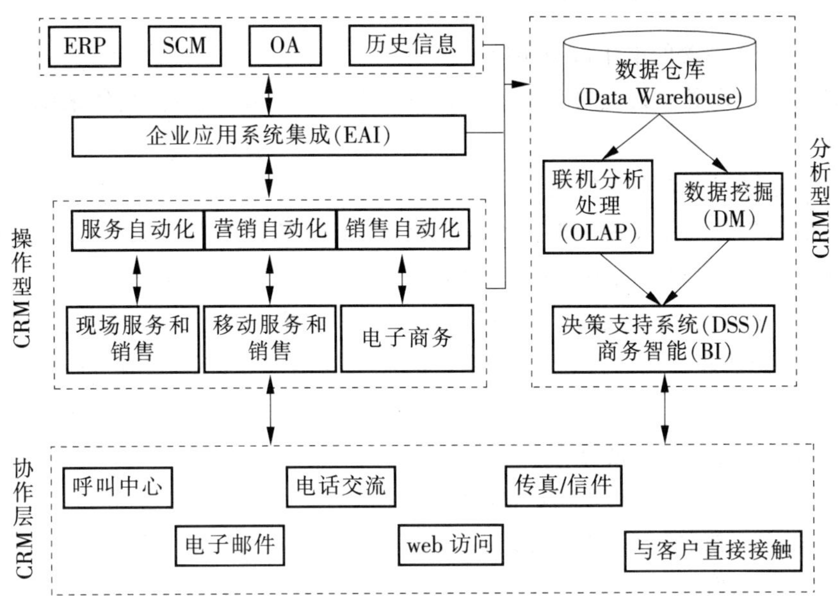

图 2-1 CRM 系统的总体结构

注：ERP(Enterprise Resource Planning)是企业资源计划，SCM(Supply Chain Management)是指供应链管理，OA(Office Automatization)是办公自动化。

- 操作型 CRM 自动集成的商业过程，包括客户接触点(customer contact point)、渠道和前后台的集成。它是企业前端负责与客户进行信息交互的客户关系管理信息系统。操作型 CRM 实现销售、营销和客户服务三部分业务流程的自动化；它将市场、销售和服务三个部门紧密地结合在一起，从而使 CRM 为企业发挥更大的作用。
- 协作型 CRM 收集客户信息和保持客户接触，为客户提供 360 度的接触交流渠道，如呼叫中心、面对面交流、Internet/web、e-mail/Fax 等集成起来，使各种渠道融会贯通，以保证企业和客户都能得到完整、准确和一致的信息。
- 分析型 CRM(又称客户智能)用于分析操作型 CRM 所产生的数据。它位于 CRM 系统的后端，是实现客户信息分析的核心，主要是面向客户数据分析的决策支持系统。分析型 CRM 强调对各种数据的分析，并从中获得有价值的信息。在 CRM 的发展初期着重的是操作型 CRM 和协作型 CRM，主要解决的是围绕客户信息进行的各个部门的协同工作。这也是对企业前端管理的业务流程进行重新规划和调整，以最佳的工作方法来获得最好的效果。但是，在大量的客户数据积累起来之后，对客户数据的分析将成为重中之重。

总之，CRM 是一种经营哲学，是运用多种信息科技收集、分析、获取知识，持续改善服务的过程，其核心理念是“以客户为中心”。CRM 的理念、方法和技术都值得电子政务借鉴。

2.2.4 CRM与电子政务

1. 基于CRM理念的电子政务策略

本书认为电子政务建设全过程要引入客户关系管理的指导思想，具体来说，要遵循以下十条原则。

(1) 要实施以客户为中心的战略

企业实施以客户为中心的战略已经成为业界共识。传统的政府工作模式是以政府的机构和职能为中心，企业和公众围绕政府部门转。而电子政务的本质是"以网络为工具，以用户为中心，以应用为灵魂，以便民为目的"。基于CRM思想的电子政务运行模式以用户为中心，就是要把企业和公众作为客户，以用户的需求为出发点，围着企业和公众的需求来提供服务。

(2) 要实施了解客户并进行客户细分的策略

电子政务要体现客户关系管理思想，首先要了解客户并进行客户细分。可以借鉴统计学的分类方式，把企业按照行业、投资规模、经营范围、产品等进行分类，把社会公众按性别、年龄段、职业、所属地域、偏好等进行分类。然后有针对性地为不同的用户群提供个性化的服务，甚至提供"一对一"的服务。需要指出的是，一方面，客户的细分也是具有阶段性的，不是一成不变的，细分的原则和标准要随着社会的发展而发展，随着政府职能的调整而调整；另一方面，客户细分会增加服务的成本，不同地区的电子政务建设应根据自身的情况量力而行。

(3) 要针对政府提供的信息、办事事项实施个性化的服务策略

在互联网迅速发展的今天，企业和社会公众在网上获得了越来越多的信息和服务，同时对政府提出了更高的期望。他们需要更快、更高质量的公共服务。这就要求政府网站在完成客户细分的基础上。把信息和服务也进行细分，要把个性化的信息内容及时提供给需要的用户。

(4) 要在客户与政府打交道的整个生命周期中实施动态的管理和服务策略

如同企业的产品有生命周期一样，客户同样也有生命周期。比如，企业从新设立到经营，再到歇业，其生命周期的不同阶段所需要的政府的信息服务是不同的。同时，社会中的每一个人在一生中的不同阶段也需要不同的政府服务，比如，出生、生病、婚姻、户口迁移、社会救助、死亡等不同的人生阶段。所以，电子政务系统要考虑其用户的整个生命周期，要按照客户的"生活事件"来动态地组织信息和服务内容，并且按照用户所处的不同时期及时调整服务内容。这就要求电子政务及时维护一个用户信息库，跟踪用户的生命周期的不同阶段，提供不同的个性化信息和服务。

(5)要实施交互渠道创新与整合的策略

无论公众采用电话、电子邮件、网站还是面对面的交流，都要能保证得到一致的、标准的服务，同一个客户通过不同渠道与政府交互，在政府看来应该是同一条客户记录。这就需要避免"信息孤岛"，实现渠道和服务后台的全面整合，从而提高政府对公众的服务质量和服务水平。

(6) 要实施主动提供服务的策略

电子政务所提供的服务有两种形式：一是根据用户请求而提供的被动服务；另一种是主动为用户提供服务、提供价值。

(7) 要实施联接"信息孤岛"、整合系统后台的策略

为了实现"一站式"的政府服务,必须整合政府服务内容。要从公众的需求和偏好出发,从改善服务的目的出发,以公众为中心来组织政府的公共服务,实现政府从职能型组织到流程型组织的过渡。使用户只关注服务种类与提供服务流程,而不必了解政府部门的组织结构和各自职能,使公众觉得政府各部门是一个整体,提高政府整体的服务质量。

(8) 要实施数据挖掘提升政府服务能级的策略

基于 CRM 思想的电子政务系统也要利用数据仓库、数据挖掘等信息技术,分析广大用户的网上行为,获取用户深层次的信息和服务需求,及时把握用户偏好和需求的变化,调整服务的具体内容,从而达到为行政决策服务的目的。

(9) 要借鉴市场营销的应用推广策略

电子政务建设的最终目的是为公众和企业提供高效、便捷的服务。其应用效果的充分发挥关键在于广泛使用。因此,电子政务也需要进行市场营销,对政府服务内容、服务方式、服务流程做宣传推广。

(10) 要实施网上隐私保护的策略

因为基于 CRM 思想的电子政务的最核心的功能和特征是个性化服务,要提供优质的个性化服务,必须深入地了解客户的基本信息和其他个性化信息(如偏好、习惯等),这些信息很可能涉及客户的个人隐私,所以要充分重视和妥善解决个人隐私保护问题。

总之,在把客户关系管理的思想应用到电子政务建设中的时候,以上策略和原则是结合在一起同时考虑的。电子政务要借鉴电子商务的成功经验,积极主动地实施客户关系管理战略,树立"以公民为中心"和"服务无止境"的服务理念。

2. CRM 在电子政务系统中的应用

客户关系管理在电子政务系统中的应用可分为三个领域,见图 2-2。

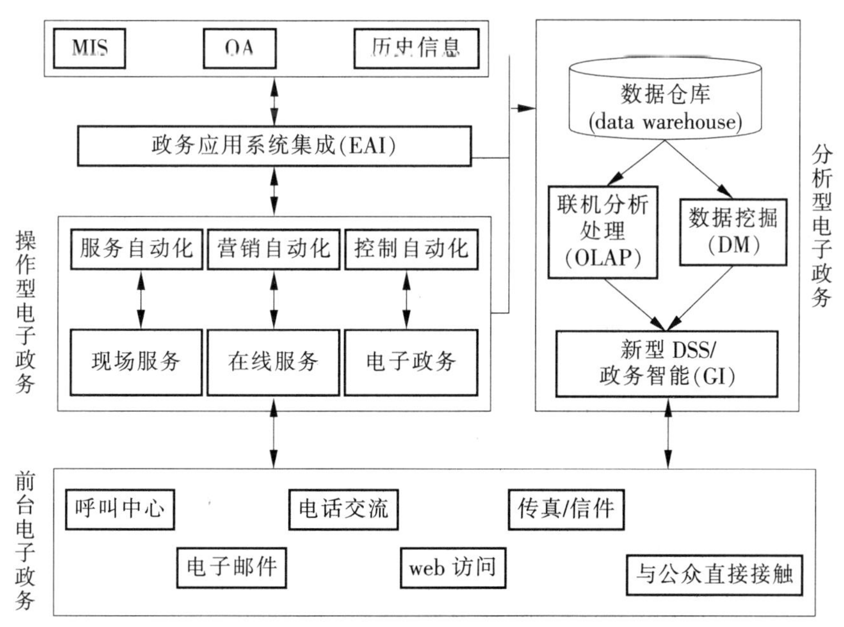

图 2-2 基于 CRM 的电子政务系统

(1) 整合政府沟通渠道

无论公众采用电话、电子邮件、网站还是面对面的交流，都能保证得到一致、标准的服务，从而提高政府对公众的服务质量。对政府来说也可以降低服务的成本，同时使政府工作人员也可以从繁忙的接待任务中解脱出来。这就是协作型客户关系管理(Collaborative CRM)在电子政务中的应用。

(2) 整合政府服务内容

从服务公众的角度出发，政府能够提供个性化服务和"无缝服务"。通过关注服务种类于提供服务流程，而非职能部门。主要通过将若干相关行政职能集中起来，为公众提供惟一的服务窗口，以简捷的方式提供一套综合服务，不需要公众去了解各种复杂机构的职能。以公众为中心来组织政府的公共服务，实现从职能型组织到流程型组织的过渡，使公众觉得政府各部门是一个整体，提高了政府服务的质量。这就是运营型客户关系管理(Operational CRM)的应用，

(3) 提供个性化服务

例如，政府能够记录下公众从出生到死亡之间所有事情的档案，包括工作地点、收入状况、存款、债务、住址、伴侣、旅行、健康状况、医疗记录、犯罪记录等，但这些并不是存在于一个政府部门中，现在可以将公众的各种数据集中到数据仓库中，采用数据挖掘技术从大量数据中提取规则，把数据加工为对公众的"知识"，增进政府对公众的了解，根据公众不同情况提供定制服务，培养政府与公众之间个性化的关系，从而提供一对一的"一站式"政府服务。

2.3 绩效驱动的电子政务

2.3.1 政府绩效与政府绩效评估

对政府绩效的理解主要体现在对"绩"和"效"的理解上。"绩"即"业绩"，"效"即"效果"、"效率"。政府绩效是指政府在社会管理活动中的结果、效益及其管理工作效率、效能，是政府在行使其功能、实现其意志过程中体现出的管理能力。

政府绩效评估是对政府的"业绩"和"效果"、"效率"的评价，是一种以结果为导向的评估。政府绩效评估是指"根据管理的效率、能力、服务质量、公共责任和社会公众满意程度等方面的判断，对政府公共管理部门管理过程中的投入、产出、中期成果和最终成果所反映的绩效进行评定和划分等级"。

政府的绩效评估指运用数理统计、运筹学原理和特定指标体系，对照统一的标准，按照一定的程序，通过定量定性对比分析，对政府行政过程中的某一具体项目，一定期间的效益和结果，做出客观、公正和准确的综合评判。绩效评估通过不断地反馈和校正，实现理想的政府治理理念。如图 2-3 所示。

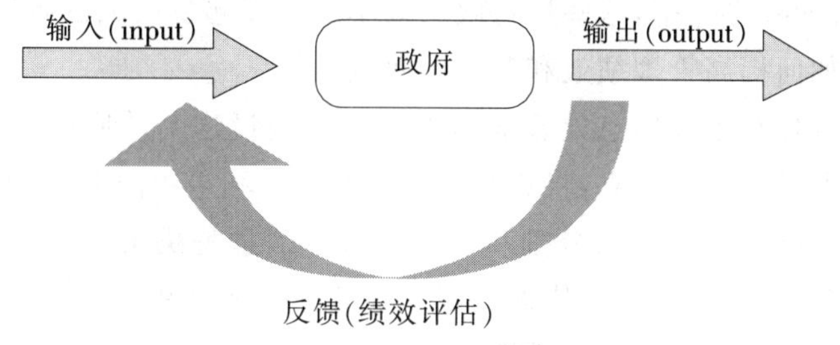

图 2-3　绩效评估的作用

2.3.2　政府信息化与绩效评估

政府信息化不仅使政府行政效率得到极大的提高,同时也使政府绩效的评估变得更加客观和容易,从而便于政府通过绩效评估及时调整行政管理的内容与手段。政府信息化为完善政府绩效评估方法提供了途径。政府信息化的目标是建立数字政府、实施电子政务。政府信息化的过程实际上就是各类政府信息数字化并被公开传递和被社会广泛使用的过程。从信息论角度看,政府绩效评估是一个信息筛选、输入、加工、输出和反馈的动态循环的系统工程,评估的信度和效度在很大程度上受制于信息的准确性和传输的有效性。

显而易见,政府信息化将使得除了涉及国家安全、商业机密和个人隐私等法律上要求保密的信息以外的所有政府信息变得透明公开,绩效评估所需要的各种信息因而可以方便地获得。定量信息可以在政府信息网络上方便地传递,定性信息也必然在政府信息网络上传递,即便这类信息本身难以量化,但信息传递和使用的过程客观上就可以提供数量化的指标。例如可以通过对定性信息传递、使用的频度进行统计和处理而获得数量化信息,从而解决部分政府信息无法量化的问题,使政府绩效评估变得既方便可行,又客观合理。而反映政府的公共性、公平性和信誉度等的各种社会评价,在信息化社会中更会变得十分简单易行。任何时候都可以通过网络在任何社会层次、任何给定的地域或者行政区域范围内进行诸如民意调查、社会投票、政绩公示等活动,从而为政府行政行为设置一些"约束",保障政府行政权力的合法合规使用。

由于政府信息化使政府信息透明化、数量化,从而使数字政府的绩效评估比起传统政府来讲变得简单容易;同时信息化社会中信息网络的广泛利用,使社会对于政府的各种社会评价变得经常化,政府可以从中体察民情、了解民意。这样,借鉴企业绩效评估方法得到的数字化的政府绩效评估结论,形成了对于政府绩效的"硬评估",而通过信息网络和各种传媒表示出的对于政府行政效果的认同和评议,则形成了对于政府绩效的"软评估"。这种"硬评估"和"软评估"的有机结合,就构成了政府绩效的评估体系,从而有可能使绩效评估成为衡量现代政府行政效率的制度化工具。

2.3.3　电子政务与绩效评估

电子政务对传统的政府组织结构和运作模式产生了巨大的影响和冲击。电子政务的建立,使传统的科层组织朝着网络组织方向发展,打破了地域、层级、部门的限制,促使政府组织和职能的整合;促使政府的运作程序和办事流程更加简明、畅通;节约了人力、物力和财力资源；提高政府机关的办事效率，这些均对政府效率的提高起着巨大的推动作用。下面将分别介绍电子政务是如何提高管理绩效和节约行政成本的。

一个政府的信息化水平和信息处理能力的高低是衡量这个政府综合实力，特别是工作效率的重要尺度。电子政务的建立，将克服各种物流阻碍和组织阻碍，杜绝传统组织形态和物质构成中强调分工所造成的部门分割和官僚主义。信息是决策的基础，也是沟通各部门的纽带，是协调、管理、监督和控制的依据。网络化的办公技术和手段，为政府管理提供了方便、快捷的信息处理工具，使政府面对纷繁复杂的知识和信息，能够快速灵活地做出反应，有效地驾驭信息，从而提高政府利用信息的效率。网上建立的虚拟机关，直接通讯的虚拟办公室、规范的工作流程和简化的管理程序等，去除了多余、重叠的机构和不必要的中间环节，带来了办公费用、人员的减少和工作质量的提高，使得人们可以从多种渠道方便地取用政府的信息及服务，节省了人们的时间和精力，提高了办事效率。网上直接激励的虚拟领导、网上视频会议、公文快速传递等，都可以提高决策效率、会议效率和公文效率，可以减少领导者的事务性活动，把领导从文山会海中解放出来，从繁杂的事务性活动中解脱出来，使其把精力集中到深入调查研究和处理重大问题上来。

政府职能的重要方面在于为公众服务，如税收征管、企业登记、养老金发放等等。电子政务建立的网上服务系统，使服务由面向办公室、柜台、窗口转向计算机屏幕，实现“人机对话”，使政务通过电子文件交换方式进行，如税收通过电子转账来完成：通过标准化中介工具，极大地简化了原来的手续与步骤，提高了行政效率。以往，公众需走到政府机关和政府人员交涉，这种服务的质量很大程度取决于政府人员的主观态度。一些劣质的官员往往会表现出官僚习气，公众要得到好的服务只能靠运气或其他非制度因素。电子化政府可以使公众不用双腿，而用鼠标通过访问政府站点来完成，充分享受服务的高效性与统一性，节省了时间，维护了自尊，也维护了政府形象。

电子政务实现的组织转型，使机构设置由繁到简。政府管理有成本耗费，也就要有成本核算问题，讲求行政成本集约化，电子政务将使公务人员数量明显减少，管理运作中间环节极大压缩，物质配送与使用最为有效合理，并做到尽可能节约必要成本、有效成本，最大限度地减少超量成本和无效成本。

2.4 电子政务的工作模式

2.4.1 电子政务的行为主体

与电子政务活动有关的行为主体有四个：政府、政府雇员、企事业单位和社会公众。

政府的行政业务活动主要围绕这四个行为主体展开，即包括政府与政府之间的互动、政府与政府雇员之间的互动、政府与企事业单位的互动以及政府与社会公众之间的互动。在信息化社会中，这四个行为主体在数字世界的映射，就构成信息化战略的全部内容——即电子政务、电子商务和电子社区。

政府与政府、政府与政府雇员、政府与企事业单位以及政府与社会公众之间的互动构成了四个不同的，但又相互关联的领域，如 G to G/G 2 G，G to E/G 2 E，G to B/G 2 B，

G to C/G 2 C，这四个主体之间的行为模式见图 2-4。

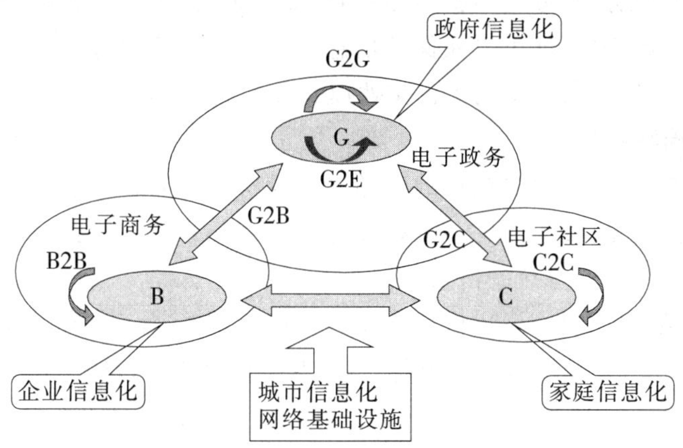

图 2-4 电子政务的互动模式

2.4.2 电子政务的互动模式

1. G to G 模式

G to G 即政府(Government)与政府(Government)之间的电子政务，又称为 G 2 G。它是上下级政府、不同地方政府、不同政府部门之间的电子政务。G to G 的主要目的是打破机关组织部门的垄断与封锁，加速政府内部信息的流转与处理，克服政府各部门相互推诿、扯皮现象，提高政府内部的行政效率。G to G 模式的具体实现方式分为以下几种。

(1) 政府内部网络办公系统

政府内部网络办公系统是电子政务的基础，它是指政府部门内部利用 OA 系统和互联网/局域网技术完成机关工作人员的许多事务性的工作，实现政府内部办公的自动化和网络化。通过政府内部的办公自动化系统，帮助政府日常的协同办公运作，使得各政府机构在同一网络平台上传递信息、开展业务，实现协同政务、资源共享、科学决策，提高政府的作业效率和业务水平。

政府内部网络办公系统可分为领导决策服务子系统、内部网站子系统、内部财务管理子系统等。

(2) 电子法规、政策系统

政策法规的特点是牵涉面广、信息量大、时效性强，因此，制定、发布、执行各种政策法规历来是政务活动的重要内容。

G 2 G 的电子化方式可以传递不同政府部门的各项法律、法规、规章、行政命令和政策规范，使所有政府机关和工作人员真正做到有法可依，有法必依，具有十分明显的速度和管理成本优势，既可做到政务公开，又可实现政府公务人员和老百姓之间的“信息对称”。

(3) 电子公文系统

公文处理是政府部门的基本职能，传统的公文处理方式是以纸张为载体，借助盖章、签字等形式实现公文的传递与处理。这种公文处理方式不但浪费资源，而且周期长、效率低。

电子公文系统借助网络技术实现公文的流转，公文流转的载体工作流引擎。通过电子公文流转和审批系统，传统的政府间公文的收文处理（一般包括文件的传递、签收、登记、分发、拟办、批办、承办、催办、查办、立卷、归档）和发文处理（一般包括拟稿、审核、审批、签发、会签、校对、登记、立卷、归档）就可以在保证信息安全的前提下通过数字化的方式在不同的政府部门间实现瞬时传递，大大提高了公文处理的效率，彻底改变"公文长途旅行"现象。

(4) 电子司法档案系统

公安机关破案难、司法机关执法难的问题一直没有很好的解决方案。一个原因是由于我国目前还没有建立起全国统一、完整的档案管理系统；另一个原因是全国不同地区、不同政府机构之间还缺乏实时而有效的信息沟通。

电子司法档案系统，在政府司法机关之间共享司法信息，如公安机关的刑事犯罪记录，审判机关的审判案例，检察机关检察案例等，通过共享信息改善司法工作效率和提高司法人员综合能力。

(5) 电子财政管理系统

分配和使用财政资金、实现政府不同部门之间的资金流转以及对财政资金使用的监控是政府管理的重要内容，也是政府财政、审计等部门的基本工作。传统的财务管理系统因为财务信息的封闭和独立给政府的财务管理带来了一定的难度，也为滋生腐败提供了条件。

电子财务管理系统可以通过网络向政府主管部门、审计部门和相关机构提供分级、分部门、分时段的政府财政预算及其执行情况报告，包括从明细到汇总的财政收入、开支、拨付款数据以及相关的文字说明和图表，便于相关部门和领导及时掌握和监控财政状况。

(6) 电子培训系统

提高政府管理水平和服务水平的关键在于政府公务员从业素质的提高，而提高公务员素质的根本途径是学习培训。长期以来，我国的各级政府管理部门对公务员培训的重视程度明显不够，一方面是因为经费有限；另一方面则是因为传统的培训必须要求员工在同一时间、集中在同一地点进行，对日常工作的影响较大，组织培训有较大的困难。

电子培训(E-learning)克服了传统培训的缺点，既降低了培训的成本，又提高了培训的针对性和灵活性。电子化培训可以借助网络随时随地注册参加各类培训课程、接受培训、参加考试等，为打造知识型政府、学习型政府奠定良好的基础。

(7) 纵向层次网络管理系统

纵向层次网络管理系统主要适合于一些垂直管理的政府机构，如国家税务系统、海关、国土资源等部门通过组建本系统的内部网络，形成垂直型的网络化管理系统，以实现统一决策，分层控制和实施、信息实时共享，提高系统的整体决策水平和反应速度。

(8) 横向网络管理系统

横向网络管理系统是通过网络在政府不同部门、不同地区的政府部门之间进行横向业务协调来实现政府的有效管理。它的目的主要是通过网络的应用，使原本分散在不同部门、不同地区的决策信息做到有机集成，为不同决策者所共享，减少部门间、地区间的相互扯皮现象，提高决策准确性和作业效率。

如我国已经实施的"中国电子口岸执法系统"，该系统主要是由海关总署牵头，通过互联网将涉及进出口管理和服务的海关、商检、外贸、外汇、工商、税务、银行等单位联接起来，把这些部门分别管理的进出口业务信息流、资金流、货物流等数据的电子底账集中在统一、安全、高效的公共数据中心物理平台上，建立电子底账，实行联网核查，实现数据共享和数据交换。这不仅使企业可在网上进行进出口贸易，而且还加强了政府对口岸的监管，提升了打击走私、骗税、骗汇活动的力度。

(9) 网络业绩评价系统

在我国，政府部门的业绩考核长期以来也一直不被重视，一方面是因为缺乏量化的指标，业绩考核很难实施；另一方面，因为我国的政府管理部门一直以来都没有形成合理的激励和约束机制，业绩好坏对员工的影响并不大。加入世贸组织之后，对政府工作人员的业绩要求将明显提高，业绩考核指标也将逐步与国际接轨，所以完善业绩考评体系也已成为提高政府管理水平的重要措施。

利用网络技术构筑业绩考评体系，既可以对业绩考评的各项指标进行量化考核，又可通过网络实现远程考评，与此同时还可实现员工之间的横向比较以及不同时期的纵向比较，使得考评方式更加科学、公平与公正。网络业绩考评系统可按照设定的任务目标、工作标准和完成情况对政府各部门以及每一员工的业绩进行科学的测量和公正的评估，以达到良好的激励与约束的效果。

(10) 城市网络管理系统

G to G 电子政务还包括城市网络管理系统，主要的应用有以下几个方面：

- 城市供水、供电、供气、供暖等城市要害部门实行网络化控制与监管。
- 对城市交通、公安、消防、环保等部门实行网络统一化调度与监管，提高管理的效率与水平。
- 对各种突发事件和灾难实施网络一体化管理与跟踪，提高城市的应变能力。

从以上这些 G to G 的应用领域来看，政府与政府间的大部分业务都可以通过网络技术的应用高速度、高效率、低成本地实现。

2. G to E 电子政务

G to E 电子政务是指政府(Government)与政府工作人员(Employee)之间的电子政务，又称作 G2E。G to E 电子政务是政府机构通过网络技术实现内部电子化管理的重要形式，也是 G to G、G to B 和 G to C 电子政务模式的基础。G to E 电子政务主要是利用互联网建立起有效的行政办公和员工管理体系，为提高政府工作效率和管理水平服务。具体的应用主要有以下几种。

(1) 公务员日常管理

政府工作人员日常管理的电子化对降低管理成本，提高管理效率具有重要意义。例如利用网络进行日常考勤、出差审批、差旅费异地报销等，既可以为公务员带来很多便利，又可节省领导的时间和精力，还可有效降低行政成本。

(2) 电子人事管理

政府工作人员的人事管理是政府机构自身管理的重要内容。应用网络技术实现电子化人事管理已成为一种新趋势。电子化人事管理包括电子化的招聘、电子化的学习、电子化的沟通等内容。电子化人事管理的发展将对传统的、以纸面档案管理为中心的人事管理方式进行一场新的革命，对提高政府人事管理的工作效率，降低管理成本起到非常重要的作用。

G to E 电子政务的形式不一而足，要针对不同政府部门的具体情况，从实际出发，探索可行的电子化管理方式。

3. G to B电子政务

G to B电子政务是指政府(government)与企业(business)之间的电子政务,又称作G2B。政府可以通过G to B的电子网络系统高效快捷地对企业提供各种管理、服务和政府采购。G to B覆盖了从企业产生、执照办理、工商管理、纳税、企业停业破产等整个企业生命周期的信息配套服务。对政府来说,G to B电子政务的内容主要包括电子采购与招标、电子税务、电子证照办理、信息咨询服务、中小企业电子服务等。

(1) 政府电子化采购

政府采购是一项牵涉面十分广的系统工程,利用电子化采购和电子招投标系统,对提高政府采购的效率和透明度,树立政府公开、公正、公平的形象,促进国民经济的发展起着十分重要的作用。

政府电子化采购主要是通过网络面向全球范围发布政府采购商品和服务的各种信息,为国内外企业提供平等的机会,特别是广大中小企业可以借此参与到政府的采购中来,可赢得更多的发展机会。电子化招投标系统在一些政府大型工程的建设方面已有很多应用,它对杜绝徇私舞弊和暗箱操作有重要意义,同时还可减少政府和企业的招投标成本,缩短招投标的时间。

(2) 电子税务系统

税收是国家财政收入的主要来源,降低征税成本、杜绝税源流失、方便企业纳税一直是税务部门工作的重要目标。电子税务系统可使企业直接通过网络足不出户地完成税务登记、税务申报、税款划拨等业务,并可查询税收公报、税收政策法规等事宜。

电子税务,使企业通过政府税务网络系统,在家里或企业办公室就能完成税务登记、税务申报、税款划拨、查询税收公报、了解税收政策等业务,既方便了企业,也减少了政府的开支。

(3) 电子工商行政管理系统

工商行政管理部门的主要职能是对市场和企业行为的管理。传统的管理方式由于工作量大、程序复杂、效率低下,常常导致企业的不满。如将证照管理通过网络来实现,既可大大缩短证照的办理时间,还可减轻企业人力和经济的负担。

电子证照系统可使企业营业执照的申请、受理、审核、发放、年检、登记项目变更、核销以及其他相关证件如统计证、土地和房产证、建筑许可证、环境评估报告等的申请和变更均可通过网络实现,电子工商行政管理的实施将使传统的工商行政管理工作产生质的飞跃。

(4) 电子外经贸管理

进出口业务在一个国家的国民经济发展中占有重要的比重,我国在加入世贸组织后,进出口业务将进入高速增长期。对我国政府来说,一方面要通过各项符合世贸组织要求的政策鼓励国内企业开展进出口业务;另一方面,我国的外经贸管理必须有一个新的突破,既要符合国际惯例,又要为广大国内外企业创造一个公平、高效、宽松的进出口环境。

电子化外经贸管理已成为一种新的趋势,如进出口配额的许可证的网上发放、海关报关手续的网上办理以及网上结汇等已在我国外经贸管理中开始应用。

(5) 中小企业电子化服务

中小企业在促进就业、活跃市场、增强出口等许多方面发挥着极为重要的作用。据有关部门的统计，我国中小企业占到企业总数的99%，数量超过1 000万家。“入世”以后，广大中小企业在得到更为广阔的市场空间的同时，自身的生存发展也因为技术、人才、市场等资源的局限而受到的了严峻的挑战。

帮助和促进中小企业的发展是各级政府义不容辞的责任，利用电子化手段是政府为中小企业开展服务的重要形式。政府可利用宏观管理优势，借助网络，为提高中小企业国际竞争力和知名度提供各种帮助，如组建专门为中小企业进出口服务的专业网站，为中小企业设立网上求助中心，为中小企业提供软、硬件服务等。

(6) 综合信息服务系统

政府各部门应高度重视利用网络手段为企业提供各种快捷、高效、低成本的信息服务。比如，商标注册管理机构可以提供已注册商标的数据库，供企业查询；科技成果主管部门可以把有待转让的科技成果在网上公开发布；质量监督检查部门可以把假冒伪劣的产品和企业名录在网上公布，以保护有关厂家的利益；政策、法规管理部门可向企业开放法律、法规、规章、政策数据库以及政府经济白皮书等各种重要信息。

4. G to C 电子政务

G to C 电子政务是指政府(Government)与公民(Citizen)之间的电子政务，又称作G2C，是政府通过电子网络系统为公民提供从出生、入学、就业、社会保障、死亡等整个生命周期中的各种信息配套服务。G to C 电子政务的主要内容包括教育培训服务、就业服务、电子医疗服务、社会保险网络服务、交通管理服务、电子证件服务等。

(1) 电子身份认证

电子身份认证可以记录个人的基本信息，包括姓名、性别、出生时间、出生地、血型、身高、体重及指纹等属于自然状况的信息，也可记录个人的信用、工作经历、收入及纳税状况、养老保险等信息，使公民的身份能得到随时随地的认证，既有利于人员的流动，又可以方便公安部门的管理。

公民电子身份认证还可允许公民个人通过电子报税系统申报个人所得税、财产税等个人税务，政府不但可以加强对公民个人的税收管理，而且可方便个人纳税申报。此外，电子身份认证系统还可使公民通过网络办理结婚证、离婚证、出生证、学历和财产公证等手续。

(2) 电子社会保障服务

电子社会保障服务主要是通过网络建立起覆盖本地区乃至全国统一的社会保障网络，使公民能通过网络及时、全面地了解自己的养老、失业、工伤、医疗等社会保险账户的明细情况。政府也能通过网络把各种社会福利，比如困难家庭补助、军烈属抚恤和社会捐助等，运用电子资料交换、磁卡、智能卡等技术，直接支付给受益人。电子社会保障体系，一方面可以增加社保工作的透明度；另一方面，还可加快社会保障体系普及的进度。

(3) 电子民主管理

电子民主管理也是G to C 电子政务的重要应用。公民可以通过网络发表对政府有关部门和相关工作的看法，参与相关政策、法规的制定，还可直接向政府有关部门的领导发送电子邮件，对某一具体问题提出意见和建议。

电子民主管理可以提高选举工作的透明度和效率，政府可以把候选人的背景资料在网上公布，方便选举人查阅，选举人可以直接在网上投票，既可大大提高选举工作的效率，又可有效保证选举工作的公正和公平。

(4) 电子医疗服务

网络技术在改善政府的医疗服务方面也能发挥重要作用。政府医疗主管部门可以通过网络向当地居民提供医疗资源的分布情况，提供医疗保险政策信息、医药信息、执业医生信息，为公民提供全面的医疗服务。

公民可通过网络查询自己的医疗保险个人账户余额和当地公共医疗账户的情况；查询国家新审批的药品的成分、功效、试验数据、使用方法及其他详细数据，提高自我保健的能力；查询当地医院的级别和执业医师的资格情况，选择合适的医生和医院等。

(5) 电子就业服务

政府利用网络在求职者和用人单位之间架起服务的桥梁，搭建电子就业服务系统，使以往在特定时间和特定地点举行的人才和劳动力的交流，突破时间和空间的限制，做到随时随地都可使用人单位发布用人信息、调用相关资料，应聘者可以通过网络发送个人资料，接收用人单位的相关信息，并可直接通过网络办妥相关手续。政府网上人才市场还可在就业管理和劳动部门所在地或其他公共场所建立网站入口，为没有计算机的公民提供接入互联网寻找工作职位的机会，帮助他们进行就业形势分析，指导就业方向等。

(6) 电子教育、培训服务

社会主义市场经济的发展以及科学技术的迅猛发展使得社会公众对教学、培训的需求不断上升，越来越多的人认识到“终身学习”的重要性。但由于受到各种条件的限制，满足人们学习、培训的需求难度很大。电子教育和培训是指利用网络手段为社会公众提供灵活、方便、低成本的教育培训服务，这不仅是增强公民素质的有效途径，也是改善政府服务的重要内容。在提供电子教育与服务方面，政府可从以下几方面入手：

- 出资建立全国性的教育平台，资助相应的教学、科研机构、图书馆接入互联网和政府教育平台。
- 出资开发高水平的教育资源向社会开放。
- 资助边远贫困地区信息技术的应用，逐步消除落后地区与发达地区之间业已存在的“数字鸿沟”。

总之，G to C 能通过电子网络系统为公民提供各种服务，它可以提高政务信息的公开性，政府活动的透明性，有利于公民的民主参与和有效监督，促使公务员廉洁自律。

电子政务的事务处理信息系统

电子政务系统也是信息系统在政务领域的一种应用，针对电子政务系统的特点，我们将其分为电子政务的事务处理信息系统和电子政务的决策型分析系统(政务智能系统)。

电子政务的事务处理信息系统可以分为外部事务处理信息系统和内部事务处理信息系统两部分。其中外部系统即是指电子政务的 G to B 和 G to C 两种模式的作业信息系统；内部系统即是指电子政务的 G to G 和 G to E 两种模式的事务处理信息系统。

3.1 外部事务处理信息系统

政府的外部事务处理信息系统是指各地政府部门利用互联网计算机通信技术，在互联网上建立正式站点、发布政府信息，受理 G to B 和 G to C 的网上申请，推动政府网上的便民服务。在网络上实现政府在政治、经济、社会、生活等诸多领域的管理和服务职能，提高政府工作的透明度，降低办公费用，提高办事效率。由于该类系统的特点是接受来自企业和公民的海量数据，作大量的业务处理，因此它符合作业事务型系统的信息处理特征。

政府外部事务处理信息系统分为四个发展阶段：即信息发布阶段、受理应用阶段、互动应用阶段和在线事务处理阶段。

3.1.1 网上信息发布阶段

政府及其相关部门利用互联网，建立自己的门户网站，向公众发布信息，实现与企业、公众的信息沟通、交流。目前，全国绝大多数县、市级以上政府都设有站点，并通过网站向社会发布信息。但多数还停留在信息发布、信息交流的水平。

3.1.2 网上受理应用阶段

电子政务受理应用主要指政府部门单向接受企业或公众的网上申报等事项，回复则延续原来的网下渠道进行。

目前，电子政务建设已经开始从传统的以单向信息发布、信息公开为主，转向网上受理应用。主要以政府门户网站为中心，逐步将各部门注册登记、审批等政务办公项目搬到网上，采取申请、受理、办理与网下取件相结合的方式。该模式参见图 3-1。

1. 网上受理应用的典型——网上审批。

(1) 网上审批

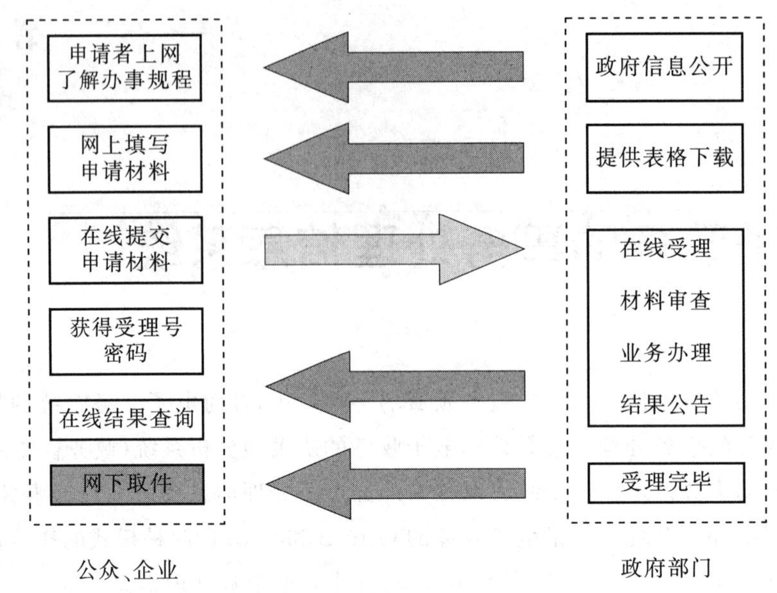

图 3-1 网上受理应用的过程简图

行政审批制度是国家干预市场经济行为的一种有效手段，行政审批必须公开、透明。在电子政务的实施过程中，"网上审批"是其中非常关键的建设内容，是政府对外办公的一个窗口。凡有审批权限的部门要逐项规范、优化保留的审批事项，并将每个审批事项的审批机关、依据、条件、手续、程序、投诉渠道等内容在市政府网站上予以公布。按照行政许可法的约束机制，最终建立行为规范、运转协调、公正透明和廉洁高效的行政管理体制。

(2) 网上审批系统

网上审批系统是指通过先进的网络平台技术和设计构架，紧密集成办公自动化系统，建立政府与企业及社会公众之间网上办事的通道，实现网上行政咨询、查询、申请、审批等业务功能，成为真正的网上办公、办事的在线服务平台。

通过网上审批系统，企业和个人能够随时随地了解网上审批程序、审批状态和结果。项目申请人员填报、提交相关材料后，该项目申请将自动进入政府审批环节，按照预先设定的工作流程和条件，送达政府各相关部门的办事人员手中，由政府办事人员在线进行审批处理。政府的各级业务领导，可以在网上查询企业的申请情况、统计数据和办事效率。

网上审批系统的构建思路是在统一标准的前提下，将各个部门现行的工作流程简化、优化后转移到网上，然后逐步构建一个联接协调各个委、办、局的横向统一的信息平台，并在此平台上，按照方便公众的原则实现政府各部门"一网式"的流程整合、"一表式"的数据共享，提高办事的交互透明度。

(3) 一个实例

上海司法局的网上公证申办，如图 3-2 所示。

下面以上海司法局的网上申办公证为例说明网上申办流程。一般在网上申办公证的有 10 类：分别为出生、亲属关系、死亡、居住公证、未受(已受)过刑事处分、结婚、离婚、未婚、学历/学位/成绩公布单、工作经历等。具体流程如下：

● 仔细阅读并填写有关《公证申请表》，通过电子邮件发给相应的公证处受理，并留下

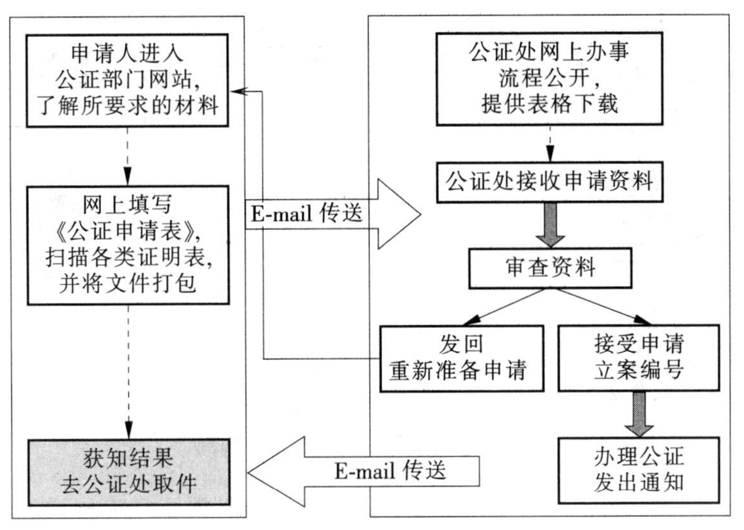

图 3-2　网上公证申办过程

申请人的通讯电话和电子邮件。

- 提供办理该项公证所需的有关材料(户口簿、身份证等),通过传真机传送到受理公证处。
- 如果申请人提交的证明材料不足,受理公证处承办公证员会及时与你联系,请你补交有关材料。
- 公证处受理了申请人的网上申办公证后,会给申请人立案、编号、办理。七天后通知领取公证书,申请人在领取时必须提供有关材料的原件和照片。
- 经过核对原件,如果有疑问,则办证时间相应延长。

2. 网上并联审批

并联审批是指用户所申请的审批业务涉及多个政府部门或机构的联合审批,网上并联审批可以直接在网上窗口提交申请和相关的基本信息资料。由主受理单位负责向各个相关的审批单位提交子申请,各个前置审批部门在本业务审批流程内对各自的子申请进行审批,主受理单位汇集这些审批结果后,再完成最后的审批工作。

主受理单位的工作包括通知前置审批、协调处理及自身审批工作。其基本要求是:共同受理、抄告相关、并联审批、限时完成(如图 3-3 所示)。

网上并联审批系统的特点如下:

- 申请人只需通过"一站式"、"一表式"、"一网式"提交申请资料,相关部门就可共同受理、审批,且审批结果互相通知,资源共享。
- 申请人可通过移动电话、电子邮件、互联网络、自助终端等多种手段查询审批进度。
- 根据需要,各部门可以调整审批流程,达到流程重组和优化的目的。
- 开放式系统接口提供与各级业务部门现有系统的接口。
- 网上并联审批系统还可提供统计数据和报表自动生成。

网上并联审批系统的意义如下:

- 对于企业和公众而言:缩短了冗长的办事程序,节省了办事时间,避免了企业和公众的奔波之苦。

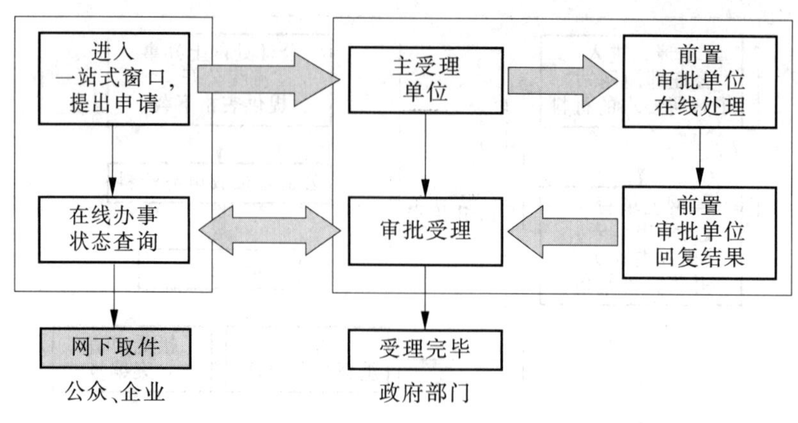

图 3-3 网上并联审批的过程简图

- 对于政府而言：一方面可以规范政府职能部门的各项工作流程，提高办事效率及服务质量，增加政府行政的透明度；另一方面可通过 ISO 9000 质量管理体系中的过程监督、管理评审、人力资源等管理要素，积累相关数据，为政府职能部门绩效考核体系提供有效的评估依据。

3.1.3 网上互动应用阶段

电子政务的互动应用是指政府与用户在网上互动完成各项事务的全过程。政府部门通过网络可以提供在线互动服务，使企事业单位、公民个人有可能在足不出户的情况下，获得满意的服务。

电子政务的互动应用是在受理应用前提下，将各部门注册登记、审批及处理结果发送等政务办公项目均在互联网上实现，采取网上申请、受理、办理、网上通知与分发处理结果一条龙的处理方式。

电子政务互动应用的一般方式如图 3-4 所示。

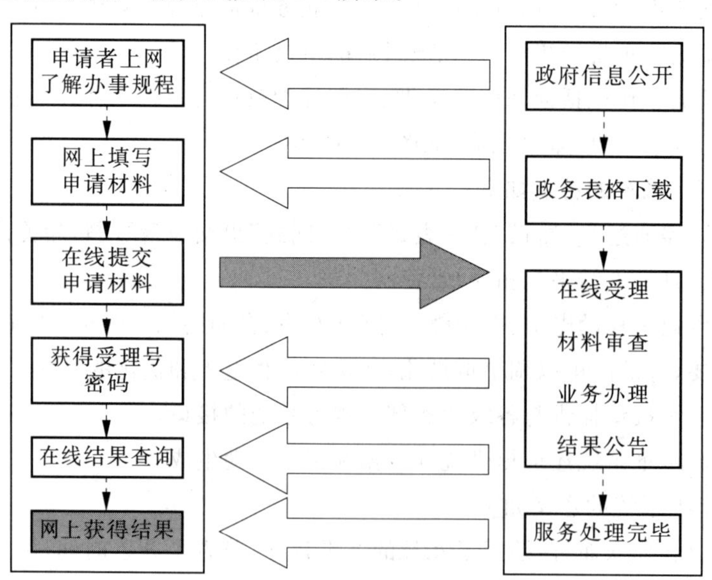

图 3-4 电子政务的互动应用过程

网上互动应用举例——网上税务的纳税过程如下。

(1) 网上税务登记

根据税务机关为企业提供的惟一纳税登记标识和口令在涉税网站进行网上税务登记注册。

(2) 网上纳税申报

- 对电子商务的纳税人可以实行自行计算税款、自行申报、自行纳税的“三自”征税方式。
- 自行计算税款并填写《电子纳税申报表》,法人对其进行“数字签名”。
- 在法定的纳税期限内,以税务机关提供的惟一电子税务代码,在网上向税务机关进行纳税申报。并将《电子纳税申报表》等资料传给税务机关,办税员对其进行“数字签名”。
- 税务机关根据纳税人网上纳税申报情况,利用计算机自动对其真实性、准确性、逻辑性进行审核,并将审核意见在网上传达给纳税人。
- 对审核无误的,同时填开《税收电子缴纳书》,一并传送给纳税人。

纳税人根据税务机关的审核意见,或补充申报,或自行缴纳税款,履行纳税义务。

(3) 网上税款征收

在电子商务环境下,电子货币取代了传统的银行转账支票和现金支付等方式。因此,税款征收方式和国库结算方式必须开通电子货币纳税渠道,实行网上税款征收。

3.1.4 在线事务处理阶段

网上在线事务处理是政府对外服务网络的最高目标,它要求政府部门能够通过网络在线完成用户申请。前提是外网受理(一站式、一表式、一网式)的实现、内网流程的协同优化和政府信息资源的高度整合。

目前,我国电子政务的外部作业信息系统还不是很完善,外部服务网络的总体建设水平还处于网上信息发布和一些简单事务的受理应用阶段。少数的行业信息工程(如金税、金关等)实现了网上互动应用。网上在线事务处理还处于远景规划阶段。

3.2 内部事务处理信息系统

电子政务内部事务处理信息系统的主体是办公自动化(OA)系统。办公自动化是指利用现代化的办公设备、计算机技术和通信技术来代替办公人员的手工作业,从而大幅度的提高办公效率的信息处理系统。

从应用对象的角度,本书将办公自动化系统分为个人办公自动化系统与群体办公自动化系统两大部分。

3.2.1 个人办公自动化

主要指支持个人办公的计算机应用技术,这些技术包括数据处理、文字处理、电子报表处理、多媒体系统等内容。

1. 数据处理系统

从应用软件的角度来看,在一般办公室环境下,数据处理是通过数据库软件、电子报表软件以及应用数据库软件建立的各类管理信息系统或其他应用程序来实现的。它们包括了对办公中所需信息的存储、计算、查询、汇总、制表、编排等内容。

2. 文字处理系统

文字处理是指应用计算机完成文字工作,其核心部件是文字处理软件。文字处理技术包括文字的输入、编辑排版以及存储打印等基本功能。例如 Office 系列文字处理软件、WPS 文字处理软件等。

3. 电子表单系统

电子报表是由工作簿、工作表和单元格构成的数据动态管理软件系统。可在单元格中填入、整理和存储数据,可通过系统提供的功能强大的、丰富的函数及自建的公式对工作表进行运算,还可以使用数据透视功能根据用户的要求对工作表进行方便、灵活的汇总处理,数据透视表功能可以生成手工情况下要花很多功夫做很麻烦的处理才能完成的复杂的汇总表,而在电子报表软件下经过简单操作就可生成具有相关的地图和统计图形的图文并茂的图表。此外,电子报表还可以与数据库及其他软件交换和共享数据。

4. 多媒体系统

语音处理系统指计算机对人的语言声音的处理,从应用角度来看,主要包括语音合成技术和语音识别技术。就办公室环境的计算机应用而言,图像处理系统是指包括图形(像)的生成(绘制)、编辑和修改,图形(像)与文字的混合排版、定位与输出等。汉字的自动识别技术也可以被视为一种对图形的智能化处理技术。

3.2.2 群体办公的自动化

群体办公的自动化系统是支持群体间动态办公的综合自动化系统,特别是指针对越来越频繁出现的跨单位、跨专业和超地理界限的信息交流和业务交汇的协同化自动办公的技术和系统。协同交互的电子办公能力是新时代环境下组织生存和发展的技术基础。

支撑群体办公的自动化技术的特征是网络化(互联网/局域网),即系统是建立在网络上、依靠网络和网络信息的支持而运转,信息系统支持政府管理组织的动态变化和跨地区、跨部门的协同交互业务。

从系统功能的角度看,办公自动化系统包括以下内容(如图 3-5 所示)。

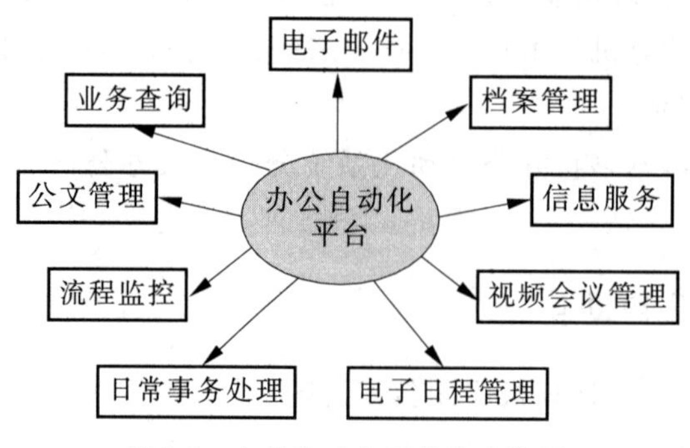

图 3-5　办公自动化系统的功能图

办公自动化的主要功能包括五个二级模块之中，这五个二级模块分别为机关综合服务、工作事务处理、个人事务处理、领导办公和信息服务模块。在二级模块下设若干个三级模块，下面将在三级模块中选择一些主要功能作介绍。

1. 电子邮件

电子邮件是办公自动化系统中最常用的信息交流方式，消息传递、资料交流都可以通过电子邮件的方式快速、高效地实现。政府内部所有人员之间均可以互发电子邮件。

2. 业务查询

对各项常用的业务信息进行查询，包括单位信息查询、部门信息查询、员工信息查询、列车时刻查询、电话区号查询、邮政编码查询、法律法规查询等。

3. 公文流程管理

公文流程电子化管理的特点是：公文直接在计算机上生成，通过网络进行传递，在计算机服务器与计算机终端上对文件进行实质性的办理，相应的文件管理功能也主要通过计算机系统完成。公文流程电子化将极大提高办公的效率和质量，其具有如下功能：

(1) 公文处理流程的维护

包括流程的定义——完成流程初始设置，一旦流程定义完成，文件将自动流转，无需干预；流程增加——流程环节的增加；流程修改——更改现有流程；流程删除——删除流程中的冗余环节或不适用的流程定义；流程显示——针对有权限的工作人员显示公文处理流程。

(2) 收文处理

包括收文登记——对收文的各种基本信息逐项登记，以及纸制公文的电子化处理；拟办——将拟办公文通过网络发送给相关负责人，在计算机上直接签署意见，完成后自动发送到承办部门；承办——通过网络将公文发给承办部门，如果涉及多个部门，则可以群发送；催办——根据公文所需的处理步骤、办理速度和利用情况，由系统实现自动跟踪催办。

(3) 发文处理

包括拟稿——使用文字处理、表处理、图形处理软件等进行电子公文的撰写；核稿——通过网络发给审核负责人，签署审核意见，初稿返回拟稿人处修改；签发——网络发送到签发负责人处，由其签署意见，然后发送给公文管理部门；分发——公文管理部门选择代分发的文件，确定受文单位、报抄单位后进行发送；登记——对发文处理完毕文件的题录项(如文件序号、类型等)进行登记。

(4) 公文检索

是指对收文、发文的目录或全文信息都可以按照相应的用户权限进行公文查询。

(5) 公文统计

是指对各个阶段、各个时期、各个部门、各个类型的公文状况和公文利用情况做出统计并输出统计报表和图表。

(6) 立卷归档

立卷归档是文件的归宿，是文件管理中不可缺少的环节。电子公文的流转过程如图 3-6 所示。

4. 视频会议管理

视频会议是指不同地方的个人或群体，通过网络和专门的多媒体设备，实时地互传声

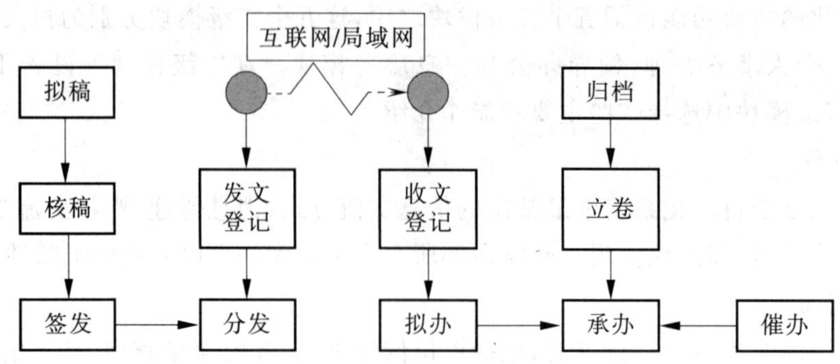

图 3-6　公文电子流转图

音、影像及文件资料，实现即时互动的交流沟通，从而实现异地会议的目的。

视频会议系统是一种集宽带网技术、分布式处理技术及多媒体信息处理技术等为一体的远程异地通信方式。

如图 3-7 所示，视频会议系统的功能一般包括会议管理、媒体流管理、数据会议管理以及会议文档管理四个部分。

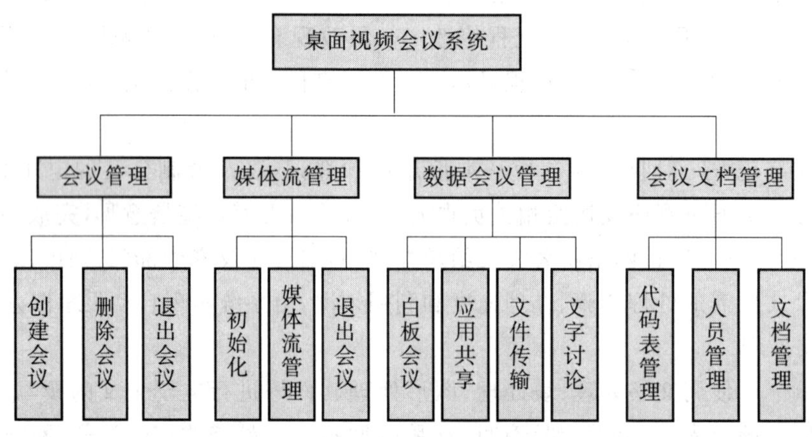

图 3-7　视频会议系统的基本功能

(1) 会议管理

包括会议信息查询、会议的创建和删除等(安全问题)。

(2) 媒体流管理

包括媒体流的初始化，如媒体流终端的建立、媒体流的建立等。媒体流的控制包括发送方将视频和音频流解压缩并且进行回放、视音频同步等问题。媒体流的录制是将会议过程记录下来，以便日后回放。

(3) 数据会议管理

视频会议仅仅提供视音频会议是不够的，为满足会议分发、会议讨论等要求，会议系统还应提供白板共享、应用程序共享、文件传输、文字讨论等功能。

(4) 视频会议文档管理

系统应对桌面视频会议的信息加以有效的管理，如会议内容、会议过程、会议时间等，这部分功能由会议文档系统完成。其中文档管理部分对已录制好的多媒体文档进行有效管理；人员管理对与会议相关人员的信息进行管理；代码表管理对与会议有关的地区、职称、职务等信息进行有效管理。

5. 日常事务处理

日常事务处理活动是指对政府机关主要业务发挥保障性作用的活动，包括会议组织、后勤服务等功能。

会议组织功能主要是要求系统能直接实现在计算机上进行会议日程和会议室安排、会议资料准备、会议通知、会议记录、会议决策通报等。

后勤服务指通过对内部各种办公设备、办公用品、器材、车辆等进行统一管理调度，为机关各方面提供后勤保障。后勤服务方面的功能主要是进行登记、确认、服务提供情况记录、服务结算等。

6. 流程监控

流程监控是公务处理系统的重要功能，是指对公务处理过程的监督和控制。流程控制程序可以在各种工作流程的执行过程中，随时监督控制流程的进展以及流程结点的人员工作情况，管理者可以利用多级网络和数据库系统的较高权限，直接掌控流程中的工作进展情况、任务完成情况，根据预设的标准和条件找出工作中的偏差，提示或督导有关方面执行相应对策，直至圆满完成任务。

流程监控一般分为在办事务监控和已结案事务监控两类。在办事务监控可通过设置总体工作项、在办工作项、代办工作项及被催办工作项的方式，完成监控任务；结案事务的监控可根据参与者、任务或角色等分别查询结案事务的所有工作项及逾时工作项。

完善的流程监控功能使公务处理的每一个具体工作步骤的情况均有记载，有利于追踪工作的执行过程并及时反馈有关情况。

7. 电子日程管理

是指将具体的活动与日程安排相结合，通过日程管理应用系统的协调，避免各类活动的时间冲突。具体功能包括：日程表的设置、活动输入、活动修改、活动删除、活动查询、自动提醒、自动通知等。

8. 档案管理

根据文件生命周期理论，文件从形成到销毁或永久保存是一个完整的运动过程。电子化公文处理系统提供的档案管理功能包括文件的鉴定、归档、检索、保管等。

鉴定就是判断电子档案的价值，确定其保存期限。鉴定的基本方法包括内容鉴定法和职能鉴定法两种。前者是通过审读档案的内容来判断其价值，后者通过判断形成档案的职能活动的重要程度来鉴别价值。

归档就是将具有保存价值的电子文件向档案部门移交的过程。

检索系统包括存储和查找两个方面，存储那些具有检索意义的档案信息，通过电子档案著录系统实现对档案信息的存储，即分析、组织和记录关于文件内容、结构以及文件系统的信息，并将其纳入电子档案信息数据库中。查找是以被系统著录的项目为查询条件来进行全文查找，在实际中一般通过著录的关键词和分类标识从电子档案信息数据库中进行查找。

电子档案的保管包括数字化载体的保管和电子档案信息的保护。前者要求选择适合的数字化载体，按照载体保护的标准进行管理；后者需要电子文档管理系统能有效地利用信息加密、信息认证、病毒防治、网络安全等技术。

9. 信息服务

信息服务是政府机关公务处理系统的核心功能之一，信息服务功能可以进一步划分为：电子公告、电子讨论、大事记和信息查询等内容。

电子公告相当于日常办公中的公告板，是发布各种信息，如公告、通知或启事等公用办公信息的场所。主要功能包括告知性文件的起草、发布、删除等。

电子讨论就是在线论坛(BBS)，包括论坛模块管理、论坛版主管理、论坛浏览、精华公布、论坛排行、论坛权限管理等功能，电子论坛可以作为信息交流的场所。

大事记可以完成机关大事要事信息的录入、整理、汇总和查询功能，是机关大事信息管理的重要场所。

信息查询是信息服务中的关键环节，提供针对机构各类信息的检索服务。

第4章 政务智能系统

政务智能即是分析型的电子政务系统，是面向政务数据分析的决策支持系统。政务智能系统的目的通过分析政务活动中积累的海量数据，得到有指导意义的知识和决策依据，使政府更好地管理和服务社会。政务智能的概念起源于20世纪90年代末期兴起的商务智能概念，商务智能是分析型的电子商务系统，是面向商务数据分析的决策支持系统。

4.1 决策支持系统

4.1.1 决策的定义

决策是人们在改造客观世界中为实现主观目的而进行策略或方案选择的一种行为，它必然带有决策者的大量主观因素。

1. 结构化决策

结构化决策是指对某一决策过程的环境及规则，能用确定的模型或语言描述，以适当的算法产生决策方案，并能从多种方案中选择最优解的决策。

2. 非结构化决策

非结构化决策是指决策过程复杂，不可能用确定的模型和语言来描述其决策过程，更无所谓最优解的决策。现实世界中的更多决策问题都不是可以用定量计算就能完成的。例如城市发展规划的制定、投资方向的选择都属于半结构化或非结构化决策问题。这些决策问题的解决主要依赖于决策者经验的分析与判断、不同的决策风格。

3. 半结构化决策

半结构化决策是介于结构化决策与非结构化决策之间的一种决策方法，这种决策可以用建立适当算法的方式产生决策方案，使决策方案中得到较优的解。

非结构化和半结构化决策一般适用于组织中的中、高层管理者，其决策者一方面需要根据经验进行分析判断，另一方面也需要借助计算机为决策提供各种辅助信息，及时做出正确有效的决策。

4.1.2 决策支持系统

决策支持系统(Decision Support System，DSS)是辅助决策者通过数据、模型和知识，以人机交互的方式进行半结构化决策或非结构化决策的计算机应用系统。它是管理信息系统

(MIS)向更高一级发展而产生的先进信息管理系统。它为决策者提供分析问题、建立模型、模拟决策过程和方案的环境,调用各种信息资源和分析工具,帮助决策者提高决策水平和质量。

决策支持系统(DSS)的功能是在人的判断能力的基础上借助计算机支持决策者对半结构化和非结构化问题进行有序决策,以获得令人满意的决策方案。总体上,DSS 的功能可归纳如下:

- 随时提供与决策问题有关的组织内部信息,如审批进度信息、各种报表等。
- 收集、管理并提供与决策问题有关的组织外部信息,如政策法规、经济统计等。
- 收集、管理并提供各项决策方案执行情况的反馈信息,如审批进程、计划执行情况等。
- 能以一定的方式存储和管理与决策问题有关的各种数学模型,如资源调度模型、绩效评估模型等。
- 能够存储并提供常用的数学方法及算法,如线性规划、最短路径算法等。
- 上述数据、模型与方法能容易地修改和添加,如数据模式的变更、模型的连接和修改、各种方法的修改。
- 能灵活地运用模型与方法对数据进行加工、汇总、分析、预测、得出所需的综合信息与预测信息。
- 具有方便而友好的人机对话和图像输出功能,能满足随机的数据查询要求,回答“如果……则……”(what... if...)之类的问题。
- 提供良好的数据通信功能,以保证及时收集所需数据并将加工结果传送给使用者。
- 具有使用者能忍受的加工速度与响应时间,不影响使用者的情绪。

4.1.3 决策支持系统的系统结构

DSS 最基本的结构是三角结构,三角结构即是由数据库、模型库等子系统与对话子系统构成三角形分布结构。图 4-1 给出了决策支持系统的结构。

1. 人机对话子系统

人机对话子系统是 DSS 中用户和计算机的接口,在操作者、模型库、数据库和方法库之间起着传送命令和数据的重要作用,其核心是人机界面。人机对话子系统是 DSS 的一个窗口,它的好坏标志着该系统的实用水平。

从 DSS 系统使用方便性的角度,人机对话子系统应该达到的功能目标如下:

- 能使用户了解系统所能提供的数据、模型及方法。
- 通过“如果……则……”方式提问。
- 对请求输入有足够的检验和容错能力,提示和帮助用户。
- 通过运行模型使用户取得分析结果或预测结果。
- 在决策过程结束后,能把反馈结果送入系统,评价和修正现有模型。
- 能提供丰富的图形和表格等表达方式,输出信息、结论和依据等。

2. 数据库子系统

数据库子系统是存储、管理、提供与维护 DSS 使用数据的基本部件,是支撑模型库子系

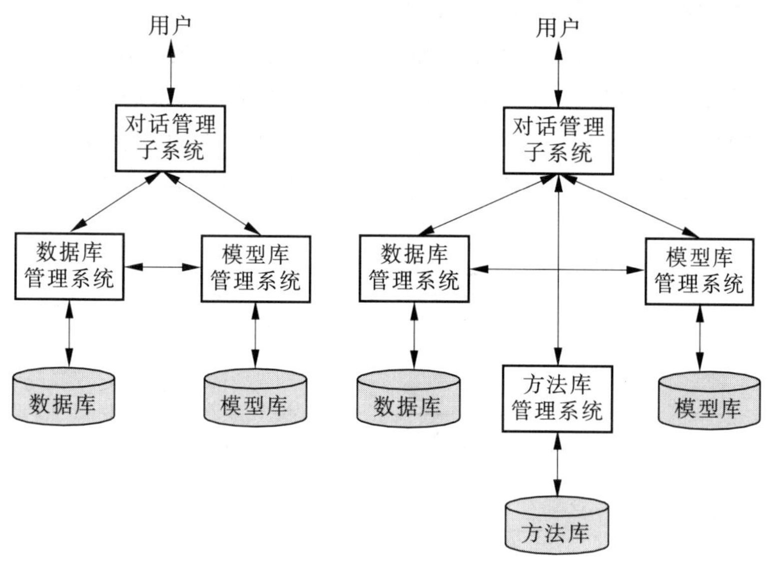

图 4-1 决策支持系统的结构

统和方法库子系统的基础：

- 数据库：DSS 数据库与源数据库不同。
- 数据析取模块：从源数据库中提取用于 DSS 的数据，析取过程也是对源数据进行加工的过程，是选择、浓缩和转换数据的过程。
- 数据字典：描述各数据项的属性、来龙去脉及相互关系。
- 数据查询模块：解释人机对话及模型库子系统的数据请求，通过查阅数据字典确定如何向数据库管理系统发出请求。

3. 模型库子系统

模型库子系统是构建和管理模型的计算机软件系统，它是 DSS 中最复杂与最难实现的部分。模型库子系统主要由模型库与模型库管理系统两部分组成。

(1) 模型库

模型库是模型库子系统的核心部件，用于存储决策模型。实际上模型库中主要存储的是模型的基本模块或单元模型，以及它们之间的关系。如果将模型库比作一个成品库，则该仓库中存放的是成品的零部件、成品组装说明等。

模型的分类：预测类模型（如 GDP 预测模型）、综合平衡模型（如生产计划模型等）、结构优化模型（如能源结构优化模型、投入产出模型）、经济控制类模型（如财政税收、物价、汇率等控制模型等）。

(2) 模型库管理系统

模型库管理系统的主要功能是模型的利用和维护。模型的利用包括决策问题的定义和概念的模型化，从模型库中选择恰当的模型单元构造具体问题的决策支持模型，以及运行模型等。模型的维护包括模型的连接、修改、增加与删除等。

4. 方法库子系统

方法库子系统是存储、管理、调用及维护 DSS 各部件要用到的通用算法、标准函数等方法的部件，方法库中的方法一般用程序方式存储。

在传统的三角结构中引入方法库子系统后，决策支持系统的工作程序是从数据库中选择数据、从模型库中选择模型、从方法库中选择算法，三者结合起来进行决策计算。

方法库子系统由方法库与方法库管理系统组成，方法库中的方法有：排序算法、分类算法、最小生成树算法、最短路径算法等等。图 4-2 给出方法程序中的方法集合。

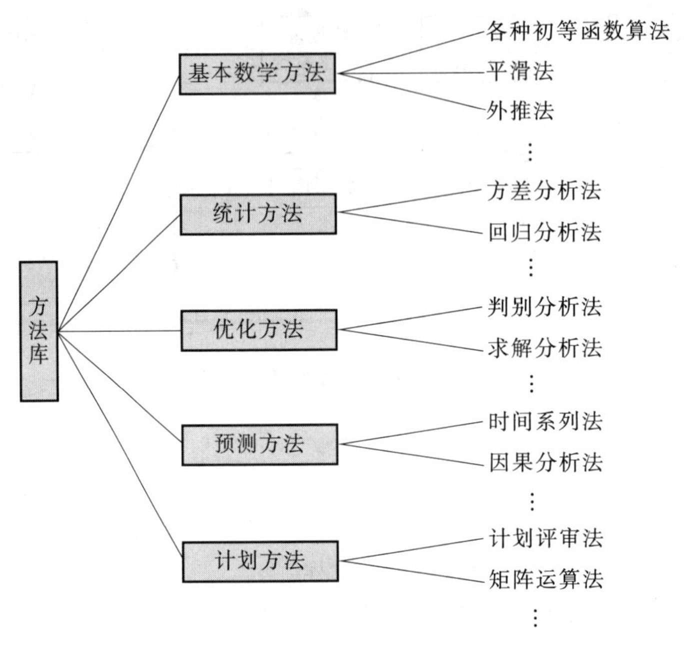

图 4-2　方法库中的方法集合

4.2 智能决策支持系统

传统的 DSS 系统的重点还在于模型的定量计算，人机对话方式与大多数不熟悉计算机的使用者尚存在一定的距离，限制了 DSS 的应用效果。人工智能技术的发展成果与传统 DSS 系统相结合，就能弥补传统 DSS 的不足，IDSS 就是人工智能与 DSS 的结合产物。典型的 IDSS 结构是在传统三库 DSS 的基础上增设知识库与推理机，在人机对话子系统加入自然语言处理系统，与四库之间插入问题处理系统而构成的四库系统结构。如图 4-3 所示。

在产生智能决策支持系统的同一时期，由于网络与通信技术的高速发展，DSS 出现了网络化应用的趋势，于是产生了群体决策支持系统(Group Decision Support System，GDSS)。DSS 能显著提高组织高层领导决策的有效性，但它是面向个人的，然而很多重大决策应该是由集体参与制定的。群体决策不再仅是多人坐在一起分析问题的活动，信息经济时代要求多个决策者能在一个周期内异时异地的合作协商，寻求解决问题的方案。

GDSS 是一种在 DSS 基础上利用网络与通信技术，供多个决策者为同一目标，通过某种规则相互协作地探寻半结构化或非结构化决策问题解决方案的信息系统。

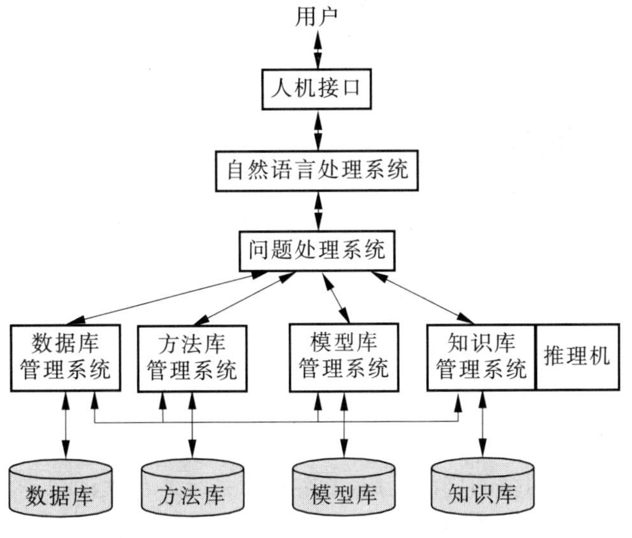

图 4-3 智能决策支持系统的结构图

4.2.1 智能决策支持系统的结构

1. 智能人机接口

四库系统的智能人机接口接受用自然语言或接近自然语言的方式表达的决策问题及决策目标。由自然语言处理功能通过语法、语义结构分析等方法转换成系统能理解的形式。运行后,系统则以决策者能清晰理解的或指定的方式输出求解进程与结果。

2. 问题处理系统

问题处理系统处于 IDSS 的中心位置,是联系人与机器及所存储的求解资源的桥梁。自然语言处理系统转换产生的问题描述由问题分析器判断问题的结构化程度,对结构化问题选择或构造模型,采用传统的模型计算求解;对半结构化或非结构化问题则由规则模型与推理机制来求解。

3. 知识库子系统(专家系统)

知识库子系统的组成可分为三部分:知识库管理系统、知识库及推理机。

(1) 知识库管理系统

知识库管理系统的功能主要有两个,一是回答对知识库知识增、删、改等知识维护的请求;二是回答决策过程中问题分析与判断所需知识的请求。

(2) 知识库

知识库是知识库子系统的核心,知识库中存储的是那些既不能用数据表示,也不能用模型方法描述的专家知识和经验知识,同时也包括一些特定问题领域的专门知识。知识库包括事实库和规则库两部分。例如,事实库中存放了"任务 A 是紧急审批任务,任务 B 是一般任务"那样的事实。规则库中存放着"IF 任务 A 是紧急审批任务,则任务 A 必须在 8 小时内办结"那样的规则。

(3) 推理机

推理是指从已知事实推出新事实(结论)的过程,推理机是一组程序,它针对用户问题去处理知识库(规则和事实)。推理原理如:若事实 A 为真,且有一规则"IF A THEN B"存在,则 B 为真。

4.3 新型决策支持系统

20 世纪 90 年代提出的数据仓库(Data Warehousing,DW)、数据挖掘(Data Mining,DM)和在线分析处理(On-line Analytical Processing,OLAP)已形成潮流。在美国,数据仓库技术已成为继互联网后的第 2 个技术热点。它被普遍认为是决策支持系统发展的新方向和研究热点。

4.3.1 数据仓库

随着数据库和计算机网络的广泛应用,各类信息系统所产生的数据也在急剧地膨胀,数据量从 20 世纪 80 年代的兆字节(MB)及千兆字节(GB)过渡到现在的兆兆字节(TB)甚至千兆兆字节(PB)。数据的迅猛增加,而分析方法滞后,二者之间的矛盾越来越突出。如何从这些繁杂的数据中发现有价值的信息或知识,以达到为决策支持服务的目的,是一项非常艰巨的任务。

数据库系统作为数据管理的手段,主要用于联机事物处理。在这些数据库中保存了大量的日常业务数据。但事物处理和分析处理具有极不相同的性质,直接使用事物处理环境来支持 DSS 是不合理的。要提高分析和决策的效率和有效性,分析型处理及其数据必须与操作型处理及数据相分离。把分析型数据从事务处理环境中提取出来,建立单独的分析处理环境,以适应分析型的 DSS 的应用。数据仓库正是为了构建这种新的分析处理环境而出现的一种数据存储和组织技术。

数据仓库概念的创始人 W. H. Inmon 对在其著作《建立数据仓库》中对数据仓库的定义为:**数据仓库**就是支持管理决策过程的、面向主题的、集成的、稳定的数据集合,其中每个数据单位都与时间有关。

根据数据仓库概念的含义,数据仓库拥有以下四个特点。

1. 面向主题

操作型数据库的数据组织面向事务处理任务,各个业务系统之间各自分离,而数据仓库中的数据是按照一定的主题域进行组织。主题是一个抽象的概念,是指用户使用数据仓库进行决策时所关心的重点方面,一个主题通常与多个操作型信息系统相关。

2. 集成的

面向事务处理的操作型数据库通常与某些特定的应用相关,数据库之间相互独立,并且往往是异构的。而数据仓库中的数据是在对原有分散的数据库数据抽取、清理的基础上经过系统加工、汇总和整理得到的,必须消除源数据中的不一致性,以保证数据仓库内的信息是关于整个组织的一致的全局信息。

3. 相对稳定的

操作型数据库中的数据通常实时更新,数据根据需要及时发生变化。数据仓库的数据主要供组织决策分析之用,所涉及的数据操作主要是数据查询,一旦某个数据进入数据仓库以后，一般情况下将被长期保留，也就是数据仓库中一般有大量的查询操作，但修改和删除操作很少，通常只需要定期的加载、刷新。

4. 反映历史变化

操作型数据库主要关心当前某一个时间段内的数据，而数据仓库中的数据通常包含历史信息，系统记录了组织从过去某一时点（如开始应用数据仓库的时点）到目前的各个阶段的信息，通过这些信息，可以对组织的发展历程和未来趋势做出定量分析和预测。

整个数据仓库系统是一个包含四个层次的体系结构，具体如图 4-4 所示。

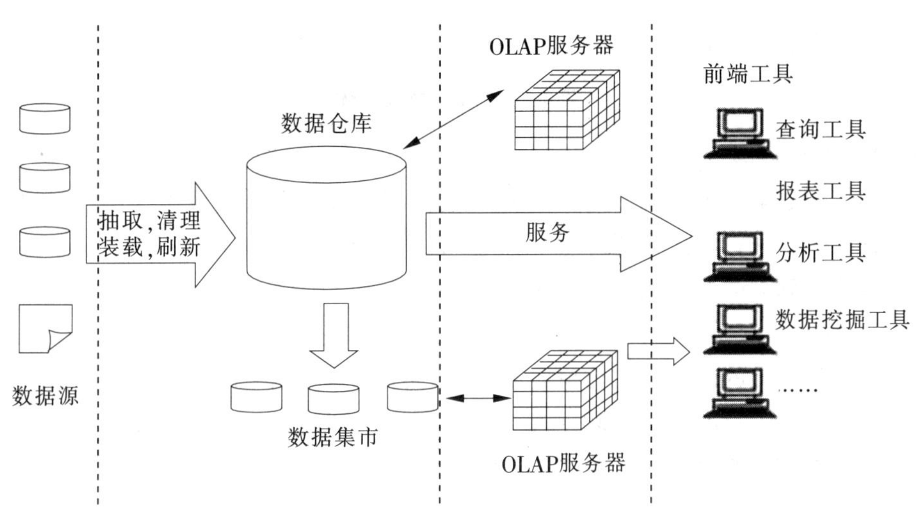

图 4-4　数据仓库系统的体系结构

4.3.2　联机分析处理

1. 联机分析处理的概念

为满足基于大型数据库的复杂查询、决策分析等需求，弥补在线事务处理（On-line Transaction Processing，OLTP）在功能上的不足，20 世纪 90 年代初出现了 OLAP 技术（E. F. Codd，1993）。

OLAP 是一种基于数据仓库的软件技术，它使分析人员能够迅速、一致、交互地多维、多视角地观察数据，以达到深入理解数据的目的，是数据仓库系统必不可少的分析工具。OLAP 是建立在数据立方体之上，共享多维信息的快速分析工具，具有如下特点：

- 快速性——系统应在用户可以接受的时间内对大部分分析要求做出反应。
- 可分析性——OLAP 应能处理与应用有关的任何逻辑分析和统计分析。
- 多维性——系统必须提供对数据分析的多维视图。

2. 联机分析处理技术的功能

如图 4-5 所示，在数据立方体的多维数据模型中，数据仓库中的数据被组织成多维，每个维按规范的概念树定义多个抽象层。这种组织为用户从不同角度观察信息提供了数据基础。基于多维数据的 OLAP 操作功能有以下几种：

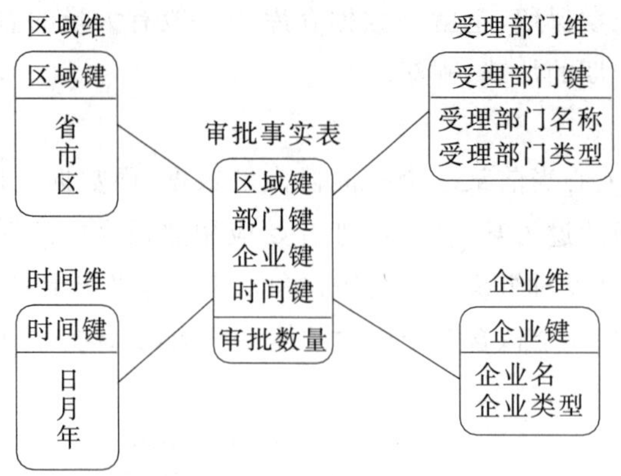

图 4-5　多维数据立方体

(1) 上卷(roll up)

上卷操作通过某个维的概念树向上攀升,在数据立方体上进行聚集操作。例如,沿着地理维层次:{区→市→省}对“工商行政管理局”的“IT 类企业”的“审批数量”进行累加操作,就可以实现从小到大的不同地理范围的行政审批查询。

(2) 下钻(drill down)

下钻是指沿着维的概念层次自顶向下操作,实现详细数据的查询,它是上卷的逆操作。例如,沿时间维层次:{年→月→日}观察企业“审批数量”的详细数据,就可以实现从大时间片到小时间片的细节查询。

(3) 其他 OLAP 操作

例如切片、切块、转轴、钻透等操作。

4.3.3　数据挖掘

查询驱动的 OLAP 可以按要求将数据展示在决策者面前,却无法自动发现潜藏在数据中的有用信息,大大降低了数据的使用价值。为实现对潜藏信息的自动发掘,20 世纪 90 年代中期,出现了数据挖掘技术(Data Mining)。

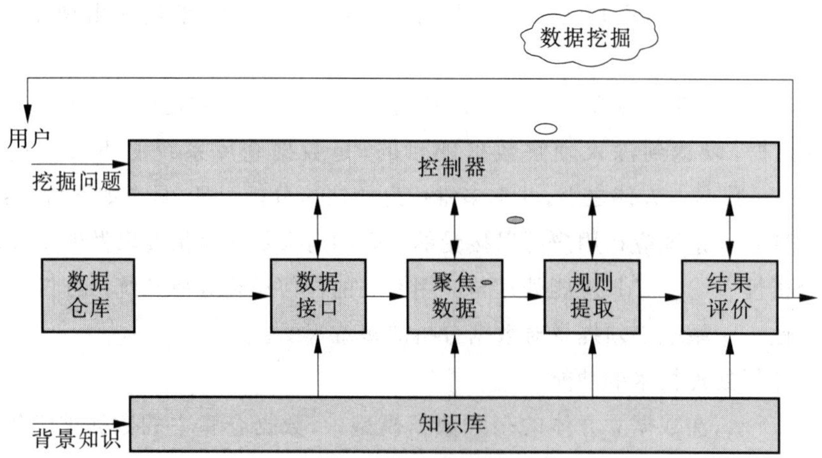

图 4-6　数据挖掘过程

数据挖掘技术是一项以人工智能为基础的数据分析技术，其主要功能是在大量数据中自动发现潜在有用的知识，这些知识可以被表示为概念、规则、规律、模式等。例如，经典的购物篮分析：英国的某家超市通过客户购物数据的分析，发现英国男士在为婴儿购买尿布的同时，也购买一些啤酒。超市根据数据分析的结论，将啤酒与尿布这两样不相关的商品相邻摆放，结果两样商品的销售业绩大增。

数据挖掘的流程包括数据接口的连接、数据的聚焦、模式的发现以及模式评估，整个数据挖掘过程是在背景知识的指导之下，在控制器的过程控制之下来完成的，如图 4-6 所示。

4.4 地理信息系统

4.4.1 地理信息系统的定义

研究表明，80%的管理数据带有与地理位置有关的空间特性，如国土资源、城市信息、交通路线、设施分布。目前的政务智能系统中，地理空间数据是以属性字段的形式表示并存储于关系型数据库系统中，难以实现应有的空间分析。

地理信息系统(Geographic Information System，GIS)技术，它可以有效地存储和管理空间数据。GIS 拥有一组空间分析工具，可以进行简单的空间分析和信息查询(如叠加分析、缓冲区分析等)。它主要应用了测绘、地质、国土资源规划、城市建设、环境保护、气象预测等领域。

4.4.2 地理信息系统的查询分析功能

包括空间数据查询与属性分析、空间统计分析、空间叠加分析、空间缓冲区分析、空间网络分析等。GIS 分析功能可以为客户智能系统提供初步分析功能，并可为实现更深入的空间数据挖掘功能提供技术基础。

1. 空间数据查询与属性分析

(1) 基于空间特征的查询

在电子地图上根据决策者指定的空间位置，系统可以查找空间实体以及它的属性(例如指定企业位置点)。系统首先借助于空间索引，在空间数据库中快速检索到空间实体(该位置点)。然后通过空间数据和属性数据的连接得到空间实体的属性表(企业的基本信息、交易信息等)。例如在电子地图上进行点查询、矩形查询、圆查询、多边形查询等。

(2) 基于属性特征查询

GIS 的属性数据存储在关系数据库中，支持标准的 SQL 语句。从而选出满足条件的空间实体的标识值，再到空间数据库中根据标识值检索到该空间实体，如下语句将会在电子地图上检索出满足条件的所有居民住址：

```
select *
from 居民住址图
where(平均收入＞“500 元”)and (年龄＜“50 岁”)
```

(3) 空间关系查询

空间对象间有着许多空间关系(拓扑关系、距离关系、方向关系)，GIS 系统应该提供一些直接计算空间实体关系的功能，例如邻近查询、包含关系查询、穿越查询、落入查询等。一些 GIS 软件对现有的 SQL 语句作拓展，初步实现了空间关系查询：

```
select *
from 居民住址图
where (年龄<"50 岁") and close_to(商场.名称="华联")
```

2. 空间叠加分析

空间叠加分析是指在统一空间参照系统条件下，每次将同一地区的两个地理主题图层进行叠合，以产生空间区域的多重属性特征的操作。空间叠加分析包括主题图层之间的逻辑交、逻辑并、逻辑差等运算。典型的叠加分析功能是空间选址操作，例如，居民的购房选址问题：

input：

4 层数据图二值化(0,1)

C_1 = {1, if class("与重要交通路线") < 5}

C_2 = {1, if class("临近公共车站的数量") > 4}

C_3 = {1, if class("楼房的价格") < 6}

C_4 = {1, if class("周边商场的数量") >3}

output：

output = C_1 and C_2 and C_3 and C_4

生成二值结果图：

result (output)

再如商场的选址要考虑交通条件、周边居民密度、竞争伙伴位置等多方面空间因素，因此需要视以上这些主题的地图层的叠加结果而定。还有政府派出机构选址问题、招商项目规划问题等都可以使用 GIS 的叠加功能。

3. 空间缓冲区分析

空间缓冲区分析是指根据分析对象的点、线、面实体，自动建立它们周围一定距离的带状区，用以识别这些实体或主体对邻近对象的辐射范围或影响程度，以便为某项分析或决策提供依据。缓冲区分析可以视为叠加分析的一种特例，该操作在线创建一个带状区域图层，然后与已有的图层叠加操作，得出结果集合。空间缓冲区分析主要用于空间邻近对象的查询与捕获。例如，指定电子地图上的某一点，给定以该点为中心的缓冲区域半径，找出所有居民位置及其相应属性信息。

4. 空间网络分析

空间网络分析是 GIS 分析的重要组成部分。网络是一个由点、线构成的二元关系系统，通常用来描述某种资源和物质在空间上的运动。空间网络分析的类型有以下四种：

- 路径分析(最佳路径问题，Dijkstra)。
- 资源分配问题(定位与分配问题，P 中心模型)。
- 联通分析(最小生成树问题)。
- 流分析(容量分析)。

例如，采用 GIS 的最佳路径分析功能，政府就能以最短时间、最短路径、最小开销为企业或公民提供主动快速的服务，最大程度的优化用户服务。

4.4.3 GIS与公共管理

地理信息系统的空间表现和信息交流能力使它能广泛应用于社会经济领域。一幅图胜过一千句话，一幅地图是信息量相当丰富的地区空间描述；而地理信息系统基于地图，胜过地图。

地理信息系统既提供了多个不同视点的整体（如专题制图、空间建模、三维景观），而且使用多种空间模型，如叠加模型、网络模型、拓扑模型、对象模型，并配合关系型或对象型的数据库管理系统，来表现不同尺度的自然和社会现象。

地理信息系统的这些特征，使它能够广泛地应用于国土资源信息管理、农业信息管理、旅游信息管理、金盾信息工程、金税信息工程、城市规划建设信息管理（数字城市）、环境保护信息管理、公共卫生应急信息工程、交通建设信息管理、医院急救信息管理、消防信息管理、国防信息工程、航空信息管理、广电通讯网管理、电信设施信息管理等公共管理领域。

4.5 政务智能系统

政务智能系统的总体框架如图4-7所示，其中RS为遥感系统，它能够动态捕捉城市地理空间信息，然后将其集成到地理信息系统（GIS）的数据库中。GPS为全球定位系统，它能够将重要的资源进行空间定位，并集成显示到GIS的电子地图上。以GIS、GPS和RS为一体化的空间技术方案，可以解决政务管理对空间信息的获取、更新和处理。不同于普通的数据库，这里的数据库是集成空间信息的数据库和数据仓库，因此政务智能系统就有了空间查询分析能力。

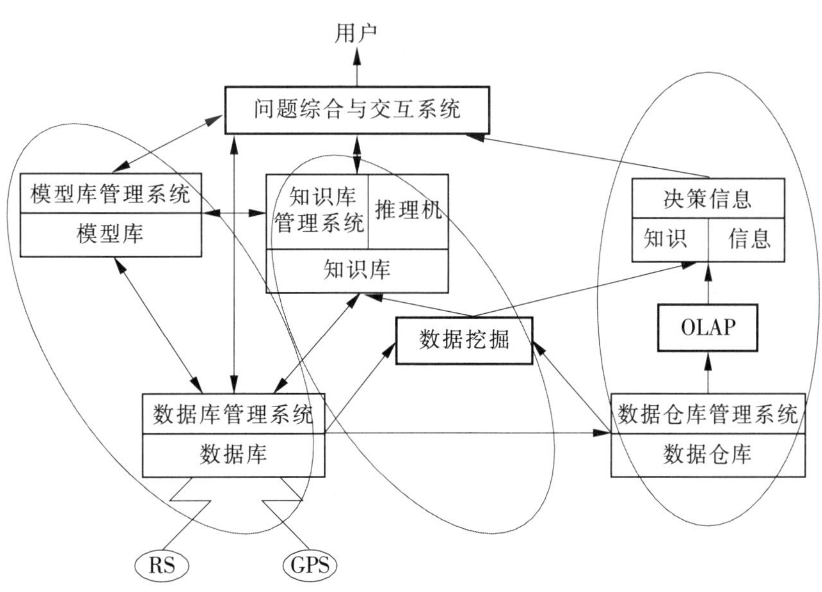

图4-7 政务智能系统的总体框架

综合上述决策支持系统的体系和功能研究，按照图 4-7 中椭圆圈定的范围，可以将政务智能系统的分析功能分为三个主体：

- **第 1 个主体**：模型库系统与数据库系统的结合，为决策问题提供定量分析。
- **第 2 个主体**：数据仓库系统与 OLAP 的结合，从数据仓库中提取综合数据和信息。
- **第 3 个主体**：专家系统和数据挖掘的结合，数据挖掘从数据库和数据仓库提取知识和规则，放入专家系统的知识库中，由知识推理的专家系统达到定性分析辅助决策。

因此，具有空间分析能力、查询分析能力、定量计算能力、定性推理能力和知识发现能力的政务智能系统，是理想的政务智能体系。

电子政务的业务流程

5.1 基本概念与定义

5.1.1 业务流程

业务流程是一系列连续有规律的活动，以确定的方式执行，导致特定结果的实现。如图 5-1 所示，流程的特性在于：①目标性：流程必然服务于特定的目标和任务；②事务性：对于任何流程都可以概括为：输入了什么资源，输出了什么结果，中间的一系列活动是怎样的，输出为谁创造了怎样的价值；③整体性：流程既然要“流转”，必然至少包含两个具有协同关系的活动，才能建立结构和关系。④动态性：流程是按照一定的顺序徐徐展开的。

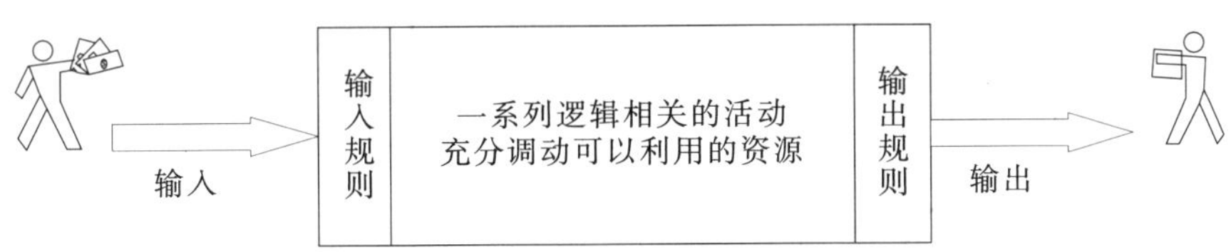

图 5-1 业务流程的定义

流程是由活动构成的，弄清楚活动的以下几个要素有利于全面理解和把握流程：①活动的主体是谁？②活动的实施对象是什么？③活动实施的方法和手段。④活动发生的环境和场所。⑤执行活动的时间。即从 Who、What、How、Where、When 等角度对业务流程进行逐层分解和细化。流程中活动的分解应该关注活动步骤的协同性，如果一系列活动步骤完全依靠单个岗位的人员技能就能完成的话，那么这就是人力资源管理的问题，而不属于流程的问题。举一个简单的例子，门卫拿出钥匙，打开门锁，但总是不能按时打开，如果是由于自身的原因，总是需要花费超出常人的时间，那就要通过培训来提高效率，不属于流程的问题。而如果这一系列活动需要靠协同的团队来完成，比如由于门卫和保安科长在传递钥匙的过程中出现的问题导致门总是不能按时打开，那么就需要把它作为一个流程问题来研究。如图 5-2 所示。

大型公共部门和私营企业中存在着成百上千条流程，然而它们并非处于相同的地位。从高层宏观的层次划分，可分解为战略流程、操作流程和保障流程。战略流程也就是决策流程，组织完成一系列分析和认定现有内外部利益格局、制定战略规划和相关政策的活动步

图 5-2　流程强调“流转”——通过岗位间的配合和协同来实现效率

骤，解决“做什么”的问题；操作流程是执行决策的过程，通过它们维持组织的日常运作，实现主要的职能，解决“怎样做”的问题；保障流程则为战略流程和操作流程的顺利实施提供必要的条件，如人力资源管理、信息系统管理等，对组织的顺利运转同样不可或缺。根据流程是否跨越组织边界，可分为组织内流程和组织间流程。组织内流程仅在组织内部进行运作，如组织内部计划、人事管理等；组织间流程则跨越组织边界，与多个外部机构直接发生联系。一般情况下，这两种流程之间是相互关联、高度集成的。流程中的活动呈现出直流、分流、合流和回流四种衔接形式，如图 5-3 所示。电子政务流程重组的关注重点是操作流程和组织间流程。因为战略流程往往不可避免地受到政治和法律因素的影响，充满了利益群体之间的权力、冲突和博弈，稳定性不如操作流程，也不容易实现人为的流程调整。组织间流程突出体现了不同岗位之间的协作问题，是流程管理的关键所在，也是目前许多组织最迫切需要进行优化的部分。

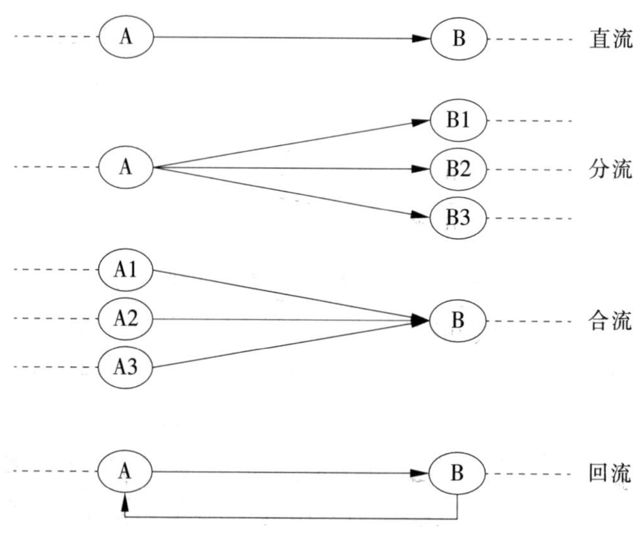

图 5-3　流程活动的四种衔接形式

5.1.2　政府流程

政府流程的概念 1908 年由 Bentley Arthur Fisher 在《政府流程：社会压力研究》一书中首先提出。他把社会运动和政府流程解释为“一个团体的活动，一种利益的表现以及一种压力的行使”。20 世纪 30 年代，Merriam Charles Edward 和 Lasswell Harold Dwight 明确提出:政府流程是对政府活动的行为、运转、程序以及各构成要素,特别是社会各利益团体之间以及他们和政府之间的交互关系的研究。国内以往对政府流程的研究侧重于政策过程,也即战略流程的研究,而电子政务流程讨论的主要是面向企业和公众的政府事务性操作流程。

电子政务的基本运行模式是“前后台、一站式”,它的基本思想在于创造一个虚拟的、统一对外的服务窗口,能够超越职能完成集成式的服务。公民只需向前台清晰地描述出要求,由其统一协调政府内部相关环节的处理工作并一次性返回服务结果,而不必逐一与相关部门交涉、了解许多尚未公开甚至自身都不明确的政府服务规定,浪费时间和精力。企业、公众与政府间的相互接触发生在前台。公众无论通过什么方式,网页、电话、还是到一站式大厅中办理业务,都直接或间接地与政府发生了接触,因而前台是公众接受电子服务、衡量政府绩效的窗口。后台则是政府将管理寓于服务实现过程的环节,为达到向前台提供有效支持和顺畅递送服务的目的,政府内部的业务流程和组织结构有目的地进行了重组,从而改善了电子服务的质量。电子政务后台的规模和范围是灵活的,是随着提高公共服务质量的要求变动和扩展的,并不局限在政府部门内。

业务流程中与服务对象直接接触的活动属于外部流程,运行在电子政务的前台;与外部流程衔接的政府作业流程称为内部流程,运行在电子政务的后台。内部流程是基础;外部流程是内部流程的表征,体现着公共服务的质量。外部流程和内部流程通过一系列流程设施联结,如政府网站、社区服务网点、自助缴费终端、一站式服务大厅等,这些流程设施起到两方面的作用:①帮助政府准确地识别公民和企业需求;②政府提供的公共服务也得以及时投递给外界。外部流程、内部流程和流程设施共同构成了电子政务的一般业务模式,如图 5-4 所示。

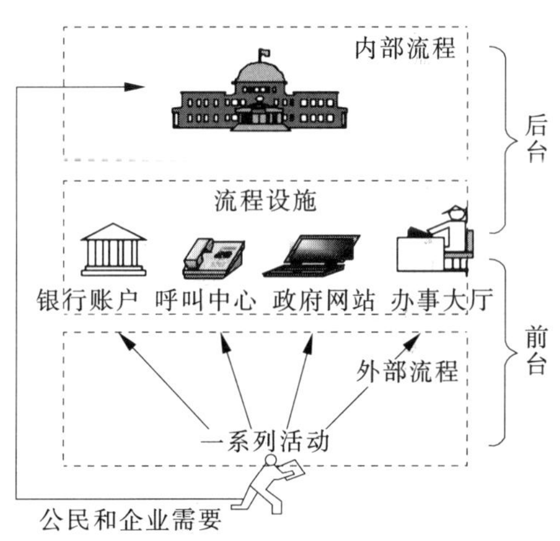

图 5-4　电子政务的一般业务模式

传统状况下的政务流程根据政府社会管理的职能需要设置,以政府业务的稳定实现为前提,较少顾及公共服务的效率和公众的需求,存在严重的问题。

(1) 政府流程体系庞杂、分割严重

公共服务的信息流和价值流被肢解为多个部门、多个层级,处于无法控制的分散状态,信息传递过程中的失真现象在所难免。

(2) 流程的封闭性明显

政府工作人员只关心自己管辖范围内的局部业务,而不关心整个业务流程活动的最终效果,职能分割和层级节制使公共组织缺乏对外界需求以及环境变迁信息的整体感知能力以及采取整体措施回应的能力。

(3) 政府流程机械而僵化

各个部门严格按照制度规定按部就班地工作,不关心具体业务的轻重缓急,政府职员抱着例行公事的冷漠心态,无视服务对象的感受和工作质量的提高。

内部流程的庞杂、封闭、分割反映到外部流程上,给服务对象造成的感受如下。

① 流程的模糊性

许多政府部门的办事程序混乱不堪,甚至根本不存在,经办人员甚至都搞不清楚流程中具体涉及几个环节,先后次序怎样,需要办事的群众在不同委办局之间来回往返穿梭,自己去发现流程。

② 流程的分散性

一项审批手续要盖上几十个公章才能完成,群众在城区中四处奔波,寻找散布在各个角落的办事部门,耗费大量的时间和精力。比如房地产建设项目前期审批流程包括项目建议书、可行性报告、规划方案设计、用地审批、初步设计方案审查、施工图审查、施工许可等七个步骤的二十几个审批环节。服务流程涉及发改委、规划委、房地局、国土局、环保局等多个职能交叉的政府部门,经办过程非常复杂繁琐。

③ 流程中潜规则过多

比如某些申报材料需要中英文对照本,然而办事部门不公开说明,事到临头才要求临时更改,严重影响办事效率,引起群众的强烈不满。

要消除传统政府流程的缺点,再造便民、高效、优质的公共服务流程,必不可少地需要借助信息技术的力量,由电子政务的进一步发展推动完成。

5.1.3 电子政务与流程重组

经济合作发展组织指出,现代化的服务型政府的建立要求公共部门做出 8 个方面的转变(参见表 5-1),业务流程重组和信息技术的应用是其中非常重要的两项。

表 5-1 公共部门改革的 8 大趋势(OECD,1995)

变革的领域	对公共部门的含义
重塑民主	努力发现公民需求并纳入政府过程的改进中
业务流程重组	通过业务流程重组达到组织绩效的突破性改善
运用信息技术	信息技术的发展为简化政府流程、增强公众参与提供了良好的途径
更加灵活的运作机制	发展非政府组织,采取服务外包的方式
重视产出和绩效测评	定义并衡量政府产出,及时公布,为结果负责
增加部门合作	增加各级政府之间、公共部门与私营部门的交流和沟通
消除赤字	合理规划人力资源、政府预算、政府采购以消除赤字
设定合适的部门战略	努力在限定的资源范围内达到最大的产出,在这个过程中充分考虑到各种层次的公民需求

传统体制中的政府职能多是指令性、强制性的,国家是强势政府的单独治理而非公民社

会的共同治理。我国政府的组织结构是典型的条块分割模式。纵向的行政组织由若干层次组成,在系统内实现垂直领导,状如金字塔;横向矩阵式的结构由若干职能部门组成,职能交叉、重叠,没有严格的办事规章秩序,审批泛滥、透明度低、暗箱操作等问题层出不穷。电子政务建设的实质就在于对传统的政府业务进行改革、优化和重组,通过一系列便民、高效、优质的政府业务流程与社会公众接触,直接体现出服务型政府的优越性。正如胡锦涛同志所指出的那样:"我们搞信息化不是为了信息化而信息化,目的是要提高行政透明度,提高管理效率,推进勤政廉政。如果搞信息化不能便民,反而更麻烦更复杂了,就没有生命力了。要确实让老百姓感觉到信息化是为人民服务,为老百姓服务的,这才有意义。"电子政务的发展,对政府管理的理念、政府治理的结构、政府的业务流程等各个方面都产生了巨大的冲击,通过组织功能集成和信息技术集成,极大地促进了政府管理的现代化、民主化、公开化和效率化(见图 5-5)。

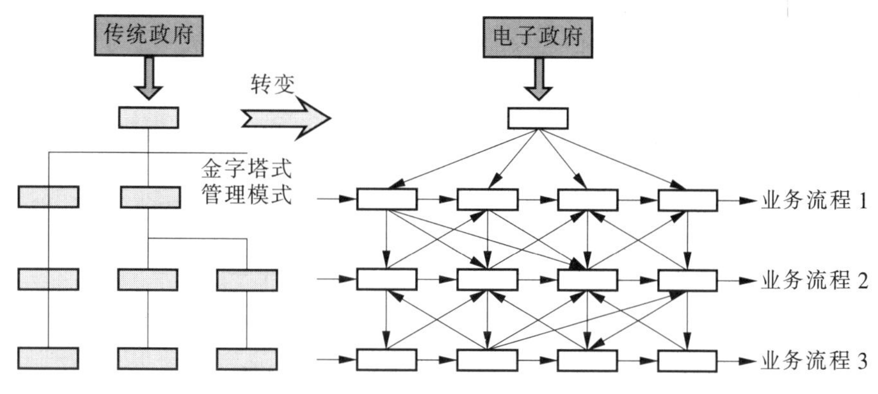

图 5-5 电子政务促进政府管理模式的转变

1. 电子政务推动政府流程优化

电子政务对政府流程的影响主要表现为以下几方面。

(1) 缩小业务流程的规模

业务流程的规模取决于业务内容,代表了流程的复杂程度,也就是流程包含的活动步骤的多少。有些流程仅由一个或几个非常简单的环节组成,而有的则可能包含许多个复杂的、相互关联的环节。由于信息技术的使用,原来需要经历多个环节的流程可以大大缩减,甚至缩短成一个环节。

例如:杭州市网上数字档案馆的建立实现了档案局与全市各个政府机关的档案室之间、下属区县档案馆之间的数据双向共享和交流,纸质档案材料扫描后进行数字化存储,利于保存,更利于社会各界查阅。原先到档案局查阅资料需要经历填写申请单、等待审批、接收通知并在规定的时间段内到档案局查阅、归还文档等流程环节。实施电子政务后简化为两个环节:即在档案局的网页上查询所需资料并下载。

(2) 扩大业务流程的范围

业务流程的范围指流程穿越的职能部门或专业岗位的数量。电子政务促进了政府部门间的信息共享、政务协同和工作流整合,削弱了部门之间严格划分的职能界线,使更多的部门和岗位能够在同一条连贯的业务流程链条上开展工作,使分工协作更加默契、更有效率。

例如：中国电子口岸是海关总署等国务院12个部委在因特网上联合共建的公共数据中心，2001年6月开始在全国各口岸推广实施。海关总署、商务部、国家税务总局、中国人民银行、国家外汇管理局、国家出入境检验检疫局、国家工商行政管理局、信息产业部、公安部、交通部、民航总局、铁道部等单位原先分别管理的进出口业务信息流、资金流、货物流等电子底账数据统一存放到公共数据中心。各委办局可以依据相关职能和管理需要进行跨部门、跨行业的联网数据核查和行政审批，企业也可以在网上办理各种进出口业务。

(3) 降低业务流程的中介度

业务流程的中介程度反映了组成流程的各活动的序列化程度，中介度高的流程有许多序列化的活动步骤，中介度低的流程中的活动没有固定的次序，可以直接作用于最后结果。电子政务使流程中不同活动的并列进行成为可能，在组成活动不变的情况下，表现为流程中输入和输出的活动减少，活动的序列化程度降低，中介度降低。以政府的户籍管理流程为例(如图5-6所示)，从接受请求、核对材料、审批答复到最后的户口动迁，所有环节组成了一个完整的流程。传统方式把这一流程细分为很多步骤，每个部门和岗位只做其中一部分，而且相对独立进行，完成本部门的工作后才将结果交给下一个部门，不同工序被割裂开来，导致整个流程支离破碎，活动不连贯、流程不通畅(如图5-6A部分所示)。电子政务使活动的并行处理成为可能(如图5-6B部分所示，待迁入的派出所审核申请人信息时，待迁出的派出所同时通过网络提供证明材料)，大大提高了服务效率，方便了办事人员。

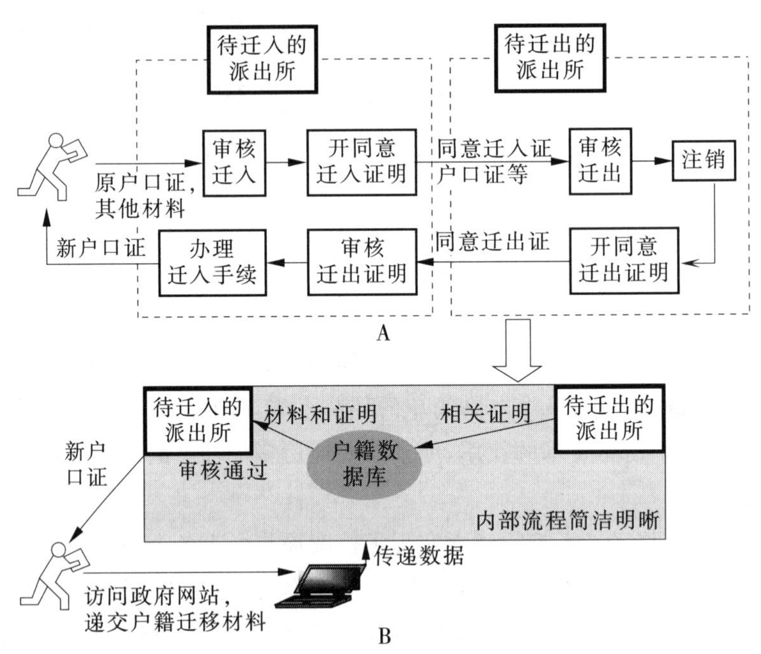

图5-6 电子政务降低业务流程的中介度

(4) 使流程从松散转向集成，突出业务之间的关联性电子政务推动下的流程整合首先尽量把相关的岗位和部门集中起来，然后从最基本、最明显、最简单的业务关联开始(这时的流程是松散的)，逐步考虑更深层次的不同岗位和部门的协作和互动，充分揭示出原有组织分工之间的内在联系。集成化后，政府流程中的各个活动达到了充分的信息共享和交换，彼此之间有机协调地工作，呈现出整体最优的状态。

例如:过去,政府部门的信息化建设很少关注各个子系统间的有机联系,许多部门基于自身发展的需要建立起适应本部门业务应用要求的管理信息系统,并没有考虑到和其他部门的互联互通,“信息孤岛”遍地开花。电子政务支撑下的政府管理强调从大处着眼,“面向对象,局部分工,整体集成”,分工的同时考虑集成,集成的同时也不否定分工。跳出传统的职能、岗位、部门等概念的局限,将政府公共服务体系按照大功能域、面向对象的方式进行划分,通过需求分析,建立由职能域、业务流程和主题数据库构成的业务模型。比如天津市集装箱检验检疫局,过去根据卫生检验检疫职能、动植物检验检疫职能、机电产品检验检疫职能和食品检验检疫职能分别设置相关部门,各个部门之间相互掣肘、重复履行职能、流程混乱(详见图5-7A部分),各个职能部门均要对进出口货物进行检验检疫,平均每个进出口企业需要检疫2～3次(详见表5-2)。在信息技术和网络技术的支持下,组织结构和业务流程发生了很大调整,原先分散在各部门的集装箱检验检疫业务得到统一归并整合,检验检疫一次完成,效率得到了明显的提高,给进出口企业带来了很大的便利,呈现出明显的系统集成放大效益(详见图5-7B部分)。

表5-2　不同职能部门重复履行集装箱检验检疫职能

职能部门	受理申报(次)	检验检疫(次)	收费(次)	箱体查验(次)
卫生检疫部门	1	1	1	1
集装箱监管部门	1	1		1
货物管理部门		1		1
检务部门			1	
卫生除害处理部门	1		1	
总计	3	2～3	2～3	2～3

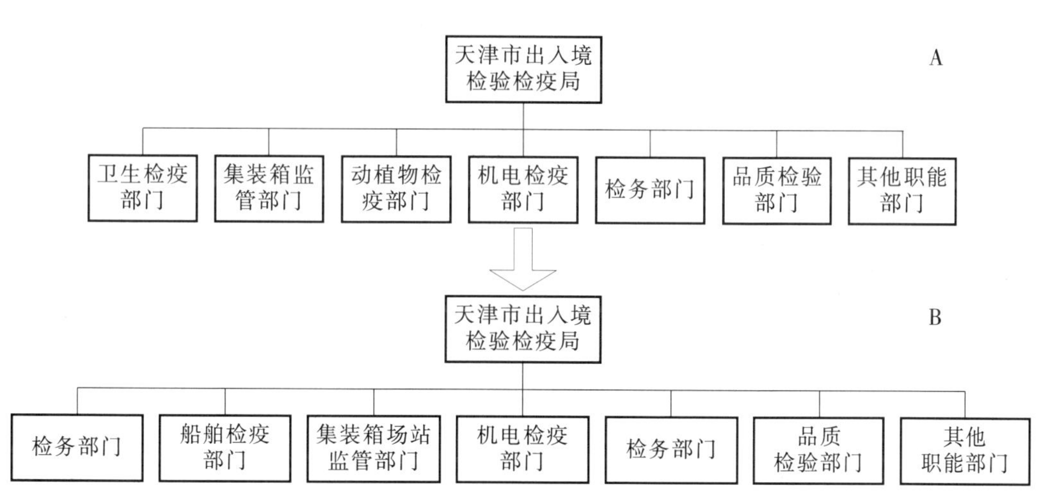

图5-7　电子政务促进检验检疫机构流程集成化

2. 流程重组促进电子政务的发展

流程重组的概念原本来自电子商务领域。20世纪80年代,美国企业界在IT技术上投入了10 000亿美元,服务业投入达8 000亿美元,然而10年间企业的生产率却基本保持不变,企业感到他们的资金掉入了“IT黑洞”,把无法达到企业运营绩效改善的信息化设备称为“乱花钱的孩子”。针对这一问题,麻省理工学院的Michael Hammer教授于1990年在

《哈佛商业评论》上提出了业务流程重组(BPR)的概念。其基本内涵在于以业务流程为中心,摆脱传统的组织分工理论的束缚,提倡顾客导向、组织变通、正确地运用信息技术,达到迅速适应快速变动的环境的特点。流程重组理论提出不久即得到了企业界的热烈响应,杜邦公司、波音公司、柯达公司通过积极地推行企业重组工程取得了良好的经济效益。根据麦肯锡公司2001年的报告,1995—1999年间,美国生产力的提高中很大一部分源于59个行业中的6个行业,而这些行业中生产力的提高主要源于业务流程重组带来的管理模式的改进,而不是新技术的应用。

电子政务的发展过程存在与企业类似的问题,信息化建设无法跨越管理改革。只有通过有目的、有步骤、有计划地逐步整合政府流程,把规范和成熟的业务变为IT流程,才可能充分发挥出电子政务便民利民的作用。美国公共管理学会政府流程重组定义为:"在政治氛围中检查、反思、重新设计未来的公共服务,通过持续不断地评价、调整和改进流程,不管从公众还是政府职员的角度来看都实现了组织绩效的巨大改善。"2004年,思科公司资助有关机构对欧洲8国的电子政务进行系统调查得出结论,高达21%的欧洲公共组织在引入信息技术之前首先对原有的业务流程进行分析和优化(见图5-8),这些部门的电子政务对于生产率的提升效果可以达到同行的3~7倍,公众满意度的提升约达45%~65%。

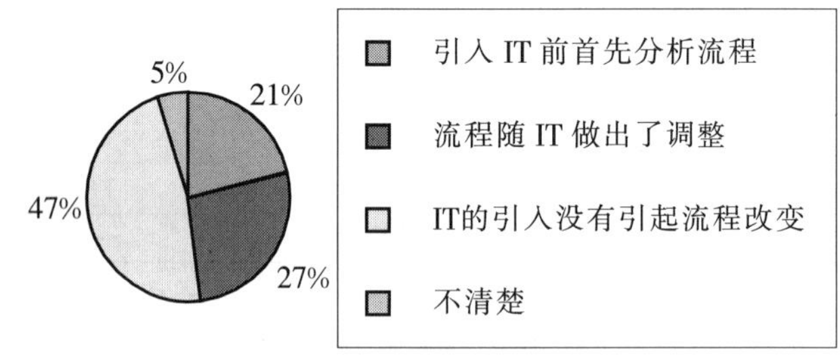

图5-8　欧洲公共组织实施电子政务流程重组的部门比例

流程重组是电子政务发展达到成熟阶段的标志。世界银行2003年按照流程整合的程度由低到高将电子政务的发展分为基本信息提供、沟通服务、在线事务处理和个性化服务等四个阶段。其中的在线事务处理阶段最明显的特征就是电子政务的后台部门通过流程重组实现了业务的整合和协同(如图5-9所示)。目前世界上电子政务发展水平较高的国家,如加拿大、新加坡、美国、新西兰等无不以为社会提供良好的公共服务为基本出发点,合理整合电子政务前台的业务流程设置,并实现与后台不同机构之间的协调对接,来推动电子政务的跨越式发展。美国联邦管理和预算办公室(Office of Management and Budget,OMB)建构了集成的、基于流程管理的联邦政府总体架构业务模型(the Business Reference Model,BRM),以普遍业务服务的方式,而非以分部门的观点来描述政府,把政府向公民提供的全部公共服务归纳为教育、健康、国防、能源、卫生保健等19项,通过检查机构间的共同业务功能、流程和活动,消除冗余和重复劳动,推动跨部门的流程整合。新加坡的"电子公民中心"将个人"从摇篮到坟墓"的整个过程划分为不同的阶段,政府部门在人生的各个"驿站"提供一组相互关联的服务包,如"雇用员工"(专为雇主设计)、"寻找工作"(专为求职者设计)、"退休"、"提高技能"和"在新加坡工作"(专为外国人提供)等等,把商业贸易、国防、教育、就业、家庭、医疗健康、住房、交通运输等不同政府部门的服务职能巧妙地联系在一起。可见,政府信息化不能脱离流程的优化和重组，如果信息技术的效用仅仅局限于用电脑取代人工，沿袭传统的政府流程，“新瓶装旧酒，换汤不换药”，政府依旧是庞大的政府，流程依旧复杂，“服务型政府”只能流于空谈。信息技术能够显著地优化流程，经过人们主观分析和梳理的业务流程同样能够促进信息技术发挥最大的效用。“流程重组”犹如电子政务建设的分水岭，重组之前为“办公自动化”，业务流程被动地随着各种计算机应用设备的投入使用发生改变。重组之后方称得上真正意义的电子政务，以业务流程为核心，根据需要加以主观的梳理和调整，信息技术围绕流程而设置，共同构建出高绩效的电子政务模式。

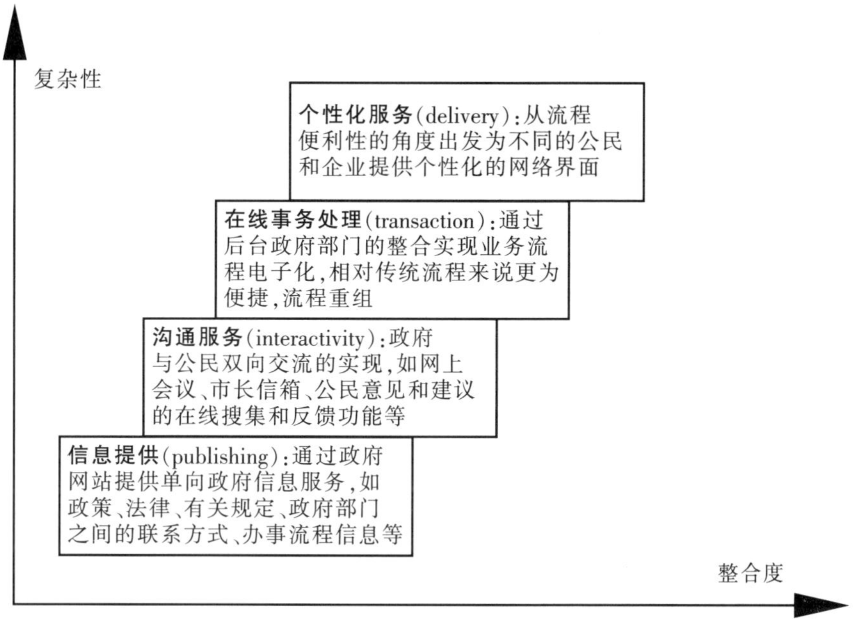

复杂性

个性化服务(delivery)：从流程便利性的角度出发为不同的公民和企业提供个性化的网络界面

在线事务处理(transaction)：通过后台政府部门的整合实现业务流程电子化，相对传统流程来说更为便捷，流程重组

沟通服务(interactivity)：政府与公民双向交流的实现，如网上会议、市长信箱、公民意见和建议的在线搜集和反馈功能等

信息提供(publishing)：通过政府网站提供单向政府信息服务，如政策、法律、有关规定、政府部门之间的联系方式、办事流程信息等

整合度

图 5-9　流程重组是电子政务发展的高级阶段

例如，优化政府办事流程，提高公众满意度，是新时期电子政务的发展方向和《行政许可法》的要求。2001 年，北京市发改委联合信息办、人事局、监察局、编办、法制办、财政局、质量技术监督局等 8 个部门开展“北京市电子政务网上审批工程”，于 2004 年底通过专家验收，投入试运行。该电子政务项目筹建之初，由市属的各委办局根据本部门业务特点自行申报拟再造的流程，发改委联合编办对各局申报结果进行集中筛选和审核。他们深知，电子政务的重点在于“政务”，没有流程的改进和优化，难以摆脱传统作业模式的影响。信息技术的作用局限于以电脑取代人工，只能进一步增加改革的难度。为此，业务组的同志仔细梳理全市大大小小 700 多项审批业务流程，选择那些业务量大、流程清晰、信息密集、社会经济效益明显的政府流程进行表单的改造和精简。首先把不符合《行政许可法》的审批事项废止或合并，然后剔除技术上不具备上网条件的业务，最后进行组织之间的流程整合。他们把设计出的新流程做成相应的表单及附件，给出具体定义，下发给各委办局确认，最后再根据盖章确认的流程制定成标准和规范，共计 8 万多字、400 多页，前后反复调整、更改了 20 多个版本。通过不懈的努力，“北京市电子政务网上审批工程”的新流程业务适应性强，很快得到了各委办局的采用，使手工办理向网上审批服务的过渡出现了质的飞跃。截至 2004 年 12 月底，已

经实现了35家委办局的350项业务网上审批和服务提供。由发改委和人事局协同办理的“国内驻京机构人员办理工作居住证”是其中绩效最突出的一项。这项业务原来需要外地驻京干部在北京市发改委和人事局之间来来回回跑五六趟，一个流程下来至少十天半个月，现在只需完成网上申请、到人事局交材料、取证件等三个步骤，最多3天即可办妥。

5.2 流程重组的背景与含义

官僚机构是按照职能来组织的，行政组织的建立，从根本上说，是把各项政府职能固定划分给政府各部门、各层次的过程。按照韦伯的理想官僚模式，对职位加以抽象的、非人性化的界定，从职位入手，便可建立结构，再通过行政指令和等级式的监督、控制即可实现。随着社会分工的日趋精细化，行政管理活动的专业性和技术性明显增强。客观上要求按照职能和组织目标划分不同的机构和部门、设置专业岗位，以加强政府管理和解决复杂问题的能力。政府的层级制结构以其权力集中、职能明确、讲究秩序的特点，曾经很好地适应了行政管理的需要，成为长期备受推崇的组织形式。

公共部门的主要目标在于依法行政，保证社会管理职能的稳定发挥，由于财政收入来源于预算，习惯于循规蹈矩、四平八稳，与追逐利润的私营企业相比，提高服务效率的驱动力明显不足。因此在电子政务的实施过程中，公共部门的决策者倾向于利用IT来维持现行的组织架构和反应模式。可以肯定，如果跨部门、跨岗位的信息流和工作流的梳理和整合不能产生明显的效益，生产力无法通过部门间和岗位间的协作得到提升，电子政务的流程重组工程一定不会发生。政府流程重组能够在信息技术高度发达、知识经济迅猛发展的今天成为各国政府信息化工作中广泛关注并且着力发展的重点，绝不是偶然的。

5.2.1 信息时代的环境不确定性

自20世纪90年代以来，以计算机、软件、网络和微电子为代表的信息技术迅猛发展，将人类社会推进到前所未有的信息时代。信息技术几乎可以把所有的文字、音像和影视信息数字化，极大的扩展了信息的容量。随着互联网的发展和普及，信息资源得到了方便快捷地传播。这种情况下，传统政府的公共信息垄断被彻底打破，政府过度干预的低效率、管理手段单一、机构臃肿庞大、行政指令刻板僵化等矛盾逐渐显露出来。而教育文化水平的提高使社会公众的需求日趋复杂化、个性化、多样化，对公共服务的质量和效率提出了更高的要求。

公共组织所处的环境可定义为存在于组织边界之外的、对组织具有潜在或部分影响的所有因素。表征环境不确定性的两个主要变量，一是环境的复杂性，由环境中有多少不同质的构成要素决定。在一个简单的环境中，只有少数几个相似的因素在影响组织。而在一个复杂的环境中，许多不同的外部因素交互作用，都能对组织产生影响。信息技术的发展使越来越多的人都可以无障碍、无距离地享受到公共服务(特别是电子服务)，这些异质化的个体必然包含着复杂的对公共服务的偏好，可以按照年龄、性别、职业、目的划分出众多的接触公共服务的用户类型，不同的用户群体都对应着某种特定的对公共服务的需求期待。为了扩大公共服务的覆盖性，政府机构必须充分地考虑各种可能出现的情况，所以环境复杂性是随着信息技术的发展增大的。二是环境的变动性，即构成环境的各要素是否发生变化，变化的可预见程度如何。当今社会,信息传播的渠道极多,公众的偏好因此容易受到不可预测的社会发展趋势的影响,网络环境进一步促使个体的需求观念发生变化和转移,个性化进一步增强,各种标新立异的观点层出不穷。因此环境的变动性在信息社会也是不断增大的。总体看来,环境不确定性随着信息技术的深入推进有增无减。

由于组织需要源源不断地从环境中吸收信息和资源,作为决策参考和未来的行为依据,环境不确定性的增长不可避免地将对组织产生影响。James Thompson 1967 年在《行动中的组织》这本书中提出,当外界环境变化不稳定的时候,组织不应采取层级结构,正式的规则和工作程序也不应太多,否则管理人员的理性思考和机构处理信息的能力将无法赶上变化的要求。公共部门不可能再像从前那样先制定一个计划或者方案,然后慢慢调整逐步实施。只有建立固化于组织内部的、能够快速适应环境变化的柔性结构,增加自身的反应力和适应力,才能实现更好的组织运作。流程型组织正是这样一种能够高适应性的、以公众需求为起点、超越传统职能分工的新型组织形式。

流程型组织和层级制组织一样,同样存在上下级、职能分工和业务流程,它与后者的不同主要体现如下(如图 5-10 和图 5-11 所示):

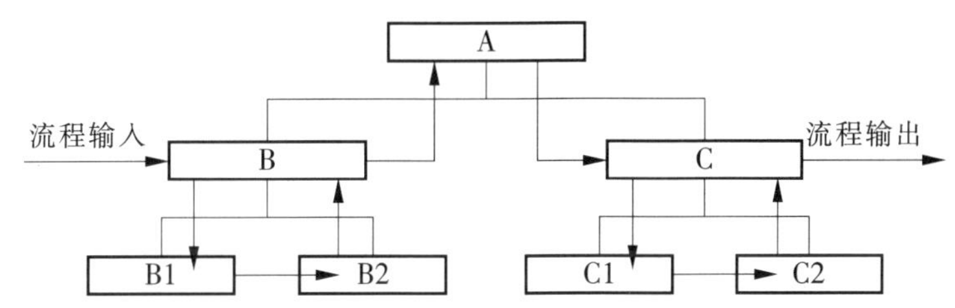

图 5-10 层级制组织的业务流程

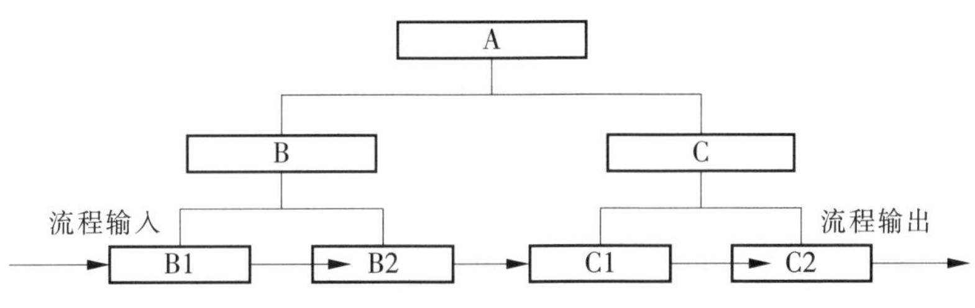

图 5-11 流程型组织的业务流程

- 流程型组织的目标在于某一项政府业务效能和效率的最大化,也即公共服务全过程体现出的满足企业和公民期望的水平,而不在于其中涉及的某个条块分割的职能部门的高绩效。
- 流程型组织设计关注与外界期望衔接的完整的业务实现过程,从某种意义上来说拉平了参与流程链条的各部门和岗位的信息化水平,而不是依赖于某个特定的部门。这样风险就得以在整个流程中分散,增加了结构的柔韧性。
- 流程型组织中的活动是在充分考虑协作需要的前提下设计出来的。层级制组织的流程则相反,只是把多种职能要素以顺序化、结构化的方式联系在一起,在处理活动之间的结构关系时,通过设置缓冲区来强化职能分工,而不是强化协同。

- 流程型组织上下级的信息沟通传递效率明显优于层级制组织。后者力图运用相对固定的程序达到既定的目标。在目标明确时，组织内的人员分工、制度设定和目标保持一致，使总目标能够顺利沿着层级分解为各个部门的子目标并落实到员工身上，出现问题时，按照规定的渠道把信息反馈到相关的决策部门。然而在不确定环境中，组织的目标经常发生变化，更难以逐层分解，响应变化时往往穷于应付、捉襟见肘。而流程型组织的基本结构是由若干职能相近的岗位组建而成的合作单元（如图 5-12 中虚线部分）。多个功能交叉的合作单元协同配合，形成团队网络，负责某项任务从识别用户需求到输出相应服务的全过程。流程型组织中，起到信息上传下达作用的中间层级大大缩减，信息沟通的渠道多、速度快，增强了高层决策者与操作执行层的直接沟通和协调，同时面向需求构建任务团队的结构形式也有利于组织随环境的变化做出调整。

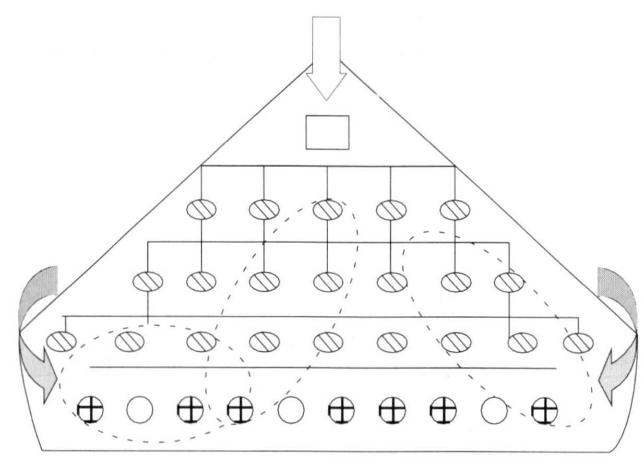

图 5-12　流程型组织中的任务团队

某种组织结构的柔性可以从“维长”、“维宽”、“维的易变性”和“维变的均衡性”四个方面来考察。**维长**(range number)指组织能够管理、支配的特定业务的范围；**维宽**(range heterogeneity)指在某一维度上系统可以容忍的差异性程度。**维的易变性**(mobility)指系统从一种状态过渡到另一种状态的难易程度，主要反映组织中不同构成要素之间可替代程度的大小。**维变的均衡性**(以不变应变的能力)(uniformity)反映环境变化时，组织继续保持规模和特性基本稳定而能够持续提供高质量服务的能力。流程型组织为什么具备明显优越于层级制组织的柔性呢？

5.2.2　知识分工下的政务整合与协同

1. 知识分工是专业分工的深化

在人类社会生产力水平发展的不同阶段，生产要素发挥着主要的作用。在农业社会，土地是经济活动中最基本的资源；产业革命时代的经济活动则以机器大生产为主，资本是其中最重要的生产要素；信息社会以计算机技术的突飞猛进为标志，经济活动愈来愈以第三产业为主，服务业特别是信息服务业在国民经济结构中已经提升到第一位。科技知识、信息和智力劳动的投入在经济的发展中已经占据主导作用，物质资本退居次要地位。而扮演主角的知识资本、构成知识产权的无形资产和人力资本(智力劳动为主)又复归为一体,使物质资本也凝聚着很高的知识含量。

纳尔逊和温特(R. Nelson 和 S. G. Winter 于 1982 年)指出,技巧首先是程序化的,涉及一系列步骤,构成技巧基础的大多是默会性的知识(tacit knowledge),也就是说操作人员很难通过语言把这些知识描述出来,或者很可能虽然已经掌握了这些技能,自己本身却不清楚构成这些技能的全部细节。由于个人认知中有相当一部分知识属于默会性知识,无论如何也无法通过上传下达加以交流,这决定了知识只能由个人拥有,没有人能够准确地获得另一个人的全部知识。况且,由于每个人的知识存量和认知结构是完全不同的,因此每个人拥有的默会性知识也迥然不同,在知识传递的过程中无法"以点带面"。经济学家 K. Arrow、P. Dasgupta 和 Paul A. David 等曾经论述了知识的公共性,认为个人对知识产品的消费并不会影响其他人对知识产品的消费,而且知识产品一旦生产出来,在消费过程中增加的边际成本为零。实际上,知识虽然能够通过多种方式转移给其他人,但不同类型的知识转移的难易程度是不同的,默会性知识的转移尤其缓慢、昂贵,而且在转移过程中的转出方和接受方都不能保证知识能够被不走样地传递。

政府机构内部的专门岗位需要的大多就是这种默会性的知识,它的形成需要较长时间的工作经验,很难在短时间内快速见效,也无法被熟悉业务的工作人员本人清晰地认识和阐述(可以设想,政府内部的各种法律规定、办事条例、红头文件非常复杂,需要专门人员花费一段时间以后才能逐渐熟悉整个运作过程,这种知识属于默会性的知识)。随着知识经济的不断推进,知识容量迅速膨胀,在农业社会和工业社会一直隐藏在有形的具体劳动分工下的知识分工,愈发凸显出其重要性。对政府工作人员的专业素质和知识水平也不断提出了更高的要求。而人脑的容量、人的学习时间都是有限的,这就导致了知识必然的进一步分散。这种分散不仅表现在不同岗位的作业任务更加专业化,而且体现在专业化的合作单元的出现上(如图 5-12 所示)。这是由于工作上所需要的知识太多,个人不可能完全掌握这些知识,合作单元中的个人只能各自拥有部分知识,然后将全体人员的知识凝聚在一起,通过相互之间的配合形成整体知识,这样才能完成专业化团队的工作。如果说政府部门中专业化岗位之间默会性知识的传递已经很不容易的话,那么这种合作单元具备的整体知识将更难传递给另一个合作单元。这说明知识经济时代对分工与协作的要求比工业革命时代的要求高得多,对组织协调机制上的革新迫在眉睫,更加强调不同"功能区"之间相互适应性的调整,而不是传统的条块分割的职能划分。

2. 政务整合与协同中的交易费用

从亚当·斯密的《国民财富的性质和原因的研究》(简称《国富论》)开始,经济学家一直试图对组织的发展和演化进行解释。他们大多以分析竞争自利的个人为起点,在利益最大化的前提下,说明个人怎样在既定的交易条件下参与有组织的合约行为,以及信息分配、交易费用及协作成本是怎样影响合约达成的。因为从根本上说,"组织就是一系列合约的集合"(张五常)。在合约的达成过程中,人们具备有限理性和投机主义倾向,希望通过"有限理性"来最有效地处理"不完全信息",并最终做出使交易费用最小的理性选择。知识分工下,政务整合与协同的范围和交易费用密切相连。知识分工使不同岗位需要掌握的知识进一步专业化,隐性知识的传递更加困难。在这种情况下,不同的知识团队之间产生了极大的协作愿望，以弥补由于知识不完全造成的缺憾。一方面，横向的知识流动有利于解决知识条块分割的状况、增进协作，每个知识团队都渴望分享流程链条中原本属于其他部门的知识来提高本部门的服务效率；另一方面，出于维护自身利益的考虑，各个独立的知识团队却不愿意将自己的隐性知识贡献出来。这是因为掌握高深专业知识的成本增加了，隐秘知识和不可共享的知识增加了，某个团队要获取并且掌握这些知识，需要大量的人力和物力投入。倘若一旦获取信息就立即共享，个人和组织就没有动力去进一步挖掘新知识、提高知识水平了。这时，交易费用和协作收益决定了知识共享的深度和方式，二者的特性又进一步解释了最有利于实现知识共享的组织结构形式。

一般来说，构成流程型组织的不同部门和岗位希望尽可能地促进业务整合，提高服务效率，然而知识分工的深化和跨部门联系的增加又不可避免地引起交易费用上升，这种“既要马儿跑，又要马儿不吃草”的两难境地使经济学的研究有了用武之处。从分工—协作的角度来看，人们的社会活动最终产生的价值取决于收益—成本的比例。分工和协作两难冲突的折中结果应该在协作产生的收益等于交易费用的增加量时达到最优，这也就是一个成本—收益分析的思想。政府流程重组的交易费用由技术费用、协调费用、缔约费用和利益补偿费用四部分组成。GPR 的协作效益也体现在时间效益、需求效益、合作网络效益和创新效益四个方面，各部分的含义如表 5-3 所示。

表 5-3　政府流程重组交易费用与协作效益的具体构成

名称	构　成	含　　义
交易费用	技术费用	为增加岗位和部门之间的信息交流渠道、提高交流的速度，需要在信息技术方面进行投资
	协调费用	为减少合作摩擦，使不同岗位之间的协作更有效率，往往应安排外在的协调人员，即上级领导、专门机构或人员，这些组织的运作需要费用
	缔约费用	流程中涉及的不同团队成员无法全面掌握与工作相关的知识，彼此间存在风险和不确定性。需要通过合同、缔约甚至法律形式进行权责的分配，从而产生缔约费用
	利益补偿费用	条块分割的政府部门独占信息，成为寻租的基本资源，流程整合会导致租金的消失或减少，削弱部门的经济利益。利益补偿费用与部门性质有关
协作效益	时间效益	与条块分割的职能部门相比，流程链条的形成使完成任务的时间大大缩短，尤其在某些紧急服务领域(警务、消防、医疗)，能够产生更为明显的效益
	需求效益	响应社会对公共服务的需求，增加公众对正在执行的活动的了解，反馈信息更加及时、主动、详细、友好，特别在某些需求量大、与公民生活息息相关的业务上，产生巨大的需求效益。
	协作网络效益	流程型组织一旦形成，奠定了不同组织、不同岗位之间后续信息共享和工作流整合的基础，降低了后续协作的门槛，从而产生协作网络效益
	创新效益	流程型组织的形成，启发服务创新的思路，有助于其他行业的业务流程重组，并进一步提升整个社会的服务水平

交易费用中的技术费用解释了为什么流程重组应该是电子政务发展成熟期的产物，而不可能在政府信息化的初级阶段实现。20 世纪 90 年代，电子政务在国内刚刚兴起，互联网技术、数据库技术、通讯技术还不很发达。一方面是技术的落后；另一方面则是信息传递的规则不健全、不完善，技术费用居高不下，组织间实现协同政务的交易费用较高。因此该阶段的电子政务建设主要表现为不同的政府部门各自独立开发信息系统，一时间众多“信息孤

岛”犹如雨后春笋，遍地开花。“信息孤岛”属于政府信息化前期的基础性工作，为后期政府部门间的互联互通奠定了必要的数据基础和技术基础。

为了把原来孤立分散的不同岗位和机构通过流程链条连结起来，形成新型的流程型组织，需要专门的机构和人员统一周旋协调。他们的主要任务是分析、诊断现有的流程，设计新的流程，并且监督新流程的实施。这个过程中需要争取多种人力、物力和财力的支持，并且需要和多个政府机构或者相关部门打交道，面临着很大的压力和阻力。这种流程重组团队通常不在政府正式组织编制的范围之内，成员从流程重组涉及的各个部门中抽调，工作的时间始于提出流程重组的动议，直至整个再造工程完结，一般持续3个月以上。这些组织和人员的运作耗费就构成了交易费用中的协调费用部分。流程变革中涉及的部门越多，部门的性质和功能越复杂、隶属的行政级别差异越大，协调费用就越高。

缔约费用主要考虑流程重组是否存在于同一个组织系统内。究竟是通过社会范围内的分工协作完成重组，还是通过组织内的分工和协作完成重组，关键取决于两种制度下交易效率的比较，而缔约费用则是衡量的指标。与社会分工和协作相比，同一组织系统内部的协作往往更加高效。这是因为：①参与社会分工和协作的个体之间是平等的，而参与组织内部分工和协作的个体之间却是不平等、不对称的，管理者权威的存在能够有效地约束个体的机会主义行为，提高协作效率，实现比社会协作更低的运用费用。②社会协作往往是内在地、自然地发挥作用，而同一组织系统内的协作总是有计划有目的的进行，避免了很多不确定性，能够产生更大的社会价值。③为了在行政目标、业务范围和权力责任自成体系，相互之间没有隶属和服务关系的行政组织之间实现通畅便利的业务协同，客观上需要高度发达的网络通信技术的支持，现实中的客观条件往往无法达到要求。而在高层管理人员行政指令的统一部署下，同一组织内部搭建完备的政务专网和信息沟通平台相对来说会容易得多。目前国内已经有许多地区为了简化某一项业务的办事流程，将流程中涉及的、原本分散在不同政府部门的相关部门抽调出来，重新组合形成新的组织机构(行政服务中心、一门式受理的办事大厅等)，这些部门接受原单位和新单位的双重领导。这就是电子政务的流程重组中为了降低缔约费用、提高协作效率的具体表现措施。

政府部门的信息寻租不是一个新现象。在传统政务体制下，政府根据职能和权力划分成若干部门，其中有一些部门利用其管理社会事务的权威，搜集与本部门相关的经济信息，据为己有，作为部门寻租的基本资金来源，而信息共享、流程整合必然会导致寻租资金的减少，削减这种由于信息利益部门化、获利途径审批化带来的部门经济利益。比如，房地产交易中，土地出让方式无法做到公开透明，国土管理部门就可以从中获得租金，导致房地产开发中的营私舞弊；电信管理局掌握着大量手机用户的个人信息，对移动电话运营商具有很高的商业价值，因而存在黑幕交易的空间。“政府流程重组在给用户带来便利的同时也意味着原有部门寻租机会的降低”(张维迎，2004)。这样再造就会引起“利益补偿费用”，其根源是部门分割的信息寻租，相当部分的政府部门不愿意为了增进互联互通、方便社会而放弃能给自身带来丰厚经济利益的信息资源垄断，况且目前的法律法规也尚未出台明确的促进信息共享的部门激励机制。

以上分析的构成交易费用的四方面因素是电子政务流程重组目前面临的主要障碍，尤其体现在协调费用、缔约费用和利益补偿费用上。技术问题并不是不可跨越的，而且技术上的客观原因往往成为抵制流程整合和互联互通的借口。实际上，更多的情况是在技术问题得到解决之后，网络共享信息的成本已经越来越低（甚至只存在一些维护成本），政务整合和协同的问题依然无法得到解决。

3. 适合流程重组的政府业务分析

政府流程的重组和整合需要付出可观的交易费用，因此并不是任何公共部门都适合于构建流程型的组织结构形式。流程重组首先发生在那些公共服务职能较突出、政府信息化基础良好、业务流程相对稳定、社会经济效益明显的公共部门中。

图 5-13 所示的电子政务业务体系图主要从职能的角度把政府的主要公共服务业务区别开来。进行电子政务的流程重组，需要把焦点放在基本的业务过程方面，跳出传统的职能、岗位、部门等概念的局限，按照大功能域划分的方式进行协调，通过业务需求分析，建立由职能域、业务流程和主题数据库构成的业务模型，形成横纵向交流频繁、以知识分工为基础的、高度联结的有机网络型组织。从目前电子政务开展的实际情况看，那些始于公众需求，常常需要跨越职能界限，而又能够按照服务流程，而不是条块分割的专门职能来组织的政府核心业务通常可归纳为以下 8 种情况。

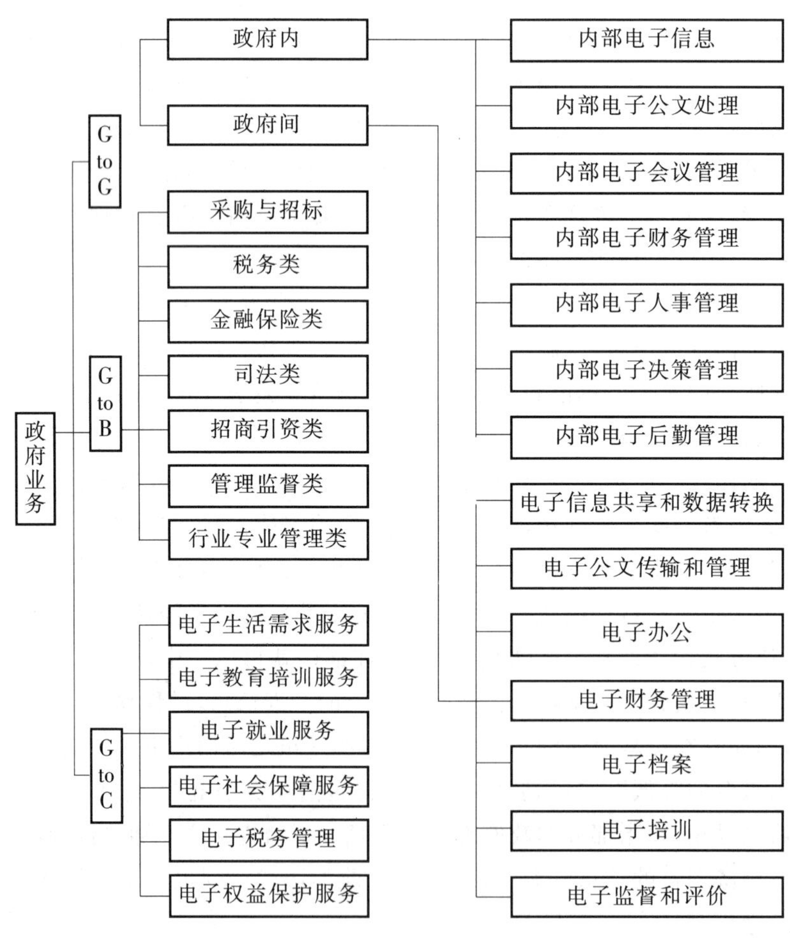

图 5-13　电子政务业务体系图

(1) 公共服务产品的交付

公共服务产品的交付是从公众提交服务或产品的需求开始,到收到付款,到服务或产品的交付,到评估和顾客反馈的过程。比如电子生活需求服务(如档案局为社会公众提供的有偿信息查询业务),政府采购中心为电子采购的需求方提供货品,个人社会保障业务等等。

(2) 项目批复

项目批复是从项目计划,到项目公开,项目注册,到项目审批,反馈改进意见直至项目得到批复的全过程。其中比较典型的有建筑项目审批(历经国土局、房地局、土地局、规划局等职能部门)、投资项目审批(历经发改委、规划委、环保局、城建局、财务局等部门)、科研计划项目审批(科研机构、科技部、教育局、教育基金会)等。

(3) 信息的查询与交付

信息的查询与交付是从信息查询开始(查询关于服务内容、所需缴纳的材料和费用,预期的等候时间等内容),到对信息的跟踪和数据挖掘分析,到及时地把相关信息传递给需求者,再到收取费用,最后是对应职能部门反馈和备案的全过程。例如公共事业收费业务(水、电、煤气、公共交通费用),税务类,金融保险类业务和劳动保障类业务。

(4) 执照与许可证的获取

执照与许可证的获取是从提出许可或者执照的要求开始,到申请,审批,再到发放的全过程。如户籍变更,发放检验检疫许可证、工商营业执照,发放人事调动许可证和就业许可证,进出口许可证和环境评估许可证,进行网上企业年检等涉及电子证件类的业务。

(5) 投诉管理

投诉管理是从接到投诉,到调查,到决定的提出和讨论,到寻找解决办法,再到投诉分析和针对投诉产生的根本原因采取行动。比如司法系统为企业和公民提供的权益保障服务、反贪局和信访部门提供的电子信访和投诉业务等。

(6) 合同管理

合同管理是从项目的分类和编号,到起草具体条款,到公开征求建议,到合同方的挑选,到协调整个工程,再到最后的检查和付款。主要指政府集中采购中的招标投标业务。

(7) 个人与企业的信用认可

个人与企业的信用认可是指通常由银行、税务、工商和相关认证机构共同构成信用服务信息系统,允许社会各界利用电子政务对个人和企业的基本信息(名录、基本情况)和信用状况(企业投诉、消费者投诉、信用查询和评估)进行确认查询。

(8) 紧急服务

紧急服务是从社会发出呼救信号,到公共部门派遣人员,到提供紧急服务,再到对呼救模式和必要行动的分析。常见于消防、警务、救护等时间优势极其突出的情况。

这些率先突破官僚体制、实现政府流程重组的业务有一些明显的共同点:

- 它们都属于具体的事务性流程,而不是政府的决策和管理流程。流程重组不可避免地要涉及众多的利益相关者,他们往往会在政治支持、政策影响和融资方面对政府施加压力,给改革造成障碍。因此再造必然以最容易突破的事务性流程为起点,逐步深化和扩展。
- 它们都存在若干突出的业务流主线,存在一个主导功能和分工比较明晰齐全、关键流程容易辨别的公共部门,以此为基础明确不同机构业务的关联规则、序列模式和依赖关系，并进一步形成面向特定用户的“功能区”。流程重组意在加强横向的知识流动，拉紧部门之间原本松散联结的知识纽带，显露出各部门专业知识之间潜藏的联系。而业务主线的清晰辨别显然有助于把异构化、分散性的知识有逻辑性地组织起来。

- 它们都有明确的公共服务用户需求作为引导。单独进行某项活动只能增加开销，但如果能把多项活动整合成流程，以需求为起点，以服务为输出，就能使公共服务的价值增值。因此公共服务的需求识别对于流程重组是十分重要的，那些需求相对明确、流程改进方向明显的业务容易发生再造。

5.3 电子政务流程重组的模式

在传统的公共服务中，不同政府部门分别面对公众提供服务(如图 5-14A)。“单窗口——一站式”的电子政务服务模式使公众只需要和政府前台进行交互，而无需深入了解政府内部的组织结构和业务流程，对政府而言，也意味着原有部门窗口职能的打破和统一重组，相对于传统公共服务是一种流程重组(如图 5-14B)。随着电子服务的进一步深入，电子政务的前台和后台之间信息交换的程度增加，越来越要求后台的政府部门根据前台服务的需要进行组织的重构，最终冲淡各个部门之间的界限，不同部门电子政务的后台表现为一个统一的整体，同时流程重组的程度也得以深化(如图 5-14C)。

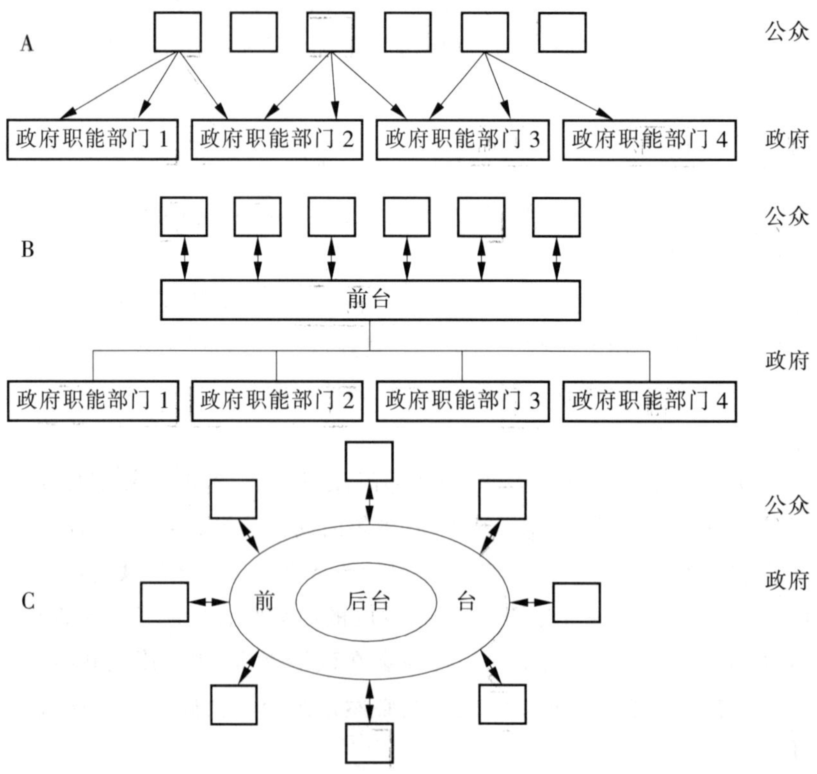

图 5-14 传统公共服务向电子政务的服务模式转换

进一步看，电子政务后台的流程重组又可细化为8种模式。

（1）信息共享型重组

在这种情况下，电子政务的后台不发生变动，仅仅通过虚拟前台将不同部门连接起来。最简单的情况，只要把某些现存的流程自动化，通过一个虚拟前台建立组织之间的网络链结，设立共享数据库就可以办到。这种情况适用于公共部门原有的组织结构较为简单、或者已经整合得很好的情形，可以节省流程变革的费用，避免不必要的政治动荡。只需要赋予虚拟前台较强的信息共享能力，对存储在电子政务后台的公民和企业数据进行搜集、处理、定位就可以实现流程重组。

（2）后台的深度重组

这种重组模式需要信息技术的强大支持，电子政务后台的工作流发生了显著变革。与信息共享型重组模式的区别如表5-4所示。一般出现在电子服务的能力明显无法满足用户需要，后台供给能力严重不足的情况下，并且往往伴随着组织结构与其他部门协作方式的调整。深度再造的困难大，面临技术和管理上的许多难题，但长期效益比较显著。

表5-4 信息共享型重组与后台深度再造的区别

信息共享型重组	对政府部门提出的要求	后台的深度重组
信息系统	整合的对象	工作流网络
信息资源规划	基本战略	业务流程重组
较广，可以有很多参与者	合作的范围	有限的流程主体
获取数据的权限，信息质量	主要的考虑方面	流程主体的权责，工作流控制
较低	整合后表现出的绩效	较高
较弱	整合的力度，协作的程度	较强
较少	投入资金	较多

（3）缩小的后台与扩张的前台

在信息集成、数据挖掘、交互操作技术的支持下，电子政务的后台日趋集中，政府的工作效率更高、作业更趋专业化。这种情况也面临部门利益冲突的阻挠，但挑战性比后台的深度重组模式小。与此相反，由于信息沟通的渠道增加，前台不断扩张，扩张的形式由业务的特定需求决定。缩小的后台尤其指隶属于不同地区的同一行政级别的公共组织，可以无障碍地实现公共服务信息的交换。比如现在已经出现的公民社会保障基金的跨省征缴和发放。

（4）在电子政务后台的不同部门间成立专门的协调机构

数据库虽然实现了各部门原始数据的集中存放，但在数据交换机制和不同部门的互操作协议上较为复杂，需要达成很多技术标准和管理上的共识。协调机构的建立使来自各部门的信息能够更好地兼容、智能化地分配，从而降低了流程协同和整合的成本。协调机构是为了实现更加良好地重组而专门设立的，没有特定的政府功能。例如政府采购中心将不同部门的采购要求集中处理，但本身不具备行政职能。

（5）建构电子服务的通用业务模型

不同种类的电子服务虽然内容差异很大，在原理上却存在诸多共通之处。比如都包括使用者提供个人身份信息、下载和返还政府部门的表格、提出需求、在线支付账单等，而后台工作人员提供服务的作业过程也非常类似。可考虑提供一套通用的业务模式，同时适当保证不同部门使用的灵活性，以实现规模经济效应。

(6) 单一入口的构建

单一入口一般表现为提供一站式综合服务的政府网站，服务之间存在逻辑联系，可以互相交换信息，并按照便利使用者的方式组织起来。

(7) 主动型服务的提供

在传统状况下，电子服务起始于公民向政府提交服务请求，主动式服务在电子政务后台强大的数据仓库、联机分析处理、决策支持、数据挖掘技术的基础上，能够在恰当的时间和地点向最需要该项服务的公民提供准确的电子服务，为使用者带来极大的方便。例如现在国外某些税务部门主动向公众邮寄报税单，公众只有在报税单存在错误的情况下才和税务部门联系。

(8) 用户的自助式服务

在某些预先设定的情境下，用户对电子政务后台存储的数据有较大的操纵权，可以自由控制服务的进程，选择最适合的服务提供方式。对政府部门来说，则大大节省了人力、时间和成本。最常见的事例比如高校的学生手动选课系统、政府网上公共图书馆等。

5.4 流程优化的思路与组织实施策略

5.4.1 流程识别

流程是一系列活动的集合，活动的识别必然涉及和它相关的实体、政府的基本结构单元——岗位，而任何岗位的设定都应该有一定的行政职能依据。所以岗位、职能和流程的识别实际上是一个一体化的分解过程，如图 5-15 所示。岗位具有与其指代对象的若干职能相一致的一整套权利、义务的规范，并且由此约定了处于该岗位人员的特定行为模式。在行政组织目标、理念、权利的制约下，不同的岗位之间通过协作，实现了对职能要求完成的业务的程序化运作，形成了业务流程。

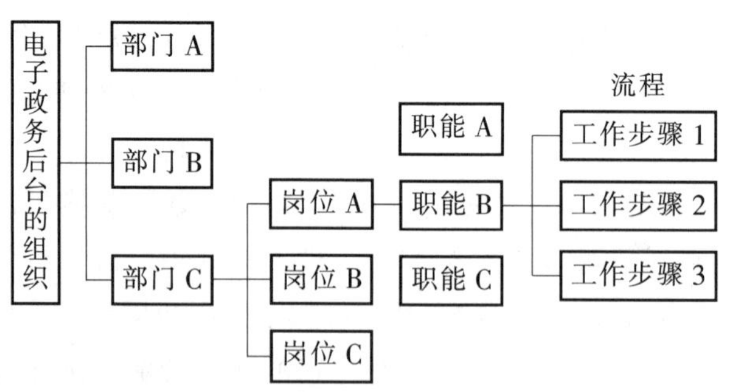

图 5-15 体现职能、岗位、流程三者联系的分工组成树

识别政府流程主要有三个思路。

1. 以功能定流程

从流程的观点来重新审视现有的组织结构，很重要的一点就是抓住流程必定贡献于某

项政府使命和功能这个特点，通过分析当前各部门的功能来识别主要流程。具体可用“流程结构表”来表示，表中列出流程涉及的所有部门、岗位和主要职能的名称。这种方法的优点是可以非常明确地确定每个流程的责任主体，并且很容易把各部门从事的活动都涵盖进来，不会有所遗漏；缺点是不同部门列出的流程与活动之间的层次有时会不一致(由于划分的细致程度不同)，流程和活动之间缺乏逻辑性，难以把二者有机地联系起来。

2. 通过“工序分析表”

“工序分析表”列出完成某项业务所需要的全部工序及其责任主体，并附上辅助部门。优点是所描述的流程完全按照活动的实际顺序进行记录，有非常强的逻辑性。缺点是在流程描述层次较为简单的情况下，某些辅助流程以及责任主体很难在流程中体现。

3. 按照服务对象识别流程

政府流程往往极为繁杂，流程的路径和范围都有一定的伸缩性，弄清楚业务主线非常不易。可以从弄清服务对象以及流程的输入条件和输出结果入手，然后围绕这些因素寻找相关的活动，并且进一步确定活动之间的关系，进而识别出整条流程。需要注意的是，流程的服务对象可能是物理对象也可能是信息对象，对流程服务对象的操作行为包括管理行为、运行行为、传递行为等。流程的实体主要指组织中的相关部门和岗位。

5.4.2 流程重组的切入点

政府是一个复杂的巨系统，管理和服务涉及社会经济生活的方方面面，其流程体系庞杂、涉及范围极广。识别政府流程之后，选择什么样的流程启动重组，是首先需要解决的问题。一般来说取决于三个标准：①对公众的影响；②对政府目标的影响；③重组的可行性。

从电子政务的供给面分析，政府流程可以从复杂性和技术性两个维度进行考察。前文描述的流程的规模、范围、中介度等指标都是流程复杂性的体现，有的流程仅由几个非常简单的活动构成，有的流程则可能包含许多高度复杂而又相互关联的任务，比如政府采购流程、投资项目审批流程等。另一方面，不同流程通过信息技术实施再造的难易程度也差别很大。有的流程是信息密集型的，可以将流程中的信息流和物流清楚的区分开，信息通过网络传递，物流通过相应的渠道传递。比如社会保障基金征缴业务，政府不必直接接触保险金，只需通过数据中心向企业和个人发送缴费指令，征集的资金在银行的不同账户间划拨，信息流密集而几乎不存在物流，这就比较容易通过电子政务实现流程重组。而有些政府业务的信息流相对来说难以从物流中分离出来，比如检验检疫流程必须围绕集装箱展开，这样重组流程时就很难完全依赖信息技术，往往还要伴随复杂的组织结构的调整。

从电子政务的需求面入手，不同公共服务业务的受众面、经济效益和受到社会各界关注的程度是不同的，体现为政府流程的服务性，也即对公众的重要程度。不同业务的社会期望服务质量、灵活性和完成时间存在很大差别。绩效性则是流程实际反映出的服务质量，如耗费的时间、人力和资金等。那些服务性高，而绩效性低的流程往往最容易受到社会公众的非议，是流程重组最需要集中精力的地方。比如电子就业服务、电子社会保障服务、电子医疗卫生服务、电子教育培训服务等均与老百姓的生活需求息息相关，理应受到足够的重视。

流程重组应该抓住核心流程，兼顾落实的可行性。所谓核心流程就是服务性高而绩效性低，与政府目标最为相关的那些流程。一般情况下，核心流程运行周期长、性能不稳定，制约着整个流程体系的运行质量，因此是再造和优化的重点。非核心流程可采用外包、市场化等方式交由企事业单位处理，或者取消。可行性是针对某些涉及众多组织单位的复杂流程提出的，这种情况下再造的风险大，成功的概率低。因此，如果没有过去经验的支持，最好先选择一两条范围窄的流程进行试点。政府流程重组需要在信息技术方面进行大量的投资，如果预算不足，勉为其难，很可能导致半途而废，因此应该根据流程整合的规模和范围，考虑分期分批实施。此外，再造通常由某个项目小组负责实施，小组成员的能力、素质、推动变革的决心都会影响到整个过程的实施，就重组者自身的因素而言，也应该量力而行、逐步推进。

5.4.3 流程重组的过程

电子政务流程重组的开展过程包括 5 个主要阶段，分别为：①营造环境；②分析、诊断并重新设计流程；③技术基础设施支持；④确定组织转型的路线；⑤持续运行和扩展。这些阶段在很大程度上注重对组织文化、业务流程和信息技术基础设施三个变化层面进行协调管理，其核心价值是把信息和技术整合到政府部门的业务当中去。而在传统观念中，这三个层面通常被认为是独立的，至多是松散联结的。

1. 营造环境

任何一个系统的推进都需要内生动力和外生动力的共同作用。仅仅存在外力，是一种被动式的推进，难以发生根本性的变革。仅仅有组织内部的改革意愿，却不了解社会对公共服务的期望，改革就会失去方向。通过环境营造可以让政府机构的全体人员了解当前面临的机会和威胁，树立危机感，充分认识到流程重组的必要性和迫切性。具体来说可以采用：

(1) SWOT 分析

明确政府发展的远景目标，认清存在的机遇和威胁。通过对所处环境的公正客观的评价，从内外部环境形成的机会(opportunities)、风险(threats)、优势(strength)和劣势(weak)四个方面进行综合的考虑和分析，以明确再造形成的利益空间(如图 5-16 所示)，有效克服传统政务中管理负担沉重、行政管理成本过高、腐败寻租层出不穷等严重的问题，制定恰当的战略和策略，增强内部工作人员的组织变革信念。

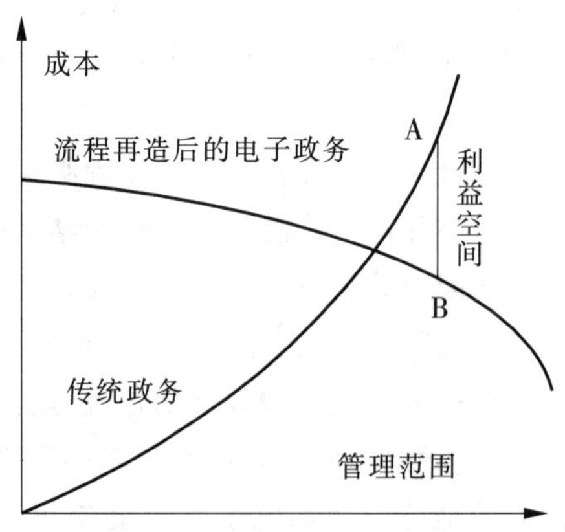

图 5-16 政务边际效益图

政府流程的重组特别重视公众和利益相关者。进行 SWOT 分析时要重点回答几个问题:公众需要我们提供什么样的服务?这些外界需求和政府部门的目标一致吗?我们应该如何通过改善服务与公众的需求达到匹配?变化将在何时、何处发生?哪些个人或集团会对项目的政治支持、政策影响和融资渠道具备发言权?如何争取他们的支持?

(2) 采用标杆瞄准

在更大范围内寻找高服务水平的公共组织为参照物,分析国内外政府改革的成功做法和先进经验,集思广益,帮助形成流程改进的思路。政府流程的重组相对企业来说更适合采用标杆瞄准,因为各国公共服务提供方式的可借鉴之处较多。通过横纵向比较,能在组织内部形成一种力争上游的氛围,打破思想僵化,激励改革创新的斗志。

2. 分析、诊断与重新设计

公共组织通过流程来实现其价值,因此,价值的增强取决于能否以更好的方式分析、诊断、拆解现有的业务活动并进行重组。过去的流程重组工作通常关注于政府组织单元内部的某一个流程,强调改进而不是重新设计。实际上,政府流程重组应该包含多种业务活动,旨在优化从端到端的价值链。

(1) 定义并且构建核心能力

- 确定受到最高领导人支持的、可管理的流程范围,并在此范围内开展工作,这样可以使领导人在每个项目上倾注更多的时间和精力,保证流程重组的成功率。
- 确定政府部门的关键职能,围绕关键职能设计新的业务模式。找出关键职能是为了把它突出设置在组织结构的中心地位,而不应当强调全部职能的整齐划一、对称分布。
- 确认政府中不同管理部门的权力来源依据。明确哪些部门有决策权,任务执行后哪些部门有权进行绩效评估,做出进一步的决策判断。

(2) 业务关系分析

识别所有可能的合作伙伴。电子政务支持下的虚拟组织应该包括所有相关的、能带来公共服务价值增长的组织,不论是政府还是企业,明确如何在这些不同组织间开展协同工作。比如对于税收部门,它的服务对象可能需要银行提供的财务信息、会计师提供的税务帮助以及独立软件供应商提供的记账软件,以上的任何一点都可作为适当的协作和服务交付点。如果不能定义并且认清所有的合作伙伴的话,就会忽视很多改进服务的机会。

进一步考虑任何指定流程,以及对这些流程的支持的人员和信息,在政府部门内部或者拥有相同使命的部门之间重复的情况。合作伙伴之间存在的业务重复之处,就是通过整合流程来提高用户价值,降低管理成本并且减少错误的机会。

(3) 建立新模式或适应现有的业务模式

流程重组把多个组织的业务活动整合在一起,能否实现整个虚拟组织的协作是判断成功与否的标准。业务合作模式定义不同的角色,建立协作管理系统,并且针对虚拟组织的共同目标对所有组织成员制定奖励办法。这种协作关系不断扩展,就能建立知识型组织,实现新旧业务模式的过渡。因此,分析、诊断流程并且重新设计时,就应明确这个项目旨在建立一种新模式,还是适应现有的业务模式、只进行局部调整?认清业务模式的要求有利于对新流程进行准确的定位。

任何一条原有的流程经过分析和优化都可能生成一系列可供选择的新流程,那么应该如何确定采用哪条新流程呢？可从以下方面考虑：

- **战略意义**：新流程和组织间的密切程度如何？能否在未来更高组织层级的政府架构中再用？还是只适用于这个特定的部门？有没有明确定义的、定量化的流程评估标准？比如在税务部门，与贯彻法规相关的风险管理几乎始终属于战略流程的范畴，而纳税人的个人账户管理虽然也很重要，但相对来说就不具备战略意义。
- **财务影响**：创建、维护并支持新流程需要多少费用？这些费用应包含直接开销和劳动力、设施等资源的使用。最有吸引力的自然是那些只需要极少费用和资源就能显著提高效率的项目，而不是需要很大消耗的新流程。

能够使政府轻松扩展现有的公共服务职责，高效地开展工作，满足转型期间峰值负载的要求。

3. 技术基础支持

这一步骤将为流程重组提供技术实施上的可行性。不仅要考虑 PC 机、服务器、存储设备、中间件、工作流引擎等基础设施的“硬组件”，还要考虑那些影响持久的“软组件”。通常包括选择指导 IT 发展的技术标准、选择支持这些标准的主要软件、识别和 IT 计划一致并支持新业务模式的应用软件系统等等。

中间件和工作流引擎是“硬组件”中实现互操作性和灵活性的关键。中间件是许多软件产品的套件，由数据库、信息处理组件、交易和系统管理组件共同构成，集信息内容、信息传递方式、传递的便捷性和安全性于一身。在虚拟政府联合体中，事件发生的源头组织向中间件发送服务信息，中间件能够自动地把处理该问题的部门和程序与所需服务匹配起来，屏蔽不同部门网络硬件平台之间的差异性、操作系统与网络协议之间的异构性，使应用软件能够比较平滑地运行在不同的平台之上，从而满足电子政务的关键业务需求。工作流引擎则旨在处理分布于不同软件平台中的、需要在异构环境里完成的流程协作问题。它的核心功能包括：过程定义、创建过程实例并控制其执行、调度各项活动、为用户工作表添加工作项、通过应用程序接口（API）调用应用程序、提供监督和管理功能。工作流引擎中的数据模型由业务过程表（process）、业务流转规则表（rule）、人员已完成任务表（complete task）、人员所需处理任务表（forth task）和角色定义表（role involved）等五项组成。工作流引擎启动时，特定的流程通过 XML 语言模型化，解析器把流程中涉及的部门和岗位等实体封装为对象，赋予特定的属性和权限，随后流程中的任务被派发给具体的对象执行（只有满足启动条件的任务方可执行），工作流引擎监督整个任务的完成并且保证在某个任务结束后启动相应的后续步骤，从而实现了整个业务流程的自动化运行。

企业架构（Enterprise Architecture，EA）是政府常用的一种指导流程变革的工具。美国联邦 CIO（Chief Information Officer）委员会将 EA 定义为：战略信息资产库，定义和履行政府使命所必须的信息和技术，以及实施新技术以响应外部需求的动态过程。EA 能够帮助定义并且构建政府的 IT 功能，包括硬件平台、操作系统、软件、数据以及支持整个业务模式各组件的网络。在 EA 创造的整合环境中，技术增强和用户支持结构更易于实施和管理，为支持不断发展的新型业务模式提供了技术上的灵活性。比如，EA 上的应用网格技术可以实现分布式的资源共享和动态管理，通过共享网络把各部门和各地区的计算机联接起来，集合这些计算机的多余处理能力，形成虚拟的超级计算机，从而建立一体化的信息服务体系、显著提高硬件的利用率。EA 还支持实施 web 服务的软件系统彼此定位以及相互间的数据共享。与此同时，不同软件各自卓有成效地管理自身的数据。政府之间通过数据交换协议和开放标准能够轻松地实现在业务架构和计算环境之间的联结，满足公众对政府不断增长的服务要求。

4. 确定组织转型的路线

确定组织转型的路线是将组织行为融入优秀业务模型中的关键步骤，从而使组织文化、人力资源得以和流程创新、技术基础设施的发展结合起来。只要涉及"人"的变革，一般都要经过解冻—变革—巩固三个阶段。不可否认，政府内部力图保持现状、抵制变革的势力是比较强大的。阻力的来源概括如表 5-5 所示：

表 5-5 组织转型的阻力来源

阻力的来源	原　因
政府高层管理者	不愿冒风险，担心引起社会动荡，担心个人地位下降，思想僵化
中层管理者	不愿失去部门利益，担心影响个人晋升
一般工作人员	无法适应新流程的要求，担心失业
现有的 IT 架构	原有的技术架构和再造之后的差别很大
技术人员和政府职员的沟通	沟通不畅，IT 设计无法满足业务需求
组织已有的文化	倾向于"以不变应万变"，求稳、守旧等心理上的惰性
组织内外部资源不足	财政资源依赖预算，无法为再造提供必要的资金支持

为了顺利实现组织转型，可以采用如下策略：

- 组织内部员工参加流程的诊断、调研和重新设计工作，使他们充分认识到重组的必要性和重要性，明确主人翁意识。这样可以把一部分阻力转化为动力。
- 大胆起用年富力强具有开拓精神和创新精神的人才，吸收有经验的技术专家参加组织变革工作，成立流程重组的"智囊团"。
- 开展培训计划。人们总想知道：我在新组织中重要吗？我应该如何学习技能，通过新的方式开展工作？组织提高对我的绩效要求是否表明我的努力得到了肯定等。在培训中，管理人员应明确描述新流程的行为准则和期望目标，使全体工作人员在未来的组织中更能胜任工作，获得更高的技能，从而增强人们的安全感和自信心。事实证明，许多人经过培训后，成了流程重组的拥护者和支持者。
- 利用群体动力。用共同的态度、价值观和行为来改变个人的观点和看法。可以通过建立管理奖励制度、晋升制度、工资支付、管理能力培养等方式，使新的组织目标和理想行为保持一致，迫使工作人员提高绩效水平。这个过程中，高层领导对进步较大的工作人员进行公开表扬，是非常有力度的手段。

5. 持续运行与扩展

在流程重组取得成功后，公共部门将更愿意接受变革。这时公众在体验新流程的过程中将发挥显著作用，他们可以提供反馈并且描述变革的正面影响，双方的交流在新流程的持续运行和扩展中显得尤其重要。

应该系统地跟踪并且评估新流程的价值，以便纠正可能的错误，并且帮助制定后续更加现实的重组目标。将评估得出的结果合并到报告或公告牌的平衡计分卡中，向所有的利益相关群体宣传进展状态，能够争取进一步的支持。典型的评估标准包括新流程主要单元的输入和输出量、流程耗费的时间、公众满意度、服务质量和效率等。相反，如果没有明确的评估标准，无法明确得知投入新流程的基础设施、资金以及人力的绩效，流程重组的动力将逐渐消失。

新的流程模式的运行只是长期转型的开始。环境是变化的，对公共服务的需求也是不断变化的，一劳永逸的流程重组是不存在的。响应变化的最佳方法是允许业务模式逐步扩展其功能，同时最大限度地减少中断，以逐步适应变化。总之，有力的用户支持、健全的评估系统、连续扩展的业务功能是推动政府流程重组深入发展的保证。

第6章

电子政务绩效评估

6.1 电子政务绩效

6.1.1 电子政务绩效的内容

电子政务绩效是指政府在实施电子政务过程中所产生的结果和成效。具体而言，电子政务绩效主要关注以下几个方面。

1. 用户满意度

实施电子政务的目的是为了提高公共管理的水平。因此，公众的满意度、企业的满意度以及相关机构业务合作过程中的满意度是关键。在加快推进电子政务建设的过程中，要通过电子政务的广泛应用，突破时间、空间、数量的限制，以增强政务信息公开和政府行为透明度为核心，提供多种技术平台促进社会对公共行政的参与和监督，增强公共产品的供给能力，进而提高社会公众对政府的满意度。

2. 成本一收益

电子政务绩效必须衡量电子政务建设项目的效用，避免电子政务建设呈现出比规模、比设备等贪大求全的趋势，防止出现项目建设规模不断膨胀、边际成本远远大于边际收益的不良现象。

3. 运作效益

主要体现在政府网络系统建设过程中的渠道畅通和电子政务管理平台的适应性和扩展性。对于电子政务网络建设来说，如果信息流通不畅就意味着电子政务系统的效益无法实现，效率无法提高。而电子政务管理平台是不同主体共同使用的基础设施，所以平台的维护、升级管理，软件安装配置应用，以及相关的支持服务和增值服务，体现了电子政务系统的回应性和公平性。

4. 社会效益

提高目标的可测量性是提高电子政务效益的一个关键点。然而电子政务的目标之一是社会效益，对于社会效益来说，其可测量性指标弱于财务指标、工程技术指标，因此通过用户满意率调查、运行数据统计等间接计量社会效益，保证指标的全面性。

在实际操作过程中可从评估“以顾客为中心的绩效”、“财务与市场的绩效”、“运作绩效”、“社会方面的效益”四个方面分部实施（参见表 6-1）。

表 6-1 绩效内容重点

绩效内容	评估重点
以顾客为中心的绩效	公众的满意度、信息的处理时间、信息的准确性
财务与市场的绩效	成本、收入和应用比例的测量
运作管理上的绩效	工作中效率和有效性的测量
社会方面的效益体现	运行数据的统计，间接计量社会效益

任何绩效评估都是对一项有意义的实践活动或者对某单位、部门、行业、地区的某个时期工作和任务所取得的结果，从成绩和效益方面进行评估。对于电子政务绩效评估的作用同样可从以下几个方面进行理解：

- 认识作用。通过绩效评估，可以对被评单位（评估对象）进行比较全面、客观的认识，这种认识不是停留在定性的、感性的阶段，而是进入了理性阶段，认识的比较深刻，有一定的定量依据。
- 考核作用。即通过绩效评估对被评对象的工作进行全面考核，不仅直接考核它绩效的大小，而且间接考核它的全部活动情况，包括被评对象的领导者的成绩和管理决策水平。
- 引导促进作用。即通过绩效评估，将被评估的对象的行为方向引导到绩效评估的内容方面，引导其全面发展，努力创造良好的绩效。
- 挖潜作用。即在绩效评估中，通过横向比较和纵向比较，通过与标准水平、理想水平的分析，通过各项评估内容之间的对比分析等环节，发现被评对象的差距和优势，找出薄弱环节和潜力所在，从而达到发挥优势、克服薄弱环节、充分挖掘潜力、进一步提高绩效的目的。

6.1.2 电子政务绩效评估的原则

进行电子政务绩效评估必须在一定的理论指导下设计指标体系，确定实施方式，并要遵循一定的基本原则，方能保证评估结果有效，有针对性。

1. 科学性

科学性原则主要体现在理论与实际结合和采用科学方法等方面。电子政务绩效评估要有科学的规定性，各个评估指标的概念要科学、确切，要有精确的内涵和外延，计算范围要明确，不能含糊其辞，不能有不同的解释，不能各有所取。评估指标必须与绩效、效益的科学概念相一致。

科学性原则还要求评估指标体系要能比较准确地反映在不同情况下所反映出来的不同特点。电子政务的绩效评估，要能反映出政府工作的特点和信息化工作的价值。电子政务的工作内容既不同于企业也不同于传统的政府工作。这些特点决定了对电子政务进行绩效评估的指标体系明显区别于对传统政府部门的评估体系，也区别于一般的信息化评估指标体系。

2. 系统优化

对电子政务进行绩效评估是一个广泛的、综合的系统性问题，不是用一二个指标就能解决问题。因此，必须建立若干指标进行衡量，才能评估其全貌。这些若干个指标必须相互联系、相互制约。系统优化原则要求评估指标体系要统筹兼顾各方面的关系，包括统筹电子政务在“经济效益、社会效益、管理效益”等方面的关系，统筹当前与长远之间的关系，整体与局部之间的关系，技术与经济之间的关系，定性与定量之间的关系等。

遵循系统优化的原则就要求在设计评估指标体系的方法时应采用系统方法。例如系统分解和层次分析法(APH 法)，由总体指标分解成次级指标，由次级指标再分解成次级指标，即常说的目标层、准则层、指标层，并组成树状结构的指标体系，使体系的各个要素(单项指标)及其结构(横向结构、层次结构)能满足系统优化的要求。也就是说，通过各项指标之间的有机联系方式和合理的数量关系，体现出对上述关系的统筹兼顾，并达到评估指标体系的整体功能最优，能够较客观全面的评估电子政务的绩效。

3. 通用可比

电子政务的绩效评估，不仅仅是对同一单位一个时期与另一时期相比较，同时还会涉及不同单位之间的比较。因此，评估指标体系的设计必须在两个方面具有通用性和可比性：一是对同一单位不同时期进行比较时(即纵向比较)，评估指标要具有通用性、可比性；二是对条件不同、任务不同的单位进行横向比较，要根据各单位在实现电子政务过程中的共同点进行设计，同时采取调整权重的方法，适应不同性质、不同类型的单位。

另外，评估指标应尽可能与国内、国际的有关评估指标相一致，评估指标的定义尽可能采用国内、国际标准或公认的概念，评估的内容尽可能剔除不确定性因素和特定条件环境因素的影响。

4. 实用性

实用性的原则体现在以下四个方面：

- 评估指标体系繁简适中，计算评估方法简便易行。在能基本保证评估结果的客观性、全面性的条件下，指标体系尽可能简化。计算方法、表述方法简便、明确、易于操作，便于在计算机上进行统计分析。
- 评估指标所需要的数据易于采集，各种数据尽可能在现有的统计制度、会计制度中得到。
- 各项评估指标及其相应的计算方法、各项数据，都要标准化、规范化。
- 在评估过程中体现质量控制原则，依靠评估数据的准确性、可靠性和计算评估方法的正确实施来保证整个评估过程的质量。

5. 目标导向原则

对电子政务进行评估，其目的不是单纯地评出优劣和名次，而是要引导和鼓励电子政务的建设工作朝着正确的方向和目标发展，指标体系在设计过程中就要具有正确的目标导向作用。

贯彻目标导向原则，需要明确电子政务绩效评估的目标，例如一方面要重视成本一收益，另一方面也要重视用户满意度；一方面要把信息技术的应用推广作为目标，另一方面也要考虑到政府机构的安全性原则；此外，提高工作人员的信息化技术水平也应受到足够的重视。

6.2 绩效模型

6.2.1 过程构架

绩效评估实际上是一个循环的过程。在评估开始之前,先要对评估进行整体规划,解决好四个前提,即确定决策者的需要、明确问题的性质和范围、制定有效目标和制定全面的考核办法。然后做好评估的技术准备,包括评估指标体系的确定、评估方法的选用等。在此基础上,根据评估的内容和范围收集评估所需要的资料和信息。上述过程完成后,既可以根据需要实施评估。电子政务建设不是一蹴而就的,而是一个不断完善和发展的过程,同样,绩效评估也是一个持续的、周期性的过程,通过不断的反馈和运用结果来实现提高绩效的目的。本文对这个持续的、周期性过程以图 6-1 加以说明。

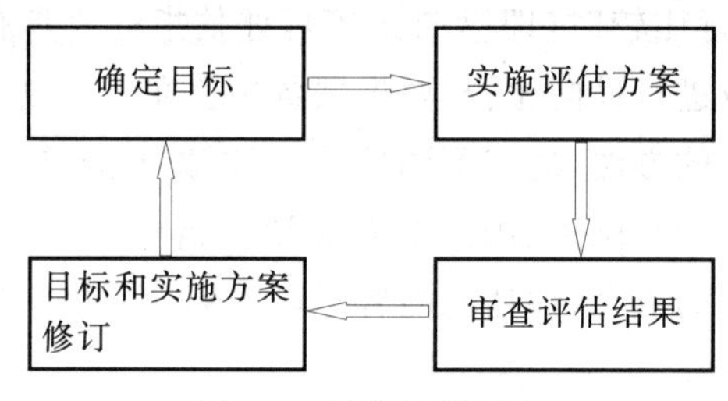

图 6-1 绩效评估过程

在这个体制中,绩效评估是按照一定的评估标准来衡量、考核评估对象的绩效水平。一般绩效评估的标准包括两个层次:一是量化标准,主要包括经济指标与技术指标。经济指标的比较标准可以是历史最好水平、现实水平或是本地区/其他地区最好水平;技术指标的标准包括国内标准与国际标准两大类;二是指导性标准,主要是国家法律、法规、各项相关政策与原则。两者要结合使用。尽管评估对象之间的区别使得评估标准不能完全统一,但政府部门应该制定信息化评估规则、发布评估标准、执行委托任务、监督评估质量等,以保证绩效评估工作的健康发展。

因此每一次具体的电子政务绩效评估的实施过程,将会包括以下几个主要过程:首先,确定绩效评估项目。绩效评估项目的来源主要有政府机关下达的任务、各组织内部自行确定和接受委托确定的。其次,组织评估队伍。评估队伍一般要包括财会人员、管理人员、信息技术人员等;再次,收集审核被评估单位数据资料,进行定量评估,并参与定性评估,遵循规定的指标、权数、标准及方法,进行定量指标的计算和打分;最后,归纳、分析,撰写评估报告(参见图 6-2)。

6.2.2 应用领域

在推动电子政务的过程中,电子政务在不同应用领域通常有不通的表现。按照电子政务涉及的应用领域,绩效评估可细分为几个方面:

- 政府为社会提供的应用服务及信息发布。主要包括:通过政府网站发布信息,以供查询;面向社会的各类信访、建议、反馈以及数据收集和统计系统;面向社会的各类

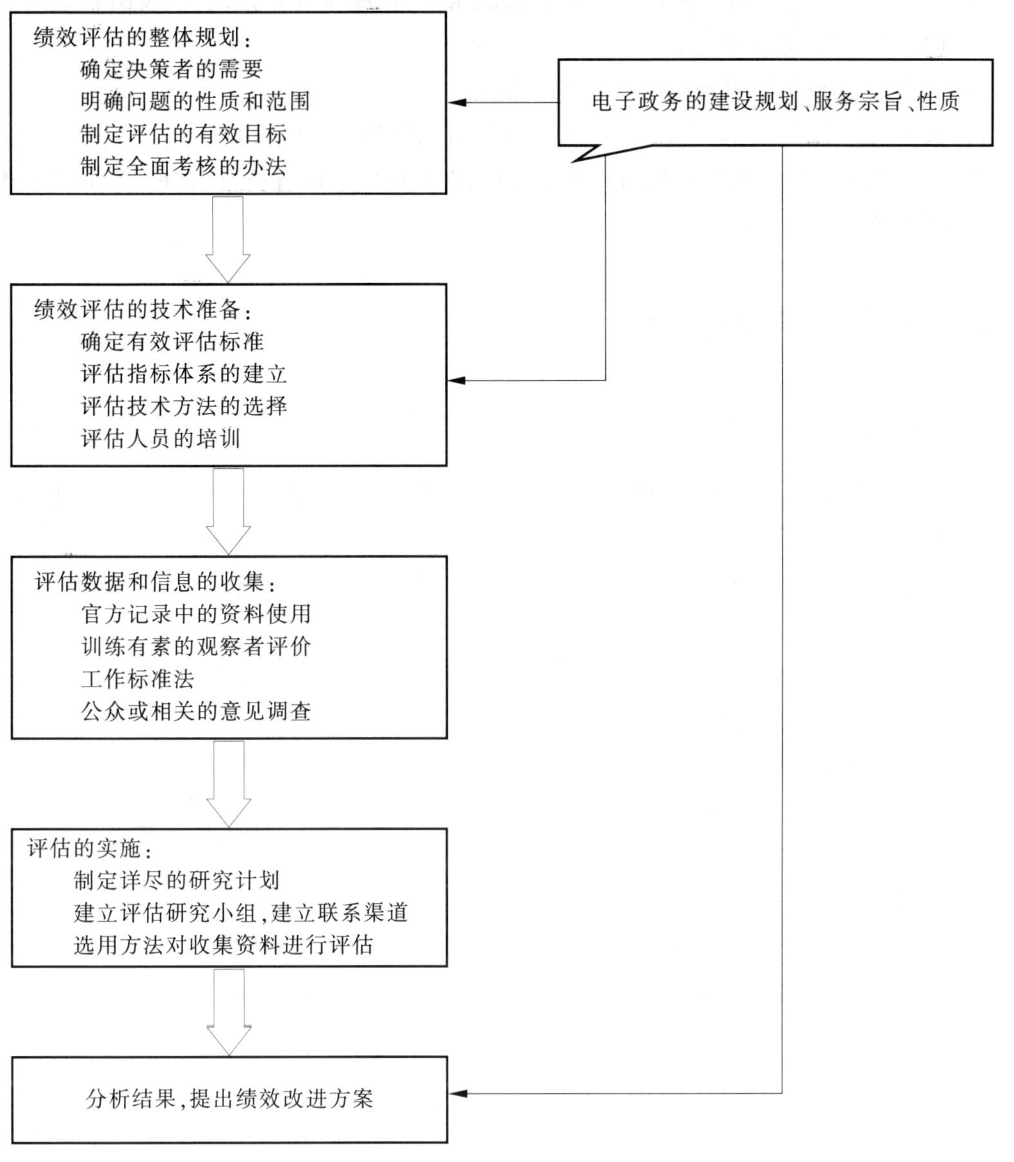

图 6-2　电子政务绩效评估流程图

项目申报、申请;相关文件、法规的发布、查询;各类公共服务性业务的信息发布和实施,如工商管理、税务管理、保险管理、城建管理等。

- 政府部门之间的应用。主要包括:各级政府间的公文信息审核、传递系统;各级政府间的多媒体信息应用平台,如视频会议、多媒体数据交换等;同级政府间的公文传递、信息交换。
- 政府部门内部的各类应用系统。主要包括:政府内部的公文流转、审核、处理系统;政府内部的各类专项业务管理系统,如日程安排、会议管理、机关事务管理等;政府内部面向不同管理层的统计、分析系统。
- 涉及政府部门内部的各类核心数据的应用系统。主要包括:机要、秘密文件及相关管理系统;领导事务管理系统,如日程安排、个人信息;涉及重大事件的决策分析,如日程安排、个人信息；涉及重大事件的决策分析、决策处理系统；涉及国家重大事务的数据分析、处理系统。

- 政府电子化采购，即政府电子商务的运用。
- 大力发展电子社区，通过信息手段为基层群众提供各种便民服务。

很显然，针对上述六大应用领域的绩效评估，在实施中应该有侧重、有重点，不可能齐头并进，而是要有选择地逐步推进。

6.3 电子政务绩效的指标

6.3.1 指标选择的标准

电子政务绩效评估中最重要的是建立衡量的指标体系，总结前人研究的成果，电子政务绩效评估在指标选择的标准主要概括为四个准则：

- 效益准则：意在说明电子政务的建设和发展是否对经济和社会的发展具有积极的意义，是否是对其基本价值的反映。
- 效率准则：意在说明在电子政务绩效的获得过程中，成本的付出和收益之间的对比，是对电子政务改变传统行政模式方面的功效的反映。
- 回应性准则：意在说明在面对不同服务对象，如政府、企业、公众和政府内部业务单元时是否体现了特殊性，是特定群体的满意度的反映。
- 公平性准则：意在说明电子政务在针对不同服务对象时的合理分配，是对不同对象的满意度的反映。

上述四项标准是选择电子政务绩效评估指标的基本标准，只有在效益、效率、公平、回应性四个方面达到了要求，才能是绩效合格的电子政务。如何通过指标进行评估，使得这四方面的标准能够以量化的形式表现出来是选择重点。

6.3.2 常用的参考性指标

根据电子政务发展的现状，在经验选择、专家的访谈、问卷调查的基础上，本章给出一个可借鉴的电子政务绩效评估指标体系。

这个指标体系总分为三级，一级指标体现电子政务绩效实现过程中必须具备的关键环节，二级指标为各具体环节应具有的特征，三级指标是各个环节的实际表现，如表6-2所示。

表6-2 电子政务绩效评估指标体系构成

一级指标	二级指标	三级指标
外部输入信息反应能力	反应速度	信息处理方式 （电子政务系统处理的信息/全部政务信息）
		信息处理完成总平均周期 （指从接受外部业务信息直到收到处理方式反馈的总时间）
		信息处理延迟率 （延迟反馈的信息数量/总信息数量）

续表

一级指标	二级指标	三 级 指 标
外部输入信息反应能力	反应速度	信息反馈延迟率 (延迟反馈信息量/反馈信息总量)
	反应准确性	处理准确率 (正确处理的信息数量/总接受信息数量)
		满足率 (1个工作日内,已处理信息数/接收的总信息数)
		协同程度 (上下游业务部门之间信息的协同响应能力)
	反应适应性	外部输入信息预测准确率 (实际信息量/预测获得信息量)
		按照输入信息实际量处理的比率 (按需求处理信息的数量/处理信息总数量)
		信息风险管理能力 (意外事件的应对能力)
用户满意度	处理结果的针对性	处理结果与需要相符率 (合格业务处理数量/业务处理的总数)
	行政收费	与传统政务处理行政费用比较优势 (电子政务系统受理事件的缴纳费用/传统政务处理的缴纳费用)
		电子政务业务宣传比率 (业务宣传渠道、业务宣传次数、宣传时间)
	服务水平	业务对象抱怨处理率 (及时处理抱怨事件数量/抱怨的时间总数量)
		异常事件处理能力 (政府各部门之间的内部反应能力、应急协同能力和反应能力)
		业务对象查询回复时间 (用户请求的响应速度、响应能力)
		业务处埋反馈 (处理结果及时反馈给用户的能力)
		不符合业务流程的反馈 (不符合业务流程的请求的及时反馈)
	可靠性	准时处理信息 (准时信息处理次数/总处理信息次数)
		业务对象抱怨率 (用户抱怨次数/总业务量)
业务标准协同指标	业务标准相关性	与系统功能的耦合性 (保障各个节点上的业务部门能够正常、规范应用平台的共同准则)
		与现有业务能力的相关性 (业务标准必须有助于提升现有业务人员的工作效率)
	业务标准准确性	业务活动协同 (业务标准必须覆盖到所有主要的业务行为)
		管理活动协同 (业务标准也应覆盖相关的管理行为)

续表

一级指标	二级指标	三级指标
业务标准协同指标	业务标准准确性	财务和资金协同 （业务标准必须能够同时覆盖相关的财务和资金行为）
	业务标准灵活性	持续优化机制 （业务标准根据业务和管理实践的发展变化而及时修订和完善）
		内外标准协同 （政府部门内部的业务标准必须同部门间的业务标准接轨）
	业务标准执行力	业务标准是否尽知 （知晓业务标准的人员数量/人员总数量）
		执行控制力 （核心部门对业务标准的执行控制力度）
节点网络效应指标	系统覆盖率	协同使用电子政务管理系统 （跨越政府管理流程不同部门的共同的管理协同）
		外部节点覆盖深度 （外部使用者的总体数量）
		最低单一节点覆盖面 （每个电子政务节点的事务处理数量/该节点所有处理事务总数量）
	节点互动性	是否支持移动应用 （是否提供实时信息通告服务的移动应用设备）
		是否信息跟踪和实时提醒 （相关信息的过程跟踪和及时获取）
	系统依赖性	业务对系统依赖的程度 （在平台上处理的业务数量/业务总数量）
		核心业务流程信息化水平 （节点核心业务的信息程度）
		决策信息化水平 （决策过程中的信息化使用能力）
系统适应性	系统拥有成本	一次性投入成本 （价值确定的电子政务系统的一次性投放成本）
		使用成本 （指电子政务系统平台建设完成后，政务机构在使用时必须要承担有形或无形的费用支出）
		升级成本 （系统功能升级的成本花费）
	系统实现方式	系统建设方式 （是否采用招投标、是否引入监理）
		系统接入方式 （是否提供灵活多样的接入方式）
	系统扩展性	系统改进能力 （系统功能、应用平台自身在装备水平、技术扩展性、功能、性能、性价比方面的改进能力）
		新增用户能力 （系统能够快速增加接受服务的用户数量）
		软件使用情况 （国产软件的使用比例）

续表

一级指标	二级指标	三级指标
安全性保障指标	安全措施	信息安全制度制定 （是否制定完善的安全制度）
		数据备份措施 （能否建立多样性的数据备份措施）
		第三方监理引入情况 （是否引进第三方项目监理）
		防病毒措施 （杀毒软件的安装是否合理）
		防非法侵入措施 （非法侵入防范措施是否搭配合理）
	安全意识	安全体系投入比例 （用于信息安全的费用/全部信息化投入的比例）
		国家标准使用状况 （建立国家标准的应以国家标准为依据， 未建立国家标准的应以国际标准为依据）
		硬件设备备份 （档案服务器、网络服务器、防火墙等相关硬件设备的备份）
	安全效果	系统被攻击次数/月 （系统被攻击次数/月）
		病毒感染系统次数/月 （病毒感染系统次数/月）
		系统故障平均修复时间 （是否及时修复系统故障）
人员信息化能力指标	信息化技能普及	掌握专业IT应用技术的员工的比例 （掌握专业IT技术的员工占全部正式员工的比例）
		管理层非专业IT人员的信息化培训覆盖率 （接受过2小时以上的正式培训的人员数量/全部人员数量）
	能力控制	电子化学习 （可供选择的学习领域的覆盖率）
		CIO职位设置 （是否设置CIO）
	依赖程度	决策者的依赖程度 （使用时间超过平均2小时/日以上的行政领导所占比例）
		一般工作人员的依赖程度 （使用时间超过标准为平均4小时/日以上的一般工作人员比例）

6.3.3 指标验证

1. 信度

信度是指标精确性的反映。在指标的选取和设计过程中，为使指标能够精确地反映所测量的电子政务系统的绩效情况，所确定的指标及其数据可以通过定量的方法来获得。如果在电子政务建设过程中，建设和使用单位有比较完全的数据统计，其信度是可以保证的。也就是说对同一项目在重复评估时，如果统计数据无误，其结果不应有变化。与指标相关的数据获得是保证信度的关键。

2. 效度

效度能否真实反映电子政务绩效的状况，即绩效模型的效度，是在指标设计过程中的关键和难点。在选择指标的过程中必须保证每个评估项目字面上都与电子政务绩效评估相关。如：用户满意度直接反映了电子政务使用者的感受，而节点效应指标、业务协同标准指标等是电子政务绩效实现的基础。

电子政务信息资源管理

7.1 信息资源管理

7.1.1 信息资源管理的概念

1. 信息资源管理的概念

信息资源管理(Information Resource Management,IRM)是20世纪70年代末80年代初在美国首先发展起来,然后渐次在全球传播开来的一种应用理论,是现代信息技术特别是以计算机和现代通信技术为核心的信息技术应用所催生的一种新型信息管理理论。

信息资源管理是为确保信息资源的有效利用,以现代信息技术为手段,对信息资源实施计划、预算、组织、分配、协调和控制的一种人类管理活动,是由多种人类信息活动整合而成的特殊形式的管理活动。信息资源管理有狭义和广义之分。狭义的信息资源管理是指对信息本身,即信息内容实施管理的过程。广义的信息资源管理是指对信息内容及与信息内容相关的资源如设备、设施、技术、投资、信息人员等进行管理的过程。

2. 信息资源管理的基本思想

(1) 信息资源与人力、物力、财力和自然资源一样,同为组织的重要资源。要像管理其他资源那样管理信息资源,信息资源管理是组织管理的必要环节,应纳入组织管理的预算。

(2) 信息资源管理包括数据资源管理和信息处理管理。数据资源管理强调对数据的控制,信息处理管理关心管理人员在某种条件下如何获取和处理信息,且强调组织信息资源的重要性。

(3) 信息资源管理是组织管理的新职能。产生这种新职能的动因是信息与文件资料的激增、各级管理人员获取有序信息和快速简便处理信息的迫切要求。

(4) 信息资源管理的目标是通过增强组织处理动态和静态条件下内外信息需求的能力来提高管理的效益。以期达到“高效(Efficient)、实效(Effective)和经济(Economical)”的最佳效果,也称3E原则,三者关系密切,互相制约。

3. 信息资源管理的阶段

信息资源管理的发展是具有阶段性的,一般可划分为下面四个不同的发展阶段。

(1) 物理控制阶段

信息的物理控制阶段的战略目标是信息的物理控制和程序效率,管理方法是文本管理、邮件管理和重要记录的保护等。这一阶段的时间跨度较大，是以文献整理为对象，以手工操作为主要手段，其公益性文献信息管理的特征十分明显。

(2) 技术管理阶段

20 世纪 40 年代，系统科学的思想、理论和方法逐步完善，为信息管理进入系统管理阶段奠定了理论基础。在信息技术领域，计算机的问世加快了信息处理、传递的速度，出现了数据处理(Data Process, DP)、数据库管理系统(Data Base Management System, DBMS)和管理信息系统(Management Information System, MIS)。信息和通讯技术(Information and Communication Technologies, ICT)是这一阶段的技术基础。该阶段的战略目标是强调对信息的技术控制，重视信息的技术控制效率，以便实现信息的有效存储和检索。

(3) 信息资源管理阶段

随着技术管理阶段的进一步发展，在管理信息系统的基础上，信息管理又逐步融合了人文因素、组织环境等内容，形成了具有集成信息管理功能的信息资源管理。这一阶段的信息管理，在组织结构上出现引人瞩目的部门和职务，即“信息与日常事务办公室”(The Office of Information and Regulation, OIRA)和“信息主管”(Chief Information Officer, CIO)。前者的主要责任是明确组织对信息的需求，协调组织的信息管理活动，保障信息的共享。而 CIO 则负责处理与组织决策、制定信息规则、沟通各部门的信息需求，确保信息的及时性与准确性。CIO 的产生，标志着信息管理人员从以往的辅助角色跃居为管理的主角，这从一个侧面显示了信息管理进入了新的发展阶段。

(4) 知识管理阶段

随着社会的发展，信息与人类认知能力的结合导致了知识的产生，知识经济作为一种重要的经济形态得以确立，知识管理成为信息管理的第四个阶段。知识管理的目的就是要为组织实现知识的共享并给其提供新途径，以实现不断创新和创造有用的知识，激活知识的价值，提高组织的竞争力。由此拉动了新型职业——知识主管(Chief Knowledge Officer, CKO)的出现，知识主管的地位介于首席执行官与信息主管之间，主要职责是实施知识管理。CKO 要创建有利于知识交流的组织文化环境，打破成员之间的知识封锁，促进成员之间的知识共享，建立相互信任的伙伴关系，并把获得和创新知识与员工报酬相结合。CKO 的职责有别于 CIO，他们并不对技术工作负责，而是着重于提高组织的创新和集体的创造力，这也是知识管理目标的实质。

总之，信息资源管理是从传统的信息存储系统，到使用数据库和网络来开发利用信息，直至信息与人脑结合实现知识创新的过程。在这一发展过程中，信息已成为一种资源，成为竞争的关键因素之一。所以，要求对信息和一切与信息管理有关的资源进行统一的部署和规划，最大限度地发挥信息资源的价值。信息管理发展的每一阶段都是前一阶段的延续，新阶段的形成只是意味着旧阶段地位的变化。

四个阶段之间可以用战略目标、基本技术、管理方法和组织状态等因素进行比较，见表 7-1。

表 7-1　信息资源管理四阶段比较

发展阶段	推动力量	战略目标	基本技术	管理方法	组织状态
第一阶段：信息的物理控制		物理控制的效率	纸张、打字机、电话、文件柜、制表机、缩微胶卷	文书管理，记录/报告管理，通讯与邮件管理，指令中低水平管理与指示管理，重要记录的保证，办公室设计与陈设	
第二阶段：信息的技术管理		技术控制的效率	第2代/第3代计算机、电子复印机、独立的组合式文字处理机、语音通信等	集中的数据处理部门的出现，电子通讯协作者与管理者的出现，文字处理中心与独立的工作站的出现，复制中心与独立单元的出现	中级水平管理
第三阶段：信息资源管理		信息、技术的集成管理，视信息为一种战略资源	分布式数据处理，（语音/数据）集成通信网络的多功能工作站（包括数据处理、文字处理、电子邮件、时间管理、个人计算机等），个人计算机	组织规划与信息资源规划的密切联系	中高水平的管理
第四阶段：知识管理		决策层管理层和操作层的信息管理的整合	专家系统决策支持系统办公智能系统	信息利用和价值与信息技术的集成，内部和外部信息处理的集成，信息规划和组织规划的紧密联系	高级水平的管理

7.1.2 信息资源管理的原则

信息资源管理是一种规范的管理活动，它通常需要遵循以下四个原则。

1. 信息是一种组织资源

信息资源管理的主要目标之一是确保一个组织在信息资源方面的投资能够以最佳的方式运作，这就要求有关人员必须将信息视作一种宝贵的资源，并视信息资源共享为一种规则而不是例外。

2. 信息资源管理要职责分明

要明确规定谁管理这些资源、谁利用这些资源、彼此的权利和义务是什么以及如何确保合作与资源共享等内容。

3. 业务规划与信息资源规划要紧密结合

信息资源管理的许多活动领域以前主要是处理简单的业务活动，随着信息资源管理的进化，它与最高层的战略规划的关系越来越紧密，业务规划即是对组织信息资源的规划。

4. 充分开发和利用

最大限度地提高信息质量，促进信息的充分开发和利用。对于一个组织而言，主要的战略目标不是最大限度地利用信息技术或实现办公现代化，而是使组织中的每一个成员都成为有效的信息处理者和决策者，从而有效地提高每个人和整个组织的生产率。

7.1.3 信息资源管理的过程

信息资源管理包括信息资源的收集、信息资源的传输、信息资源的加工、信息资源的存储、信息资源的维护以及信息资源的使用等过程。

1. 信息资源的收集

信息资源收集的重点在于信息的识别,由于信息的不完整性,得到客观情况的全部信息是不可能的,因此信息识别是信息收集的关键,也是后续的信息采集工作的前提。

2. 信息资源的传输

信息资源的传输一般遵循香农模型,即信息传输从信源开始,经过编码器、信道(可能有噪音干扰)、译码器,最后到达信息接收端的过程。

3. 信息资源的加工

信息资源的加工过程即是将数据转化为信息的过程,按加工顺序可分为一次(加工)信息、二次(加工)信息等,而按处理功能分为业务处理和决策处理。

4. 信息资源的存储

信息资源的存储是通过计算机存储器将业务信息、控制信息和外部信息保存起来,以备日后应用的过程。目前,虽然存储设备的容量不断的增大,成本和价格在不断下降,但存储技术的发展仍然无法满足信息爆炸式的增长的存储要求,因此,惟一的方法是信息的合理取舍和存储,从而在海量信息和存储容量之间做出折中。

5. 信息资源的维护

信息资源的维护是指信息系统中的全部数据管理工作,包括保证信息的准确性、及时性、安全性和保密性。

6. 信息资源的使用

信息资源的使用包括数据处理、业务控制、决策预测三个应用层次。数据处理阶段即是计算机代替手工作业的初步使用阶段。业务控制阶段是指管理者初步实现了信息价值的转化,信息作为生产要素参与生产,提高劳动生产率,实现内部控制信息化。决策预测阶段是说决策者能够正确地收集信息,并从深层次上的对信息进行加工处理,实现科学的预测和决策分析。

7.2 政府信息资源

政府是信息资源的最大拥有者和使用者,对政府信息资源的开发利用是政府进行科学决策的前提和基础,是改善公共服务的重要环节和途径,也是政府信息能力的集中体现。

政府信息资源是指由政府行政机关及从属于政府的事业单位(包括研究机构、学校、医院、图书馆、档案馆等)生产、组织和管理,并且与社会公众有着直接或间接联系的信息集合。之所以提出“政府信息资源”的概念,是为了强调政府信息必须经过采集、加工、组织、传递和维护,才能成为社会可利用的资源。

7.2.1 政府信息资源的来源

由于政府在行使职能时总以某种方式与社会的方方面面直接或间接联系，因此产生了惊人的政府信息，甚至达到无法计数的地步。据统计，目前各级政府部门大约集聚了全社会信息资源总量的80%。这些信息资源比一般的信息资源更有价值，其质量和可信度也较高，直接关系到国民经济与社会发展的状况和水平。如何加强管理、综合开发和有效利用这些资源已经成为各级政府工作的当务之急，也是一个值得研究和探讨的新领域。

记录管理是政府信息资源管理的起源。记录(record)是各种社会组织业务活动情况的记载，包括组织在过去一段时间里的职能、政策、决策、程序、运作和其他活动以及对未来所做的安排和计划等信息。记录产生于组织内部，最初目的在于反映组织在过去一段时间里的工作绩效、存在问题，以便备忘、作为凭证，或为未来的工作提供指南。

政府最早关注记录的生产、保存和管理领域，主要原因是不论哪个时代的哪个国家，政府部门在业务活动过程中都会产生大量的原始记录。这些记录在数量有限时，即使不经过任何系统的管理，其使用也不会很困难。但是自20世纪中期以来，随着政府机构职能的不断扩展、工作节奏的不断加快、业务范围的迅速扩大，政府记录开始呈现爆炸性增长趋势，记录生产与利用之间的复杂性加大，而且这种复杂性比其他任何社会组织都更迫切地希望得到解决。

7.2.2 政府信息资源的类型

由于政府信息资源涉及面广泛，内容错综复杂，这决定了政府信息资源类型的划分具有多角度和多层次的特点。为了便于理解和管理政府信息资源，我们主要从它产生的领域和内容的角度来对政府信息资源进行类型界定。

- 法规信息

政府部门制定的与公众密切相关的法律、法规及其他有约束力的规范性文件等。

- 政府工作中的信息

政府机关为了公开自身工作的透明度，提供政府部门的负责人、部门职责、办事程序规则和执法结果等。

- 教育信息

包括大中小教育政策、教育机构名录、教育状况和特色、招生情况、学生就业信息等。

- 公共健康信息

包括医疗机构、医护人员信息、药品质量信息、传染疾病、公共健康政策法规等。

- 文化信息

包括图书馆、档案馆、文化馆等机构提供的文献服务，电视台、广播台等提供的文化娱乐等等。

- 农业信息

农业生产中的法规政策、土地资源状况、农产品市场、与农业有关的科技信息和气象资源等。

- 国民经济宏观信息

包括市场法规、经济状况统计指标、企业基本信息、消费者信息、财政金融信息等。

● 环境信息

包括地理信息、天气预报、环境污染信息、旅游资源信息等。

7.2.3 政府信息资源的管理

政府信息资源管理(Government Information Resources Management,GIRM)是指与政府信息资源开发和利用有关的决策、计划、预算、组织、指导、培训和控制活动,特别是与信息内容及其有关的资源管理。

1. 政府信息资源管理的决策

政府信息资源管理的决策是为了使政府信息资源的开发和利用取得预期的结果和目的,在对信息资源管理规律的认识和对管理对象有关的信息进行分析和预测的基础上,制定和采取行动方案的过程。政府信息资源管理的决策是政府信息资源管理的起点,是政府信息资源管理活动的最重要的内容和管理者的最基本的职责。

2. 政府信息资源管理的计划

政府信息资源管理的计划是政府信息资源管理决策的具体化,它预先决定做什么,如何做和谁去做。政府信息资源管理的计划所涉及的问题是要在未来的各种行动过程中做出相应的抉择,在政府信息资源开发和利用的现状与未来所要达到的目标之间"铺路搭桥",这是政府信息资源管理不可缺少的职能。

3. 政府信息资源管理的预算

政府信息资源管理的预算是实现政府信息资源管理决策和计划的重要手段。它反映了国家的政府信息资源开发和利用的政策,规定了政府信息资源开发和利用的方向,为政府信息资源开发和利用活动提供了资金保证。

4. 政府信息资源管理的组织

政府信息资源管理的组织是保证实现计划所需活动的连贯性、协调性和一致性的工作步骤。它的职能是设计一种组织结构,使参与政府信息资源开发和利用活动的人员明确自己在集体活动中的位置,了解自己在相互协调的系统中的作用,自觉地为实现政府信息资源管理的目标而有效地工作。

5. 政府信息资源管理的指导

政府信息资源管理的指导是指挥和引导政府信息资源开发和利用活动并使之实现政府信息资源管理目标的过程。它直接涉及政府信息资源管理者和管理对象之间人与人的关系,涉及对政府信息资源开发和利用活动的指导、沟通和有效的激励,引导参与政府信息资源开发和利用的工作者有效领会和出色实现有关的目标。

6. 政府信息资源管理的培训

政府信息资源管理的培训是指通过各种方法和途径对所有参与政府信息资源开发和利用活动的人员进行教育、训练,使其掌握政府信息资源开发和利用的技术、方法,提高其素质和工作效率。

7. 政府信息资源管理的控制

政府信息资源管理的控制是对政府信息资源开发和利用活动进行评估和调节,以确保政府信息资源开发和利用目标的实现。在政府信息资源开发和利用活动中，一旦决策方案、活动计划通过组织付诸实施的时候，就需要对活动进行控制。它通过监督，检查计划的执行进度，揭示计划执行的偏差，找出出现偏差的地方、性质和原因，并采取积极措施予以调节。

7.2.4 政府信息资源的管理工具

政府信息资源具有价值高、数量大、储存分散、搜寻难等特点，实现对其有效管理的主要工具有两类：一种是政府信息定位系统，另一种是信息政策。

1. 政府信息定位系统

近年来，随着政务公开和电子政务的逐步开展，政府业务的信息化、网络化程度的提高，越来越多的政府信息资源以数字化形式产生、储存，并通过政府内部网和互联网传播、利用。在网络环境中，政府机关必须善于利用网络组织，管理、查找、利用政府信息资源，以减少重复劳动，改善工作效率，提供便民服务。广大民众也需要利用网络跨越政府机关多层、分散组织的障碍，搜寻、判断、获取符合需要的政府信息，提高政府信息的可获得性以及检索政府信息的查准率和查全率。为了提高政府信息资源尤其是政府网络信息资源的管理和利用水平，需要针对政府信息资源的特点制定标准化的政府信息资源描述机制。目前，在实践中应用于政府信息资源描述、发现、管理的标准体系主要是政府信息定位系统（Government Information Locator System，GILS）。

GILS 是 20 世纪 90 年代由美国联邦政府应用元数据的理念设计的一种支持公众搜寻、获取和使用政府公开信息资源的分布式信息资源及利用体系。这里的政府信息是指“由联邦政府或为联邦政府而生产、收集、处理、传播和处置的信息”。定位器（locator）是指“一种识别其他信息资源、介绍这些信息资源中的可用信息并为获取这些信息提供指导的信息资源”。

GILS 是一种信息检索系统，该系统依据国际标准建立，可跨机构查询政府信息。从信息组织的角度看，GILS 体系是一组分布式信息资源目录的集合。其基本构建要素是这些目录中对具体资源进行描述的元数据，即 GILS 定位记录（Locator Record）。GILS 是一组相关数据元素的集合，用来描述信息资源的内容、位置、服务方式、存取方法等。美国政府最初建立 GILS 是为了整合国内的政府信息资源，进而实现对政府内部信息的有效管理；后来逐渐转成一种利用分布式的网络环境，为用户提供更单一、更综合、更方便地获取政府信息的途径。现在，GILS 发展已颇为完备，已被列为美国国家信息基础设施（NII）的一个重要组成部分，而且也被加拿大、日本、澳大利亚等国家相继采用。

在我国，政府信息资源的开发与利用还比较滞后，信息的时效性、系统性、综合性较差，缺少统一的数据标准、规范和格式，缺少政府信息资源的管理工具和管理经验。严重影响了政府提高执政决策效率和推进政务公开，影响了电子政务为基层、企业和社会公众服务目标的实现。

2. 政府信息政策

政府部门在实行信息资源管理时必须要考虑诸如信息保密、信息公开、决策、计划等一系列问题，而这些问题中许多本身就属于政策问题，或者更准确地说是信息政策问题。信息政策作为政府推行信息资源管理的一个重要手段，已成为“信息资源管理中不可分割的组成部分”。正因如此,信息政策的研究、制定与实施就成了信息资源管理的重要内容。

政府信息政策的核心是政府信息公开制度。由于政府是最主要的信息生产者、使用者和发布者,如此海量的信息资源需要有效管理与利用,建立信息公开制度则是非常重要步骤。信息公开制度是一种承认公民对政府拥有的信息有公开请求权,政府对这种信息公开的请求有回答义务的制度。它包括国家行政机关向公民能动地提供信息和接受公民请求被动地提供信息两个方面,强调公民对政府信息享有“知情权”。美国在1966年制定了《信息自由法》,之后又相继制定了《联邦咨询委员会法》(1972年)、《阳光中的政府法》(1976)、《电子情报自由法》(1996),美国上述法律在政府信息公开方面已经形成了一个完整的体系。

至于信息公开的立法方面,我国尚无一部独立、完整的信息公开法。目前,有关法律条文大多散见于各单行法律法规,内容单薄、范围狭小,并且其所规定的信息提供不是长期和固定不变的。如果政府部门不予提供相关信息,公众没有任何法律依据予以自我救济。另一方面,与之形成对比的是,由于我国过去一直强调对信息的保密与防护,故信息保密方面的立法已初具规模,主要有《保守国家秘密法》、《档案法》以及各部委制定的相关法律,如科技部的《科学技术保密条例》、国家保密局和新闻出版总署等共同颁布的《新闻出版保密规定》等。

7.2.5 政府信息资源的目录体系和交换体系

当前我国信息化建设的重点是:在确保国家安全的前提下,鼓励政府部门之间的信息交换和共享、鼓励政府部门对公众及时全面公开、鼓励政府信息资源进行市场化的深度开发。制定电子政务目录体系和交换体系政策对政府信息资源共享、开发和利用将起到了积极的指导作用。

1. 政府信息资源的目录体系

政府信息资源目录体系用于采集、存储、使用和管理政务信息资源目录内容,通过元数据信息的定位和发现机制,实现政务信息资源的共享。通过政务信息资源目录体系建设,可以建设基于网络的、以跨部门的信息整合为特征的、可供政府和社会快速定位和检索的信息库,使各级信息的使用者在各自的权限内获取全面、准确的信息,全面促进政务信息资源的共享和管理。

(1) 政府信息资源目录体系的技术基础

政务信息资源目录体系是以信息资源分类为基础,采用统一的标准对政务信息资源进行描述,以目录技术、元数据技术和网络环境为支撑,为政务部门和社会公众提供政务信息资源发现、定位功能以及相关应用的系统。元数据技术和目录技术为统一描述不同种类的信息资源提供了技术基础。在政务信息资源元数据标准、政务信息资源分类编码标准和政务信息资源标识编码规则等资源内容管理标准的基础上,可以构造出目录数据库。通过应用目录数据库和其他网络技术,可以完成对政务信息资源的采集、发布、查询和管理。目录技术包括资源的分类、目录的构成、目录的结构、目录的存储、目录的查询等技术。元数据技术是对多样化的、多技术特性的信息进行结构化描述的方法。这些都是管理和利用信息资源的技术方法。

(2) 政府信息资源目录体系的标准规范

制定政务信息资源标准规范是建立政府信息资源目录体系、信息交换体系的核心。政务信息资源标准规范包括数据标准规范、技术标准规范、管理标准规范和业务标准规范。

数据标准规范主要有：信息资源目录元数据标准、信息资源目录分类代码标准、政务信息资源标识编码规则、信息资源目录交换数据标准等。

技术标准规范主要有：目录交换技术标准与接口规范、业务系统设计规范。

管理标准规范主要有：目录维护与管理规范、目录管理系统运行与管理规范。

业务标准规范主要有：独立业务标准由各业务部门自行制定，关联业务标准由信息产业主管部门协调各业务部门联合制定。

(3) 政府信息资源目录体系的管理制度

建立一套规范的政务信息管理制度，是保证政务信息资源合理利用、各部门交换与共享工作顺利进行的基本要素。它主要包括政府信息的采集、登记、维护、交换公开制度及工作流程；政府信息资源管理制度、项目管理制度及信息交换和共享管理制度。

(4) 政府信息资源目录体系的服务模型

如图 7-1 所示，一个完整的政务信息资源目录体系的服务模型由三方组成，即目录生产者、目录管理者和目录使用(查询)者。

目录的生产者是政务信息资源的业务部门或管理部门，他们负责对本部门产生的政务信息资源进行元数据编目，将编目数据保存在本部门的元数据库中，然后通过注册机制，将本部门的元数据注册到目录管理者的目录系统中。

目录的管理者根据各种分类体系构建相关的目录库，审核生产者提交的元数据，并将其列入相关目录下发布，同时维护和管理目录库以及整个目录体系。

目录的使用(查询)者通过目录体系提供的查询和检索工具，查询所需的目录信息，并根据目录信息的指引，在一定的权限范围内访问相关的信息资源。

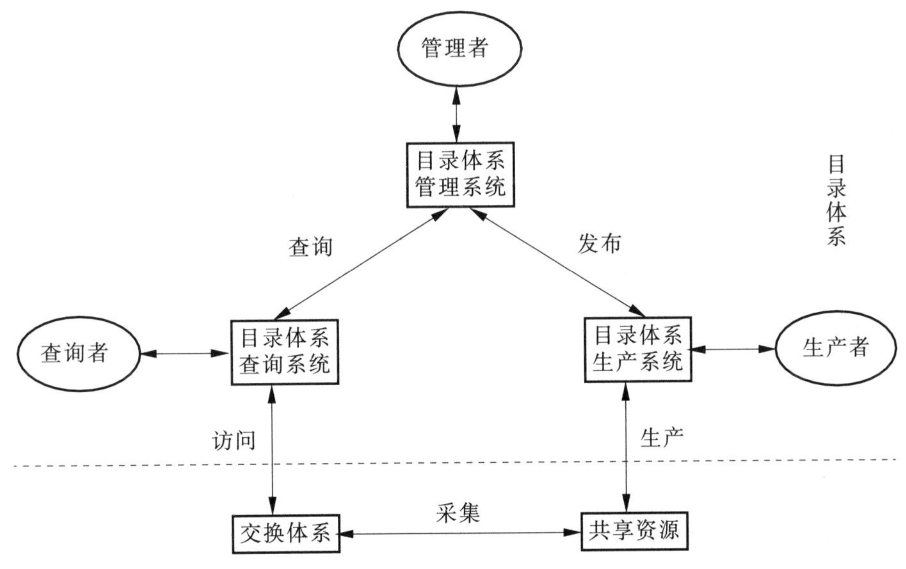

图 7-1 政府信息资源目录体系的服务模型

(5) 政府信息资源目录体系的技术框架

如图 7-2 所示，目录体系总体技术框架主要包括资源层、目录层、服务层和应用层，具体描述如下：①资源层是指各级政府部门可以公开和可以在部门间共享的政务信息资源，包括各类共享信息库、共享文件库和门户网站等资源。②目录层包括专项资源目录库和共享资源总目录库。各级政府部门可以根据协同应用的需要建立部门间共享指标项目目录库；根据对公服务应用的需要建立门户网站服务目录库；根据本领域应用特点建立相应的专项资源目录库。随着专项资源目录库建设的不断成熟，共享资源总目录库也逐渐形成。③服务层主要包括目录体系向应用层或其他应用系统提供各类应用服务接口，以方便应用的调用、目录体系与交换体系的互通，以及目录体系之间的信息交换和访问。④应用层是目录服务向用户的展示层。用户使用应用层提供的各类工具进行信息资源的检索、查询、访问，也可进行信息资源的录入和修改，以及对目录库进行管理。

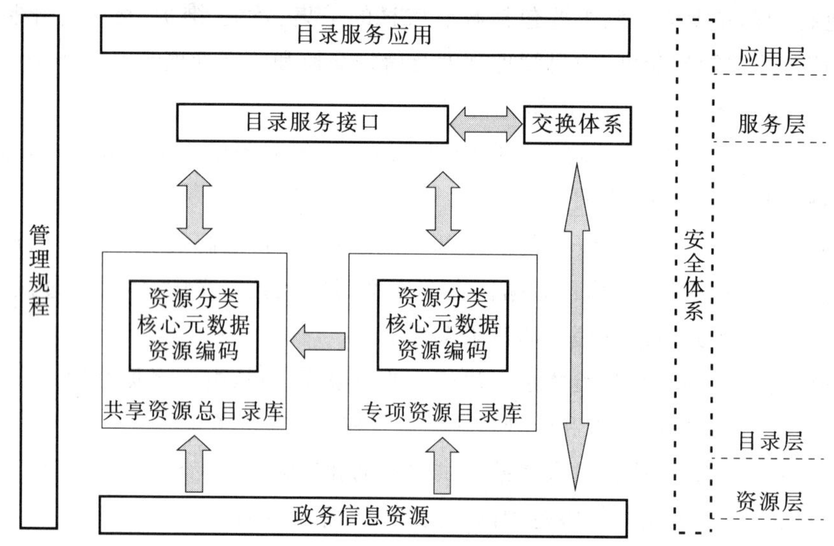

图 7-2　政府信息资源目录体系的技术框架

2. 政府信息资源的交换体系

政务信息资源交换体系是与政务信息资源目录体系密切相关的概念，二者经常以“政务信息资源目录和交换体系”同时出现。因此，有必要分清二者的关系。

政务信息资源交换体系是以统一的国家电子政务网络为依托，支持跨区域、跨部门政务信息资源交换与共享的信息系统。政务信息资源交换体系由一系列交换结点组成，它们依托统一的电子政务网络，通过采用一致的信息交换协议，实现跨地区、跨部门业务应用系统之间的信息资源交换。

“政务信息资源交换体系”和“政务信息资源目录体系”两者关注的政务信息资源的类型以及所面向的用户都有很大差别，它们之间的关系是既密切联系又相对独立的。

基于政务信息交换体系与政务信息目录体系进行数据交换的流程如图 7-3 所示：

- 需要资源的部门系统提出获取资源请求；
- 交换平台获取请求后，查询目录；

- 目录返回结果给交换平台，包括资源名称、负责方、需求方、资源格式信息（字段属性）、在线资源链接地址（获取资源的服务地址或接口地址）
- 交换平台根据目录返回的结果定位资源；
- 交换平台根据服务地址或接口获取资源；
- 交换平台将获取的资源返回给需求方。

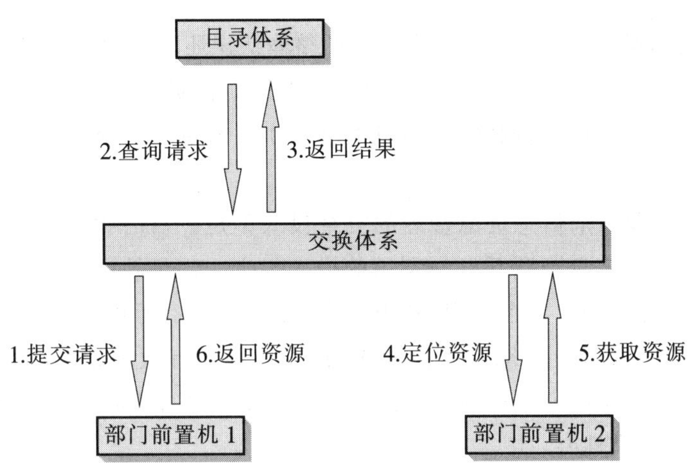

图 7-3 通过目录的数据交换过程

7.3 政府信息资源建设的现状分析

7.3.1 美国政府信息资源开发经验

美国政府把信息资源的开发和利用作为国家信息化建设的关键和重点。20 世纪 80 年代以来，通过计算机化、数据库化和网络化的发展，传统的、以手工为主的信息资源管理逐步过渡为现代的、以电子为主的信息资源管理。他们把信息资源的管理，尤其是电子化信息的生产、传播、获取和利用，作为美国政府的一项基本国策来加以推广和实施。

在 21 世纪，美国政府的信息资源开发战略则包括以下内容：

- 政府和私营企业密切合作，保证资金的投入。
- 重点建设数据库资源，促进网络信息资源的开发，美国目前经过注册的数据库大约有三万多个，而且它们有共同的特点：规模大、信息容量大、功能齐全、更新较快以及商业化程度较高。
- 加强信息政策法规研究，创造信息资源开发的良好环境，这一点非常重要。因为随着信息交流范围的扩大，信息活动中出现了一系列新的矛盾，例如信息安全、信息保密、信息犯罪、信息污染、信息经济利益等问题，这些问题都严重影响着信息资源的有效开发与合理利用，它们不能单凭技术手段来解决，必须辅之以政府管理和法规的约束来共同创造一个开发和利用信息资源的良好环境。

- 重视信息人才的开发，吸引外国有关科研人员，美国政府为此制定了一系列的政策，对发展中国家的人才有很大的吸引力，比如普及计算机技术、网络技术教育，培养高层次的信息技术人才，强化信息资源管理，设立首席信息主管(CIO)等专门职位，培养精通业务的信息经济人和信息管理者队伍。

7.3.2 我国政府信息资源建设的现状与对策

总的来说，我国对政府信息资源开发利用的整体认识还不足，社会各界还没有普遍把政府信息资源看作是国民经济和社会发展的基础性、战略性资源。在电子政务建设中，重硬件、轻软件，重建设、轻应用，重网络、轻信息的现象十分普遍，“有路无车”、“有车无货”现象比较突出。

具体表现在，一是政府信息资源管理的资金投入不足。目前我国对信息基础设施的硬件方面投入很大，但对信息资源开发与利用的投入很少。二是缺乏一个全国性的管理协调机构。政府信息资源与国家各个部门、各级政府、各个行业密切相关，政府信息资源的开发与利用需要跨部门、跨行业、跨地区的协同作战，需要国家有效地组织、管理、规划与协调。目前在我国，还缺乏一个国家层次的全国性、跨部门、强有力的政府信息资源管理协调机构；三是政府部门信息共享性差。

改进我国政府信息资源管理不利因素，要认真把握政府信息资源管理的一般规律，充分借鉴国外政府信息资源开发与利用的经验。

1. 各级政府要加大投资力度

政府信息资源开发与共享需要雄厚的资金支持，国家有关部门和及各级政府要继续加大对信息资源开发与利用的投资力度，充分保证基础性、公益性、综合性等政府信息资源开发与利用的资金投入。

2. 做好政府信息资源的开发与利用工作

划清保密与非保密信息资源的界限，适度开放政府有关信息资源；划清公益与商用信息资源的界限，做好公益信息资源如科技、气象、地理、教育、保健信息的开发工作；建立有效的信息资源供需机制，促进信息资源的开发和利用；面向政府、公众，搭建政务专网信息交换平台和服务平台，为政府办公和公众服务提供统一的操作模型和服务窗口；基于数据共享体系，建设跨部门、跨领域、跨专业的业务应用系统。

3. 加强政府信息资源管理的制度工作

通过立法确立政府信息资源上网共享的地位、原则和保障措施，保证在安全保密范围之外的政府信息资源的公开、共享和使用；建立我国信息资源管理规范和制度，确定信息资源标准，开发信息资源建设、运营管理的工具，保证信息资源的有序建设和统一建设。

第

章

电子政务安全保障体系

8.1 电子政务的安全需求

8.1.1 信息安全概念的演变

早期的信息安全仅仅指的是通信保密,该阶段以实现信息传输通讯的内容保密为主;中期的信息安全是以信息自身的静态防护为主;近期的信息安全处于"信息保障"阶段,强调动态的、纵深的、全生命周期的、全信息系统资产的信息安全。

目前我们所说的信息安全基本上指的是就是"信息保障",它的目标是抵制电子政务系统的各种潜在威胁,保障数据及其服务的完整性、机密性、可用性、真实性(交互双方的身份和权限、数据、设施的鉴别)、可控性(监控、审计等)。

8.1.2 电子政务的安全环境

电子政务的安全既受到外部环境的威胁,也受到内部环境的威胁。例如网上黑客与计算机犯罪、网络病毒的蔓延和破坏、机要信息的流失与信息间谍的潜入、网上恐怖活动与信息战争、内部人员的违法和违规、临近式的恶意破坏、安全产品软硬件的缺陷、网络的脆弱性和系统的漏洞等。如图 8-1 所示。

8.1.3 电子政务的安全需求

按照国家安全与保密的要求,信息系统必须提供以下几种安全性控制服务。

1. 权限控制(access control)

权限控制即只允许经过授权(authorized)和经过验证(authenticated)的用户存取某一信息资源。对资源存取控制可以由资源拥有者赋予,或者是由信息系统根据某种规则赋予。权限控制的内容包括:谁可以存取、存取方式、何时存取、存取条件等。

2. 身份识别与验证(identification and authentication)

身份识别与验证目的是确认访问者的身份。访问者可能是人或者程序,识别与验证就是验证他们提交的身份识别标志。身份验证是权限控制的基础和必要条件。身份识别与验证的技术包括:口令、智能令牌(Smart Token)、智能卡(Smart Card)和生物测量法(如指纹、基因等)。

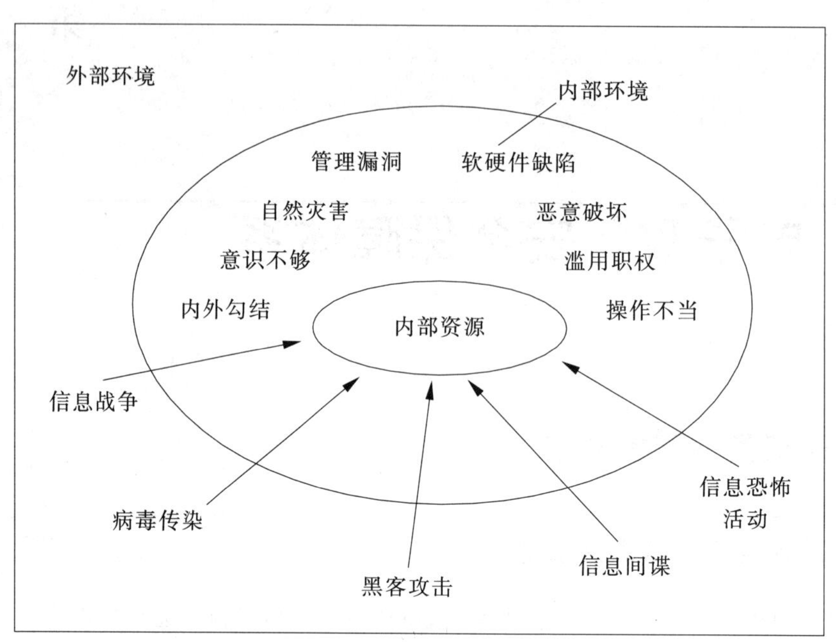

图 8-1 电子政务系统的安全威胁

3. 保密性(confidentiality)

保密的目的是保护敏感信息。当敏感信息被保存在本地时,必须使用权限控制或加密技术,使之得以保护。当敏感信息在网络上传输时,应该被加密。

4. 数据完整性(data integrity)

数据完整性目的是保证信息未经非授权的修改。用户或程序在使用数据时,或者数据在网络上传输时,必须有手段保证和检测信息未被非法修改过。

5. 不可篡改性(non-repudiation)

不可篡改性可以看成是身份识别与验证的延伸。一般情况下用于电子传输,目的是确认信息传送双方是否收到信息,即保护信息的接收方,防止信息发送者否认曾发出信息。保护信息的发送方,防止信息接收者否认已收到信息。

针对以上信息系统安全需求的分析,一个科学完整的通用安全平台的安全性控制要求,一般包括:防止非法用户侵入、权限控制、安全审计。

8.1.4 电子政务信息安全域的划分

1. "三网一库"

"三网一库"即机关内部办公网络(内网)、办公业务资源网络(专网)、公共管理与服务网络(外网)、电子政务信息资源库(一库)。

机关内部办公网(简称"内网")指各个行政机关内部的行政办公局域网。包括决策指挥、宏观调控、行政执行、应急指挥、监督检查、信息查询等各类相对独立的电子政务系统。内网通过与办公业务资源网的链接,实现上下级之间的信息共享和各类施政业务的开展。内网与办公业务资源网(专网)之间采用逻辑隔离。

办公业务资源网络(简称"专网"):通过联结各部门、各地方的内网,形成覆盖从国务院到各部门、各地方的政务资源网络,为政府提供最主要的信息服务和业务协同的工作环境。专网按照国家的安全保密要求,与公共管理与服务网络之间采用物理隔离,以确保内部政务办公、决策指挥等系统运行的安全性。

公共管理与服务网络(简称"外网"):面向企业和社会服务的公共管理与服务网。它通过应用支撑平台与公共互联网,与其他政府部门的外网实现安全的互联和信息交换。公共管理与服务网可以提供公众政务服务的访问功能,并通过后面的应用网关实现 web 服务系统与公共互联网之间的逻辑隔离,以确保内部业务系统运行的安全性。公共管理与服务网与宏观调控系统、行政执行系统、监督检查系统等部门的网络进行联结,并为有关部门之间的业务协作提供了网络支持和数据来源。

电子政务信息资源库(简称"一库")指政府各部门共建共享的,包括党务、政务和行业部门业务数据的电子政务信息资源库。如国家的政策法规,工商、税务和海关等部门的业务管理信息或数据等等。

电子政务安全边界的划分如图 8-2 所示。

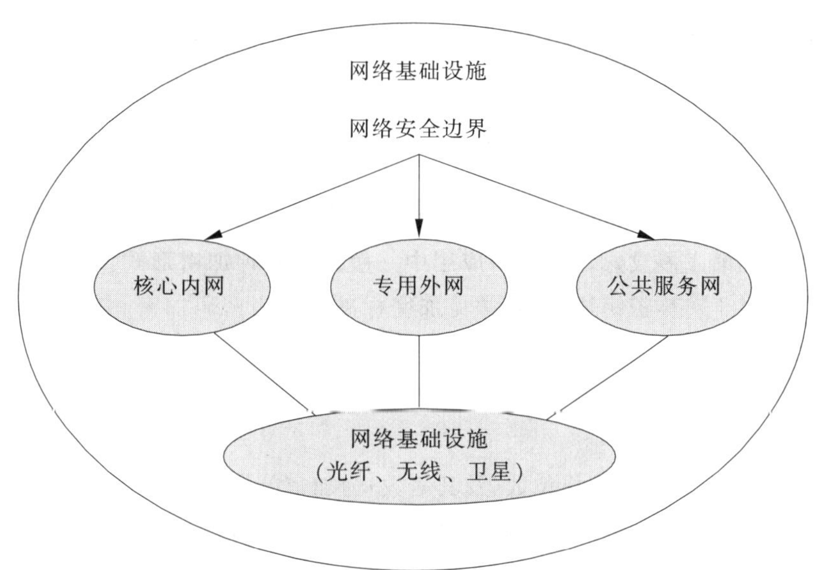

图 8-2 电子政务的网络安全边界

8.2 电子政务安全保障体系框架

电子政务的安全保障是一个复杂的系统工程,不仅要依靠技术,也要依靠管理。构建电子政务安全保障体系的总体框架应该从四个方面来考虑:技术保障体系、运行管理体系、社会服务体系和安全基础设施建设。如图 8-3 所示。

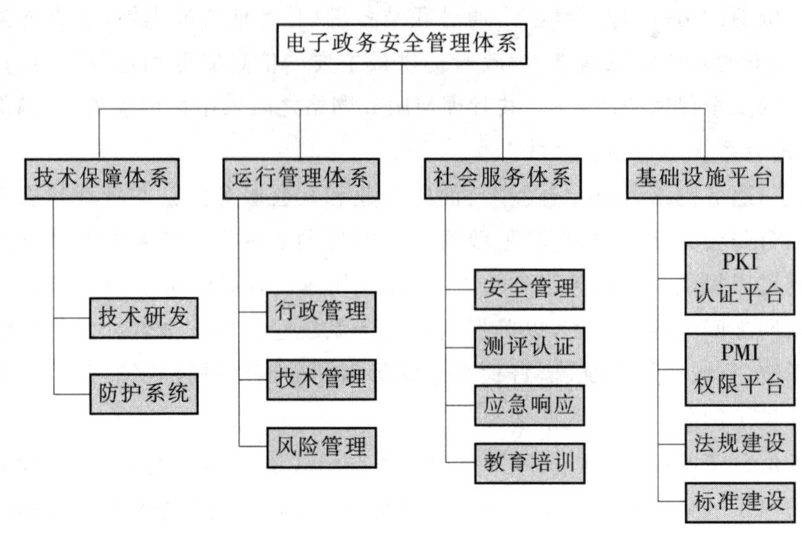

图 8-3 电子政务安全保障体系

8.3 电子政务安全技术保障体系

8.3.1 数据加密技术与数字签名

信息安全技术中数据加密技术是最为核心的安全技术之一。自 20 世纪 50 年代以来，数据加密技术已逐渐发展成熟。在网络应用中一般采取两种加密形式:对称密钥体制和非对称密钥体制。对于对称密钥体制,其常见加密标准为分组密码加密和序列密码加密。而非对称密钥体制主要是指公开钥匙加密。

1. 对称密钥体制

(1) 分组加密

分组加密以字节、字或计算机位数(及其倍数)为加密单位,在设计原则上强调扩散和混合。所谓扩散,就是输入明文分组的每一个比特和输入密钥的每一个比特,其作用必定要扩散到输出密文分组的每一个比特上去;所谓混合,就是输出密文分组的每一个比特,一定是输入明文分组的所有比特和输入密钥分组的所有比特的共同作用的结果。分组加密适于现代信源环境,便于实现快速运算,不仅可以用于数据加密,还适用于计算消息验证,也可用于构造单向函数和伪随机数发生器。由于分组密码具有用途广泛、实现方便、计算速度快等诸多优点,因此,在当今的信息安全领域仍扮演着重要的角色。

(2) 序列加密

序列加密建立在现代信息论和统计学的基础之上,以比特字母为加密单位,能够满足大规模数据加密的需求,广泛应用于军事、政治和外交等方面,是需要自同步、强纠错的移动通信、卫星通信中保护信息安全的重要密码之一。序列加密具有理论基础分析透彻、空间和时间复杂度计算精确的特点,所以使用起来让人放心。或者说,虽然所有的序列加密一定都可以被破译,但是,在一定的条件下和一定的时间内序列加密的破译是很难做到的。

在分组加密和序列加密的体制中，加密密钥和解密密钥通常是相同的，或者很容易由其中的一个推导出另一个，因此，称之为"对称密钥体制"。对于这种体制，加解密双方所用的密钥都必须保守秘密，而且需要不断更新，新的密钥总是要通过某种秘密渠道分配给使用方，在传递的过程中，稍有不慎，就容易泄露。因此，密钥的分发与管理是其最薄弱且风险最大的环节。

2. 非对称密钥体制——公钥密钥体制

公开密钥(Public Key)密码体制是一种非对称的密码技术，它最主要的特点就是加密和解密使用不同的密钥，它们成对出现，但却不能根据加密密钥推出解密密钥。在这种体制中，加密密钥是公开信息，用作加密，而解密密钥需要由用户自己保密，用作解密。通常情况下，加密密钥又称公钥，解密密钥又称私钥。公钥密码体制有以下特点：

- 密钥分发简单。由于加密密钥与解密密钥不能互推，使得加密密钥表可以像电话号码本一样由主管部门发给各个用户。
- 需要秘密保存的密钥量少，网络中每个成员只需秘密保存自己的解密密钥，N 个成员只需产生 N 对密钥。
- 互不相识的人之间也能进行保密对话。一方只要用对方的公开密钥加密发出，收方即用自己密藏的私钥脱密，而任何第三方即使知道加密密钥也无法对密文进行解密。
- 可以进行数字签名。发信者用他掌握的密钥进行签名，收信者可用发信者的公钥进行验证。

非对称密码技术的加密过程如图 8-4 所示。

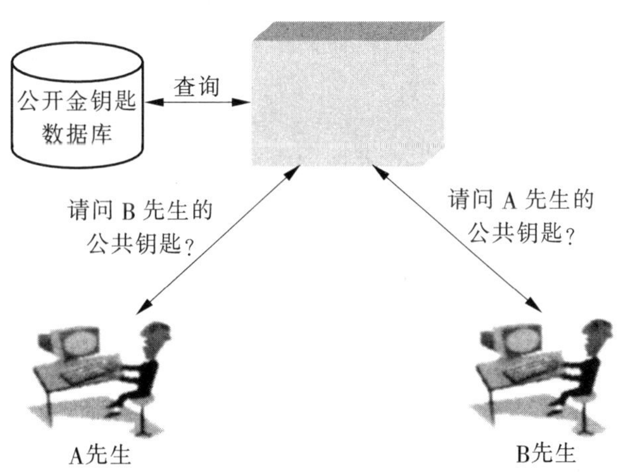

图 8-4　公钥密钥加密体制

公钥密码解密密钥是秘密的，由用户自己保存，不需要往返交换和传递，大大减少了密钥泄露的危险性。可以说，公钥密码的提出，开创了现代密码发展的新纪元。如果没有公钥加密，那么在大型、开放的电子网络环境中建设具有普适性的信息安全基础设施则是一件不可想像、无法实现的事。另外，在网络通信中使用对称密码体制时，网络内任何两个用户都需要使用互不相同的密钥，才能保证不被第三方窃听，因而 N 个用户就要使用 $N(N-1)/2$ 个密钥。在大型网络中，如果有 100 万个用户，则要使用4 950万个密钥，密钥量太大，难以管理,而且使用起来非常麻烦。采用公钥密码体制,N 个用户只需要产生 N 对密钥。仍以 100 万个用户为例,只需 100 万对密钥,需要秘密保存的仅 100 万个私钥,二者相差近 50 倍,数量大大减少,而且分发简单,安全性好。由此可见,只有公钥加密才能方便、可靠地解决大规模网络应用中密钥的分发和管理问题。

3. 数字签名

数字签名技术是实现信息安全的核心技术之一,它的实现基础就是加密技术。其基本原理和作用如同传统的签名或印章是一样的。以往的书信或文件是根据亲笔签名或印章来证明其真实性的。但在计算机网络中传送的报文如何盖章呢? 这就是数字签名所要解决的问题。

数字签名必须保证以下几点:接收者能够核实发送者对报文的签名;发送者事后不能抵赖对报文的签名;接收者不能伪造对报文的签名。

现在已有多种实现各种数字签名的方法,但采用公钥加密算法要比常规算法更容易实现。具体而言,一段消息以发送方的私钥加密之后,任何拥有与该私钥相对应的公钥的人均可将它解密。由于该私钥只有发送方拥有,且该私钥是密藏不公开的,所以,以该私钥加密的信息可视为发送方对该信息的签名,其作用和现实中的手工签名一样有效而且具有不可抵赖性。

一种具体的数字签名做法是:认证服务器和用户各持有自己的证书,用户端将一个随机数用自己的私钥签名后和证书一起用服务器的公钥加密后传输到服务器;使用服务器的公钥加密保证了只有认证服务器才能进行解密,使用用户的密钥签名保证了数据是由该用户发出;服务器收到用户端数据后,首先用自己的私钥解密,取出用户的证书后,使用用户的公钥进行解密,若成功,则到用户数据库中检索该用户及其权限信息,将认证成功的信息和用户端传来的随机数用服务器的私钥签名后,使用用户的公钥进行加密,然后,传回给用户端,用户端解密后即可得到认证成功的信息。

8.3.2 电子政务的安全防护技术

1. 反病毒技术

计算机病毒是某些人利用计算机软、硬件所固有的弱点,编制具有特殊功能的程序。反病毒系统是防范病毒的主要工具,通常是一种软件系统。

计算机技术发展越来越快,使得计算机病毒技术与计算机反病毒技术的对抗也越来越尖锐。现在的反病毒技术是针对计算机病毒的发展而发展的,目前,基于病毒家族体系的命名规则、基于多位 CRC 校验和扫描机理,启发式智能代码分析模块、动态数据还原模块、内存解毒模块、自身免疫模块等先进的解毒技术,较好地解决了以前防毒技术顾此失彼、此消彼长的状态。

作为新一代反病毒软件应做到以下几点:

- 全面地与互联网结合,不仅有传统的手动查杀与文件监控,还必须对网络层、邮件客户端进行实时监控,防止病毒入侵。
- 快速反应的病毒检测网,采用虚拟跟踪技术,识别未知病毒和变形病毒。
- 完善方便的在线升级服务,对新病毒迅速提出解决方案。

- 对病毒经常攻击的程序提供重点保护。

2. 防火墙技术

网络防火墙技术是一种用来加强网络之间访问控制，防止外部网络用户以非法手段通过外部网络进入内部网络，访问内部网络资源，保护内部网络操作环境的特殊网络互联设备。它对两个或多个网络之间传输的数据包，按照一定的安全策略来实施检查。以决定网络之间的通信是否被允许，并监视网络运行状态。目前的防火墙产品主要有堡垒主机、包过滤路由器、应用层网关(代理服务器)以及电路层网关、屏蔽主机防火墙、双宿主机等类型。

防火墙技术的发展大概经历了以下四个阶段：

- 第一代是基于路由器的防火墙。由于路由器具有分组过滤功能，使得网络控制功能可以通过路由控制来实现，所以具有分组过滤功能的路由器被称为第一代防火墙。但这类防火墙安全防护能力很差。
- 第二代是用户化的防火墙工具包，它将过滤功能从路由器中分离出来，加上审计和安全警告功能，并针对用户需求提供模块化的软件包。但这类软件产品的技术要求高，在处理速度、差错率等方面仍有不足。
- 第三代是建立在通用操作系统上的防火墙。它可以实现分组过滤功能，配有专有的代理系统，监控所有协议的数据和指令，保护用户编程空间和可配置内核参数的设置。因此安全性和处理速度都大大提高了，但由于操作系统的源码是保密的，而多数防火墙厂商并不是通用操作系统厂商，因此用户要依赖防火墙厂商和操作系统厂商的两方面支持。
- 第四代是具有安全操作系统的防火墙。此类防火墙就是一个操作系统，防火墙厂商具有操作系统的源代码，可实现安全内核，对服务器、子系统都作了安全处理，一旦黑客攻破一个服务器，将被隔离在这个服务器中，不会对其他部分造成威胁。

防火墙的发展方向如下：

- 防火墙将从目前对子网或内部网管理的方式向远程上网通信的管理方式发展。
- 过滤深度会不断加强，从目前的地址、服务过滤，发展到 URL(页面)过滤、关键字过滤和对 Active X、Java 等的过滤，并遂渐有病毒扫描功能。
- 利用防火墙建立专用网是较长一段时间用户使用的主流，IP 的加密需求越来越强，安全协议的开发是一大热点。
- 单向防火墙(又叫做网络二极管)将作为一种产品门类而出现。
- 对网络攻击的检测和各种告警将成为防火墙的重要功能。
- 安全管理工具不断完善，特别是可以活动的日志分析工具等将成为防火墙产品中的一部分。

3. 虚拟专用网络(VPN)

虚拟专用网不是真的专用网络，但却能够实现专用网络的功能。虚拟专用网指的是依靠 ISP(互联网服务提供商)和其他 NSP(网络服务提供商)，在公用网络中建立专用的数据通信网络的技术。在虚拟专用网中，任意两个节点之间的连接并没有传统专网所需的端到端的物理链路，而是利用某种公众网络资源而动态组成的。

虽然实现 VPN 的技术和方式很多，但所有的 VPN 均应保证通过公用网络平台传输数据的专用性和安全性。在非面向连接的公用 IP 网络上建立一个逻辑的、点对点的连接，称之为建立一个隧道。可以利用加密技术对经过隧道传输的数据进行加密，以保证数据仅被指定的发送者和接收者了解，从而保证了数据的私有性和安全性。

在安全性方面，由于 VPN 直接构建在公用网上，实现简单、方便、灵活，但同时其安全问题也更为突出。必须确保其 VPN 上传送的数据不被攻击者窥视和篡改，并且要防止非法用户对网络资源或私有信息的访问。

目前 VPN 主要采用四项技术来保证安全，分别是隧道技术、加解密技术、密钥管理技术、信息认证和身份认证技术：

- 隧道技术是 VPN 的基本技术类似于点对点连接技术，它在公用网建立一条数据通道(隧道)，让数据包通过这条隧道传输。隧道技术必须有专用的隧道协议作为支撑。
- 加解密技术是数据通信中一项较成熟的技术，VPN 可直接利用现有技术。
- 密钥管理技术的主要任务是如何在公用数据网上安全地传递密钥而不被窃取。
- 信息认证和身份认证用以鉴别用户的合法身份，提供访问控制，为不同用户设置不同访问权限。

4. 入侵侦测技术

入侵侦测就是对计算机网络和计算机系统的关键节点的信息进行收集分析，检测其中是否有违反安全策略的事件发生或攻击现象，并通知系统安全管理员。一般把用于入侵检测的软件、硬件合称为入侵检测系统。

概括起来，入侵侦测就是对指向计算机和网络资源的恶意行为的识别和响应过程。具体的入侵检测模式包括模式匹配和统计分析。

(1) 模式匹配

使用一套静态的模式，在通信节点截获数据包，然后将会话特征与知识库保存的攻击特征进行对比，提供防止包序列和内容攻击的保护。

(2) 统计分析

该方法首先给系统对象(如用户、文件、目录和设备等)创建一个统计描述，统计正常使用时的一些测量属性(如访问次数、操作失败次数等)，即统计过程来侦测反常事件。

入侵检测还分为基于主机的检测和基于网络的检测。网络型入侵检测系统的数据源是网络上的数据包。主机型入侵检测系统往往以系统日志、应用程序日志等作为数据源，从所在主机上收集信息进行分析。防火墙内部的 web、DNS 和 e-mail 等服务器是大部分非法攻击的目标，这些服务器应安装基于主机的入侵检测系统，以提高整体安全性。

5. 物理隔离技术

网络中增加防火墙、防病毒系统，对网络进行入侵检测、漏洞扫描等都属于软隔离技术，这些技术无法提供某些机构(如军事、政府、金融等)提出的高度数据安全要求，它们只是基于软件层面的保护，是一种逻辑机制。

所谓物理隔离是指内部网不直接或间接地联接到公共网上。物理安全的目的是保护路由器、工作站、网络服务器等硬件实体和通信链路免受自然灾害、人为破坏和搭线窃听攻击。

只有使内部网和公共网物理隔离，才能真正保证党政机关的内部网络信息不受来自互联网的黑客的攻击。

物理隔离的解决方式是：在同一时间、同一空间，单个用户不能同时使用两个系统。只要使两个系统在空间上物理隔离，就可以使他们的安全性相互独立。

物理隔离技术发展至今大致经历了以下几个阶段。

（1）双网双机技术

双网双机技术进行隔离是配置两台电脑，分别联接内外两个网络。这种隔离方式的主要缺点是投资成本高、占用空间大、网络设置复杂、维护难度大。一旦出现问题，对效率要求较高的部门影响很大。

（2）双硬盘物理隔离卡技术

利用双硬盘物理隔离技术进行隔离是在一台计算机上安装两块硬盘，并使用物理隔离卡来实现物理隔离，两块硬盘分别对应内外网，用户启动外网时关闭内网硬盘，启动内网时关闭外网硬盘。这种方式的主要缺点是对于一些配置比较高、原有硬盘比较大的机器造成了无谓的成本浪费，而且频繁地加电和断电容易对原有硬盘造成损坏。

（3）单硬盘物理隔离卡技术

利用单硬盘物理隔离卡技术进行隔离是将单个硬盘通过对磁道的读写控制技术物理分割为两个分区，一个为公共区（public）；另一个为安全区（secure）。这两个分区无法互相访问，它们分别安装两个相互独立的操作系统。当主机使用硬盘的公共区与外部网，如互联网连接时，硬盘的通道被封闭，与内部网的连接自动断开。当主机使用硬盘的安全区与内部网连接时，硬盘的安全检查区被封闭，与外部网的连接自动断开。操作者可以根据自己的需要在内部网与外部网中自由切换，并且在任何一种网络环境下，用户只能对特定网络环境中的信息进行处理，即在同一时间只能有一个系统有效。

（4）基于服务器端的物理隔离技术

基于服务器端的物理隔离技术是采用基丁服务器的物理隔离设备来联接两个网络，在同一时刻，这两个网络没有物理上的连通，但又可以快速分时地处理并传递数据。

6．防水墙技术

防火墙有效地监控了内部网和互联网之间的任何活动，保证了内部网络的安全。但是，对于企业内部网的安全问题，防火墙起不到任何作用。

防水墙是由中国软件通用产品总公司首先提出的，是一种用来加强信息系统内部安全的重要工具。它置于内部网络中，是一个内网监控系统，可以随时监控内部主机的安全状况。其重点是用技术手段强化内部信息的安全管理，利用计算机口令验证、数据库存取控制技术、审计跟踪技术、密码技术等对公司机密文件、重要的行业数据、科学发明专利等机密信息，防止对信息的非法或违规的窥探、外传、破坏、拷贝、删除，从本质上阻止了机密信息泄漏事件的发生。

通过一系列的事前预防、事中监督和事后审计等措施，构建严密的内网安全防范体系，有效地保护内网的安全。

8.4 电子政务安全运行管理体系

8.4.1 电子政务安全行政管理

1. 安全组织机构

该机构应由主要领导直接管辖，不隶属于其他机构。建立安全组织机构的目的是统一规划各级网络系统的安全，制定完善的安全策略和措施，协调各方面的安全事宜。

2. 安全人事管理

其遵守的原则为：多人多责原则、任期有限原则、职责分离原则、最小权限原则。

3. 安全责任制度

安全责任制度包括系统运行维护管理制度、计算机处理流程控制管理制度、文档资料管理制度、操作和管理人员管理制度、机房安全管理制度、定期检查与监督制度。

8.4.2 电子政务安全技术管理

1. 实体安全管理

电子政务的实体安全管理，就是要保护计算机和网络设备、设施免受一些外界因素的破坏。具体而言，实体安全应该包括环境安全（如不间断供电、消防报警、防水、防虫等）、设备安全（设备的维护保养）和存储媒体安全（存储介质的管理）三个方面。

2. 软件系统管理

软件系统管理（操作系统、网络系统、驱动、数据库、应用软件等）包含以下几方面的内容：

- 保护软件系统的完整性（防止软件破坏和篡改、漏洞检测、软件加密）。
- 保证软件的存储安全（压缩存储、保密存储、备份存储）。
- 保障软件的通信安全（安全传输、加密传输）。
- 保障软件的使用安全（授权使用、按规程操作）。

3. 密钥管理

密钥管理涉及密钥自产生到最终销毁的整个过程，包括密钥的产生、存储、备份、装入、分配、保护、更新、控制、丢失、销毁等内容。

安全的密钥管理要求：①密钥难以窃取；②密钥有使用范围和使用时间的限制；③密钥的分配和更换过程对用户透明，而用户不需要亲自掌管密钥。

8.4.3 电子政务安全风险管理

电子政务系统安全风险管理的目的是保障政府组织活动的正常运转，而并非仅仅保证其中的 IT 资产的安全。所谓风险管理是控制、降低或消除可能影响信息系统的安全风险的过程。

如图 8-5 所示，风险管理过程可以分为风险评估和风险控制两个阶段。在风险评估阶段通过识别、度量和分级等手段达到风险认知的目的，并据此制定风险管理策略。在风险控制阶段应根据风险管理策略，采取规避、转移和降低等手段使风险达到可接受的范围。

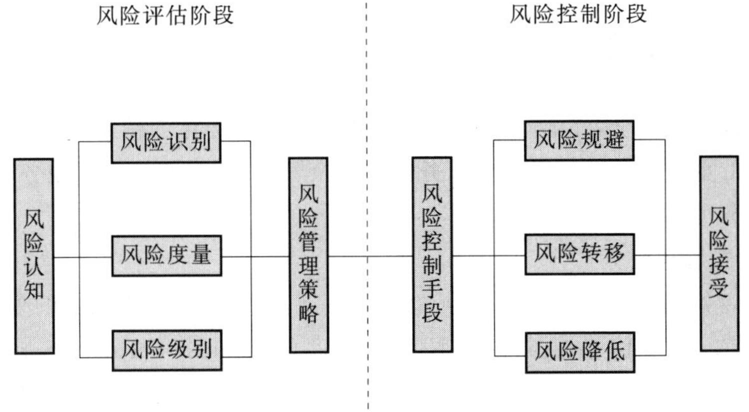

图 8-5　风险管理的过程

1. 安全风险评估

安全风险评估是确定电子政务系统面临的风险识别的过程，是风险控制的前提和基础。风险评估阶段的基本实施步骤如下。

(1) 识别风险

一方面根据电子政务的自身特点，明确风险分析对象、标识系统边界及其所包含的资源，确定风险范围；另一方面找出系统本身的薄弱环节，分析威胁的来源、类型、级别、出现概率等，以此达到风险识别的目的。

(2) 进行风险度量

即确定风险对组织或系统的影响和损坏程度。

(3) 确定风险级别

风险取决于威胁发生的概率及相应的影响，可事先定义好不同范围、不同程度的风险级别，划分风险等级。

(4) 风险策略

制定相应的风险管理策略，降低风险，为风险控制提供指导。

2. 安全风险控制

安全风险控制是根据风险评估阶段的结果，采用一定的方法和手段，对已标识的风险采取相应措施，将电子政务系统的安全风险降低到可接受的范围。

选择风险控制手段，即预防手段(消除系统缺陷)、限制手段(限制威胁的影响范围)、检测响应手段(主动进行入侵检测)：

- 采取风险规避手段，如外网隔离、实施恶意软件控制程序。
- 实施必要的风险转移措施，如商业保险等来保障 IT 资产的安全。
- 降低威胁的影响程度，建立并实施持续性的安全管理计划，包括对应急、备用、恢复等活动的安全要求。建立并实施对系统进行监控的程序，以主动探测威胁，抑制其扩大。
- 对剩余风险的接受，系统绝对安全是不可能的，应该在一定程度上接受剩余风险。

对其中无法接受的风险，应考虑再增加控制。

8.5 电子政务安全社会服务体系

保障电子政务的安全，外部服务机制也极为重要。社会化的信息安全服务体系是保障电子政务安全的重要环节。信息安全服务包括安全管理服务、安全测评服务、应急响应服务和安全教育服务等。

1. 信息安全管理服务

随着电子商务、电子政务等应用领域的日益发展，信息安全管理服务的外包服务变得越来越重要。目前，一些信息安全管理服务提供商（Managed Security Services Provider，MSSP）正在逐步形成，其中有的是专门从事安全管理服务的，有的则是从IT集成商或咨询商发展而来的。MSSP包括以下四项。

（1）信息安全咨询服务

包括整个电子政务系统构建和运行前的整体安全策略，从安全需求分析和安全环境设置到安全防护系统的软硬件组合，为用户提供整体的安全解决方案咨询，还全面地为用户提供安全规范、安全制度等的咨询。

（2）安全技术管理服务

主要是对安全系统的管理，如对网络系统的入侵监测、防火墙/VPN的监管、防病毒、数据加密等的服务。

（3）数据安全分析服务

数据分析需要一定的深度，因为数据中包含可能的攻击。MSSP事先建立自己的知识库，通过知识库来分析数据中是否隐藏着有攻击行为的数据，并判断威胁的级别。

（4）安全管理评估服务

根据安全管理措施的适用性和效率，要进行定期的评估，它可以帮助用户及时调整安全管理措施。

2. 信息安全测评认证

信息安全的测评认证解决的是对信息产品自身的基本安全防护性能的评价问题，以及从产品设计和实现的角度分析产品中存在的安全隐患、安全漏洞、并考虑采取安全防护和抵御攻击的方法。

信息产品的安全测评主要针对的对象分为两类开发者和最终用户。

（1）开发者

信息产品开发者在试图开发出符合用户安全需求的产品时，必须遵循一定的要求和规范。评价产品的安全性能，指出产品实现中的不足，确定产品的安全等级。

（2）最终用户

不同用户搭建的信息系统安全目标不同，需要不同级别的安全产品。因此用户需要产品安全性能指南，以满足安全需要并降低系统构建成本。

我国信息安全测评体系由三部分组成，国家信息安全测评认证管理委员会、中国信息安全产品测评认证中心和授权测评机构。如图8-6所示。

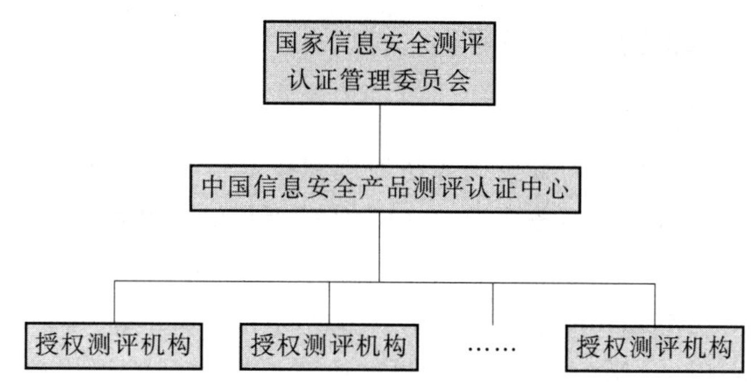

图 8-6 中国信息安全测评认证体系

- 中国国家信息安全测评认证管理委员会是经国务院产品质量监督行政主管部门授权，代表国家对中国信息安全产品测评中心的测评认证活动实施监督管理的机构。
- 中国信息安全产品测评认证中心是国家级认证机构，对外开展四种国家信息安全认证业务，分别为产品认证、信息系统安全认证、信息安全服务资质认证和信息安全专业人员资质认证。
- 授权测评机构是中国信息安全产品测评认证中心根据业务发展授权成立的、测试结果作为国家认证中心的认证基础。

3. 信息安全应急响应服务

应急响应是计算机或网络系统遇到突发事件(如黑客入侵、网络恶意攻击、病毒感染和破坏等)时，能够提供的紧急响应，快速救援和恢复服务。1988 年，Morris 蠕虫病毒破坏事件，直接导致了计算机网络应急服务组织的诞生。CERT(Computer Emergency Response Team)是应急处理组织的国际用语。

我国信息安全应急响应的策略是基础信息网络和重要信息系统建设要充分考虑抗毁性与灾难恢复，制定和不断完善信息安全应急处置预案。灾难备份建设要从实际出发，提倡资源共享、互为备份。加强信息安全应急支援服务队伍建设，鼓励社会力量参与灾难备份设施建设和提供技术服务，提高信息安全应急响应能力。

4. 信息安全教育服务

信息安全的教育和培训是信息系统参与者一项很重要的学习任务，是有效管理、应用和维护信息系统安全的重要基础。大量的信息系统安全问题产生的根本原因是人员对安全知识、安全技术和安全管理等方面缺乏认知。

信息安全问题的日益突出，信息安全教育服务应该一方面着重培养专业的信息安全人才，包括专业技术人员、安全管理人员、专业研究人员和高级战略人员；另一方面应该普及对非专业人员的信息安全素养教育，包括政府部门领导、信息管理人员、普通工作人员等。

8.6 电子政务安全基础设施

所谓基础设施，通常指的是如交通、能源等大型的基础性物资设施。电子政务安全基础设施是一种软基础设施，它需要有法规、标准和安全认证三大基础设施的支撑。

8.6.1 公钥基础设施(PKI)平台

1. 公钥基础设施的概念

公钥基础设施是一个用非对称密码算法原理和技术来实现并提供安全服务的、具有通用性的安全基础设施。在电子政务建设中,PKI实际上提供一整套的、遵守标准的密钥管理基础平台。

数字证书认证中心(Certificate Authority,CA)、审核注册中心(Registration Authority,RA)、密钥管理中心(Key Management,KM),还有证书查询验证服务系统(Lightweight Directory Access Protocol,LDAP)和OCSP(Online Certificate Status Protocol,OCSP)为其提供证书的存储和状态查询服务,它们都是PKI的关键组件:

- 密钥管理中心(KM)是整个PKI的基础,为非对称密码技术的大规模应用提供支持。密钥管理中心负责向CA中心提供密钥服务,包括密钥的产生、登记、分发、查询、注销、归档及恢复等服务,同时向授权管理部门提供特殊密钥的恢复功能。
- 数字证书认证中心(CA)是证书服务系统的核心业务节点和基本单元,主要提供下列服务:证书的签发和管理,证书撤销列表的签发和管理,证书/证书撤销列表的发布和管理,证书审核注册中心的设立、审核及管理,向密钥管理中心(KM)申请密钥对。CA颁发的证书相当于网上的身份证,可以惟一确定网上各种实体的身份。
- 审核注册中心(RA)是用户和CA之间的中间实体,它所获得的用户标识的准确性是CA颁发证书的基础。RA中心是证书服务系统的用户注册和审核机构,管理用户资料,接受用户申请。RA中心由CA中心授权设立并运作,由CA中心统一管理。RA中心提供如下服务:用户数字证书申请的注册受理、用户真实身份的审核、用户数字证书的申请与下载、用户数字证书的撤销与恢复、证书受理核发点的设立、审核及管理。
- 电子政务中需要证书查询验证服务系统(LDAP)和(OCSP)提供备份存贮和在线查询。证书生成后,必须存储以备后用。为减少终端用户将证书存储于本地,CA通常使用一个证书目录或中央存储点。基于X.500标准的目录正被广泛接受,它除了可以充当证书库外,还可以给予管理员个人属性信息入口的集中点。通过轻量级目录访问协议LDAP,目录客户端可定位条目项及他们的属性,使用非常方便。而OCSP可以提供在线证书状态查询验证的服务,可用来检查在用户证书是否有效。

2. PKI的服务

PKI提供的服务分为核心服务和附加服务。

核心服务一般有三个:

- 认证服务:向一个实体确认另一个实体确实是自己,即身份识别与鉴别。
- 完整性服务:即确认数据未被修改(在传播与存储过程中)。
- 保密性服务:就是要确保数据的秘密,向一个实体确保除了接受者,无人能解读数据的关键部分。

附加服务也称PKI支撑服务,通常建立于PKI核心服务之上:

- 可否认服务:可否认服务是指从技术上保证实体对他们行为的诚实性。例如对数据的来源、传输、接收的不可否认。

- 安全时间戳：安全时间戳就是一个可信的时间权威，它用一段可认证的、完整的数据表示时间戳。
- 公证服务：公证服务其含义是“数据认证”，CA 机构中的公证人通过一定的验证方式来证明数据的有效性。

8.6.2 特权基础设施(PMI)

随着网络应用的扩展和深入，仅仅能确定网络身份的公钥基础设施(Privilege Management Infrastructute，PMI)已经不能满足需要，安全系统要求提供能够确定使用权限的技术，即某人是否拥有使用某种服务的特权。为了解决这个问题，特权管理基础设施(PMl)应运而生。

1. 属性证书的定义

属性证书是由 PM 的属性权威机构（ Attribute Authority，AA)签发的包含某持有者的属性集(如角色、访问权限及组成员等)和一些与持有者相关信息的数据结构。由于这些属性集能够用于定义系统中用户的权限，因此作为一种授权机制的属性证书可看做是权限信息的载体。属性权威 AA 的数字签名保证了实体与其权力属性相绑定的有效性和合法性。

由于属性证书是一个由属性权威签名的文档，因此其中应包括以下属性：①名字。特权验证者(Privilege Verifier，PV)必须能够验证持有者与属性证书中的名称的确是相符的。宣称具有该属性的实体应该提交一个公钥证书，并证明自己是相应的公钥拥有者。②一个由签发者与序列号共同确定的、特定的数字签名证书。属性验证者必须能够确保该宣称者与证书中私钥的真正持有者是同一个人。

2. 属性证书的存储与撤销

当属性权威 AA 根据用户的请求给其颁发属性证书时，同时也将产生的证书缓存到属性证书库中(即 LDAP 目录服务器)。当系统再次需要时可直接从证书库中提取。另外，当用户的属性证书丢失后，可向 LDAP 服务器索要证书的备份。

属性证书的撤销与公钥证书 PKC 相似，也是通过证书撤销列表(Certificate Revocation List，CRL)来实现。对于有效期较长的属性证书系统，通常需要维护属性证书撤销列表(Attribute Certificate Revocation List，ACRL)。但由于大部分属性证书的有效期一般较短，所以通常不需要撤销，它们会因过期而简单失效，同时失效的属性证书也将因证书库的更新而自动从目录服务器中删除。

3. 属性证书与公钥证书

作为权限管理体系 PMI 的授权实现机制，属性证书及其属性授权机构 AA 考虑的是基于属性的访问拄制，而不像公钥证书考虑的是基于用户或 ID 的身份鉴别。公钥证书(Public Key Certificate，PKC)如同网络环境下的一种身份证，它通过将某一主体(如人、服务器等)的身份与其公钥相绑定，并由可信的第三方，即证书权威机构 CA 进行签名以向公钥的使用者证明公钥的合法性和权威性。

而属性证书则仅将持有者身份与其权力属性相绑定，并由部门级别的属性权威 AA 进行数字签名，再加上由于它不包含持有者的公钥，所以这一切都决定了它不能单独使用，必须建立在基于公钥证书的身份认证基础之上。由此可见，尽管一个人可以拥有好几个属性证书，但每一个都需与该用户的每个公钥证书相关联，与公钥证书结合使用。

8.6.3 电子政务安全法规建设

除了技术层次的保障外，人们越来越认识到电子政务法律保障的重要性，并把信息安全的法规建设看做是一项重要的基础设施。信息安全的法规保障体系包括以下几方面：

- 国家宪法应对各类法律主体的有关信息活动涉及国家安全的权利和义务进行规范，形成国家关于信息安全的总则性法规。
- 针对各类计算机和网络犯罪，制定直接约束各社会成员的信息活动行为规范，并形成防范体系。
- 对信息安全技术和产品的授权审批，应制定相应法规，形成对信息产品和技术的安全审批与监控体系。
- 制定相应的法规，形成信息内容的审批、监控和保密体系。
- 从国家安全的角度，制定网络信息预警与反击体系等。

就我国的电子政务安全而言，当前重点建设对象如下：

- CA 认证体系的规范化。CA 认证是当前电子政务信息框架的基础。由于电子政务的相关信息对安全性的要求很严格，对 CA 中心的设立程序和设立资格必须有严格的法律规定，明确其法律义务和责任，制定对其监管的立法、监督的机制以及处罚的措施等。
- 电子文档的立法。电子文档在电子政务中的应用极为广泛，要消除传统法律的瓶颈，扩大书面形式、签名和证件等概念的范畴，确保电子文档与传统书面的等效性，保证能查明数据来源和内容的有效性的法律效力。
- 政府信息保密与公开的立法。在电子政务的模式下制定相关规范，引入数字签名等技术手段，将政务活动分级，根据不同的安全要求绑定相应的安全要素，使得该保密的更安全，该公开的更透明。

8.6.4 电子政务安全标准建设

标准是技术性的法规，作为一种依据和尺度，没有标准就没有测评认证。在信息安全这个高技术领域，没有标准，国家有关的立法、执法就会因缺乏技术尺度而有失偏颇，最终会给国家信息安全的管理带来严重后果。

电子政务安全标准是我国信息安全保障体系的重要组成部分，是政府进行宏观管理的重要依据。信息安全标准不仅关系到国家安全，同时也是保护国家利益、促进产业发展的一种重要手段。在网络安全的产品和服务的实际操作中，它有利于安全产品的规范化，有利于保证产品安全可信性、实现产品的互联和互操作性，以支持计算机网络系统的互联、更新和可扩展性，支持系统安全的测评与评估，保障计算机网络系统的安全可靠。

2002 年，国家标准化管理委员会批准成立全国信息安全标准化技术委员会。该技术委员会的成立标志着我国信息安全标准化工作步入规范化。

第9章

中国电子政务的发展基础

一个国家的信息化水平直接决定了该国政府信息化的进程和电子政务建设的成败。我国信息化的发展起步于20世纪80年代初期，从国家大力推动电子信息技术应用开始，到1993年启动金卡、金桥、金关等重大信息化工程，正式拉开了我国信息化发展的序幕。经过近十年的建设与发展，符合我国国情的信息化发展格局已经初步形成，信息基础结构日益完善，国家整体的信息能力和信息水平逐步提高，为我国下一步电子政务的建设打下了良好的基础。但是我们也应看到，我国信息化快速发展的背后也存在着地区之间、城乡之间日益扩大的信息发展差距，这又必然制约着我国电子政务的建设与发展，电子政务之路任重而道远。

9.1 信息基础结构状况

国家信息基础结构是建构电子政务的基础。我国的国家信息基础结构主要包括通信信息网络设施、信息资源的开发与利用、信息系统及应用、信息化人力资源与人力资本、信息产业及相关政策法规等方面的内容。

9.1.1 通信信息网络设施

通信信息网络作为信息基础结构的基础，在整个信息基础结构中发挥着相当重要的作用。下面，从网络基础设施、电话业务网、数据业务网和广播电视业务网四个方面来介绍我国的通信信息网络的发展状况。

1. 通信网络基础

通信网络基础设施是通信信息网的基础，也是国家信息基础结构的物质基础。经过多年的建设，我国的通信网络有了较大的发展，基本形成了覆盖全国所有省(市)及650多个城市、2 000多个县(区)、61 500多个行政村的通信信息网络。就基础网络而言，截至2004年年底，我国的公共光缆线路总长为338.4万公里，长途数字微波线路总长为64.5万公里。

2. 固定与移动电话

截止2004年底，我国长途电话交换机容量已达980.6万路段，局用交换机容量达42 102.1万门。我国的电话用户总数已经超过6.47亿户，其中固定电话用户超过了3.12亿户(我国农村固定电话用户达到1.02亿户)，移动电话用户接近3.35亿户。无论是固定电话，还是移动电话，从通信能力和用户规模来看，我国都处于世界第一的位置。但是，从电话普及率来看,我国目前电话普及率仅为 24.9 部/百人,移动电话普及率为 25.9 部/百人。

3. 数字网络

随着以计算机技术为核心的数字技术的发展,数据业务网正逐渐成为网络基础设施的核心,特别是以 IPv6 技术为基础的互联网已经显现出下一代网络基础设施的特征。由于我国政府对发展电信基础环境和信息资源方面的高度重视,近年来,我国的互联网得到了飞速发展。但目前的网络基础设施还不能满足广大用户的需求,今后仍需加大发展力度。

根据中国互联网信息中心 2005 年初公布的调查结果,截止到 2004 年年底,我国的上网计算机数已达4 160万台,其中专线上网的计算机数为 700 万台,占 16.8%;拨号上网计算机数为2 140万台,占 51.4%;使用其他方式上网的计算机数为1 320万台,占 31.7%。可以看出,拨号上网计算机仍为上网计算机的主流。

截止到 2004 年年底,我国的上网用户数为9 400万户,其中专线上网用户数为3 050万户,拨号上网用户数为5 240万户,ISDN 用户数为 640 万户,宽带上网用户数为4 280万户。同时,我国国际出口带宽的增长也非常迅速,截止到 2004 年年底,我国国际出口带宽的总容量为74 429M,联接的国家有美国、加拿大、俄罗斯、澳大利亚、法国、英国、德国、日本、韩国等。IPv4 地址总数为59 945 728个,IPv6 地址总数为 14/32+/48 个。

4. 广播电视网

广播电视网是我国信息基础设施的重要组成部分。到 2004 年年底,我国有线电视用户总数超过 1 亿,并在以每年 500 多万户的速度增长。在网络基础设施方面,截止到 2004 年 9 月,全国有线电视网络总长超过 400 万公里,其中国家光缆干线网 3.2 万公里,省级光缆干线电视网 11 万公里,市级以下光缆传输网 30 多万公里,以及2 000多个县级网、1 000多个企业网和3 000多个社区网。

省级干线传输网正在建设之中,一些较发达的省已经完成了从省会到省辖地(市)的光纤网络建设。如广东已经建成了3 000多公里长的省内光纤传输网。在全国2 000多个县中,有 600 多个县开始了县到乡镇的光纤传输网建设。在本地分配网上,主要采取了光纤同轴混合网技术(HFC),入户带宽在大中城市以 750M 为主。在一些发达的地区和城市,正在进入城市的有线电视网络改造。以 ATM+IP 为主的综合信息网,以宽带 IP 为主的数据业务网+模拟电视网的双平台网络等多项网络技术正在不同的城市试点。一个全新的、能够提供多项业务的有线电视网络正在建设之中。

9.1.2 信息资源开发与利用

信息资源是国家信息基础结构的重要组成部分,由于互联网的飞速发展,信息资源具有更为重要的意义。根据中国互联网信息中心公布的"中国互联网络信息资源数量调查"的数据显示,我国的互联网信息资源得到了一定的发展,但是,其规模在还相当有限,信息量还不够大,信息更新还不够快,服务的层次还不够深。

截止到 2004 年年底,全国注册域名数为 185.23 万个,网站总数为 66.89 万个。全国共有网页数接近 6.5 亿,字节总数为20 537GB。

从我国网站的结构来看,企业网站的比重最大,占整个网站总体的 60.7%,其次是个人网站,占 13.6%;商业网站居第 3 位,占 11.4%;教育科研机构网站 4.6%;其他公益性网站为4.6%;政府网站为3.6%。从各类网站的服务来看,政府网站提供的信息主要服务是职能/业务介绍、政府公告/法律法规、政府新闻、行业/地区信息、办事指南等相关信息,提供在线服务的电子政务的网站很少;商业网站提供的信息主要集中在电子商务、新闻、网上社区、电子信箱等方面;企业网站提供的信息主要是企业介绍与产品/服务介绍等,提供电子商务(B2C、B2B等)的比例很小。

我国拥有在线数据库总数为30.6万个,其中50.9%的在线数据库属于企业网站,37.5%的在线数据库属于政府网站,35.7%的在线数据库属于商业网站,35.6%属于教育科研网站。在线数据库中以产品信息数据库、图片数据库、企业名录数据库和报刊新闻数据库为最多。①

信息资源中一个重要的组成部分,是政府信息资源的上网。政府掌握着全社会近80%的信息资源,政府信息上网能够有效的增加政府透明度,促进社会主义民主建设,还可以大大提高政府办公效率,有利于勤政、廉政建设。

9.1.3 信息系统及应用

信息应用系统是指各种各样的应用信息系统和大量的应用软件系统,它是国家信息基础结构中的重要组成部分。作为国家信息基础结构同其他经济部门相互作用的界面,信息应用系统给相关的经济部门、企业和个人带来了便利和效率,对提高整个国家经济效率和人民生活质量具有重要的意义。到2004年年底,利用公用网组建的全国性计算机信息系统已达300多个。在各个信息系统中,银行服务系统是比较典型的一个系统。

目前,我国几乎所有的银行都已经开始提供基于互联网的网上银行服务。提供的主要业务包括:账户查询、转账、对账、网上交费、网上支付、银证转账、存折炒股、外汇买卖。以中国工商银行为例,2005年上半年共实现电子银行交易额为22.9万亿元,其中网上银行交易额20.9万亿元;个人和企业网上银行客户累计分别达到1 260万户和20.9万户;网上个人汇款交易额达到307亿元;B2C交易笔数为1 037万笔。

为促进我国网上银行的发展,由人民银行牵头组织,中国工商银行等12家银行参加建设的中国金融认证中心于2000年6月投入试运行,正式开始为企业和个人发放用于网上支付和网上银行业务的个人证书和企业证书。电子支付系统进一步完善。另外,我国的银行卡业务从1994年起,全国16个试点城市先后开展了银行卡交换中心建设工作,并于1997年陆续投入运行,逐步实现了这些城市或区域内的银行卡跨行通用。到目前为止,已有工商银行、农业银行、中国银行、建设银行、交通银行、上海浦东发展银行、招商银行、深圳发展银行、广东发展银行、中信实业银行等10家全国性商业银行和北京、上海、天津、广东、山东、江苏、海南、深圳、福州、杭州、沈阳、武汉、大连、厦门、青岛等15个城市中心实现了与总中心的联网,初步构建起全国统一的银行卡异地跨行交换网络框架。

电子商务在我国的发展迅速,特别是B to C电子商务作为网络应用的一个最为普及的领域,几乎所有的ICP都开设了自己的电子商务频道。根据CNNIC的调查,2000年,中国网民参与过网上购物的达36.3%。由于各大银行相继推出了面向个人的电子商务支付网

---

① 资料来源:CNNIC《中国互联网络信息资源数量调查报告》,2005年

站，配送系统也日渐成熟，B to C的电子商务已经开始进入实质性的发展阶段。从CNNIC的调查来看，B to C电子商务中最受欢迎的是书刊类商品，其次是电脑产品和音像制品等。

9.2 信息化人力资源

信息化人力资源与人力资本是信息基础结构的重要组成部分。经过几十年的发展，我国的教育事业取得了较大的成就，这主要体现在我国公民受教育程度的提高。根据第五次人口普查的资料显示，我国大陆地区共有人口12.66亿，其中，接受过大学(指大专以上，包括在校大学生)教育的4 571万人，约占总人口的3.6%；按受高中(含中专)教育的为14 109万人，约占总人口的11.2%；接受初中教育的42 989万人，约占总人口的34%；接受过小学教育的45 191万人，约占总人口的35.7%。

尽管从1981年开始，我们就强调包括中小学生在内的信息技术知识教育，但是，由于信息基础设施建设及相关设备投入不够，信息基础知识教育还处于相当落后的阶段。我国大多数居民特别是农村居民不知道如何操作计算机，不知道如何使用网络。根据1999年美国教育测试中心组织的第二次国际教育成就评价结果，对我国13岁中学生的科技测试结果很不理想，在19个被测试国家中位列第15位。这几年由于各部门信息化的飞速发展，我国人口的信息化水平大幅提升，不管是学校、企业和政府部门都开展了大规模的信息技术教育培训活动，这些培训活动极大地促进了我国信息化人力资本的增长。

另外，我国信息产业作为国家信息基础结构的重要组成部分得到了长足的发展，特别是在语音通信技术与设备制造方面取得了整体性突破。但在微电子技术与装备领域，在管理软件与电子商务软件方面，国内信息产业的发展根本不能满足信息化建设的需要。在政策法规上，各项与互联网、信息内容与信息应用相关的管理办法及条例相继出台，包括中华人民共和国电信条例、互联网信息服务管理办法、互联网电子公告服务管理规定以及维护互联网安全的决定等，基本改变了这些领域过去无法可依的局面，而且经过不断的努力，中国的信息化政策法规将进一步完善。

9.3 信息能力与信息化水平

电子政务建设的成败取决于国家的信息能力和信息化水平。近年来，发达国家竞相提高信息技术水平，不断加大信息产业投资力度，加快信息产业的发展，以尽快提高国家信息能力和信息化水平，以便在21世纪的竞争中处于领先地位。然而与世界发达国家相比，中国的信息能力和信息化水平还仅仅处在初级阶段。如何在世界信息化水平迅速提高、发达国家以信息产业为核心的新经济体系不断完善与壮大的背景下，提升我国的国家信息能力和信息化水平是亟须解决的问题，否则将会极大地制约我国电子政务建设的进程。

我国国家统计局国际统计信息中心认为信息能力和水平是指一个国家生产信息产品和开发利用信息产品的综合能力。包括通过高科技的信息技术与信息设备、处理信息的方式或手段，有效地利用庞大的信息资源，合理、高效地组织和协调综合国力的各个要素内部和各个要素之间的关系，以达到提高国家整体实力和国际竞争能力，也包括生产和开发、普及传统信息产品(例如报纸、书刊、音像出版物等方面)的能力。信息能力在国家信息化中是个较特殊的关键因素,较高的信息能力能够合理与高效地组织、协调信息化过程中的各个要素之间的关系,形成各个要素的最优结构和最佳配置,从而提高国家的信息化水平。随着社会逐步进入信息化,信息成为社会经济等各个方面发展的基础,各国将打破时空的界限,越来越多地体现在商品中所包含的信息、知识和科技水平的竞争,信息能力的大小将推动或制约各国经济发展和信息化建设的速度。评价信息能力和信息化水平的要素很多,但究其根本,主要包括国家信息资源的开发和利用、信息网络建设、信息技术应用、信息产品与服务、信息人力资源和信息化发展环境等6个方面的要素。

1. 相对世界主要发达国家而言,我国国家信息能力和信息化水平较低

按照国家统计局国际统计信息中心的初步统计,我国的信息能力在世界主要28个国家中排在第27位,信息技术和信息设备利用能力排在21位,而信息资源开发与利用能力、信息化人才与人口素质、国家对信息产业发展的支持状况都排在第28位。信息能力较低的国家是包括我国在内的亚洲发展中国家,这些国家的信息能力得分都在10分以下,相当于美国的13%,我国的信息能力很低,仅为美国的8.6%,与韩国和巴西相比,也分别只有他们的15.3%和40.2%,中国信息能力处于最低水平。在进行比较的28个国家中,我国在信息技术与信息设备利用方面排在亚洲国家前列,但在信息资源开发与利用能力、信息化人才与人口素质、国家对信息产业发展的支持状况等方面均较落后,较低的信息能力将使中国的电子政务建设处于不利的地位。

2. 相对过去状况而言,我国信息能力和信息化水平发展迅速

国家信息化测评中心据测算结果分析,2000年我国国家信息化水平总指数(NIQ)为38.46。较之1995年的14.89、1997年的19.58和1999年的30.14有较大提高。1998—2000年中国信息化水平总指数提高了48.6%,平均每年提高21.9%,大大高于国民经济7%~8%的增长速度。从各个年份看,2000年和1999年中国信息化水平总指数的增长速度分别为28%和16%,信息化水平总指数的增长呈加快发展之势,这表明信息化的发展对我国国民经济的推动作用正在加强。

3. 全国各地区信息能力和信息化水平与发展极不平衡

国家信息化测评中心2000年测算数据显示,在全国31个省(市、区)中,高于全国信息化水平总指数平均值的有18个省(市、区),低于平均值的有13个省(区)。按信息化水平总指数的情况,全国各省市区可分为以下五种类型。

信息化水平最强的地区:也称信息化水平第一类地区,包括北京和上海两个直辖市,得分在90分以上。他们是全国信息化水平最强的地区,处于全国信息化水平的前列。**信息化水平较强的地区**:也称信息化水平第二类地区,包括为天津、福建、湖南、重庆4个省(市),他们信息化水平总指数得分在60~90分之间。他们是全国信息化水平较强的地区,信息化水平仅次于北京和上海。这4个省(市)的平均得分相当于最强地区平均得分的1/2。**信息化水平中等的地区**:也称信息化水平第三类地区,包括山西、吉林、黑龙江、辽宁、江苏、浙江、湖北、广东、海南、陕西、宁夏、新疆等12个省(区、市),它们信息化水平总指数得分在全国平均得分至60分之间,他们是全国信息化水平中等地区,这12个省(区)平均得分相当于最强地区的1/3。**信息化水平较低的地区**:也称信息化水平第四类地区,包括河北、内蒙、河南、安

徽、江西、山东、广西、四川、贵州、青海等10个省(区),它们信息化水平总指数得分在30分以上至全国平均得分之间。他们是全国信息化水平较低的地区,信息化水平总指数得分只相当于最强地区的1/4。**信息化水平最低的地区**:也称信息化水平第五类地区,包括甘肃、云南和西藏等3个省(区)。他们信息化水平最低的信息化水平总指数得分约为最强地区的1/5。

4. 信息能力和信息化水平各要素发展迅速,但步伐快慢不一

从我国信息化水平6个关键要素的比较来看,有以下几个特点:①信息技术应用得到较快的发展。在各要素中信息技术应用指数最高,为65.89。这表明中国信息技术应用得到较快的发展,信息技术和网络技术正向各个领域广泛渗透,对经济结构调整和传统产业的改造开始发挥重要作用,成为促进中国信息化水平提高的主要因素。②信息产业正在成为国民经济的重要支柱产业。在各要素中信息产品和服务发展指数为53.78。这表明我国信息产业持续高速发展,正在改变我国工业国的面貌,并逐步成为国民经济的重要支柱产业。实践证明,"以信息化带动工业化"的战略是完全正确的。③信息资源开发利用取得一定的发展。在各要素中信息资源开发利用指数为45.29。这表明随着互联网的飞速发展,我国的互联网信息资源也得到了较大的发展。但是,相对于应用和需求而言,信息资源开发仍然严重不足,同时还存在大量低水平的重复建设,要在发展中进一步解决。④信息网络建设飞速增长,但存在重复建设。我国信息网络建设指数为37.12,信息网络建设增长速度在各要素中最高,指数与增长速度形成反差。近年来,信息基础设施建设取得了很大进展。信息通信业已成为中国发展最快的行业之一。移动网、固定网的规模分别居世界第一位和第二位。程控交换、移动通信、光纤通信和网络等设备的研究开发和生产制造能力有了明显的提高,部分产品中国已成为世界主要生产国。但同时,网络存在大量低水平的重复建设,且难以实现互联共享,影响了效率。需要按照互联互通、资源共享的原则,杜绝各种网络和系统的重复建设,防止一哄而上。⑤信息化发展环境需加快完善。信息化发展环境指数为21.86,在各要素中水平较低。说明需要进一步加快完善信息化发展环境。政府先行来带动信息化发展,是提高信息化发展政策指数的有效途径。政府的信息化建设要从中央政府抓起,进一步加快和完善重大信息化工程建设。要做好规划,统一标准,加强法制和安全保障体系建设。⑥信息化人才不足是制约信息化发展的关键因素。信息化人力资源指数为13.43,是各要素中水平最低的,信息化人才不足成为制约中国信息化持续发展的关键因素。因此,要加强人才培养和信息技术知识普及。信息人才的培养要从学校抓起。从信息化水平总指数的各个构成要素的增长速度看,对信息化水平总指数增长拉动最大的是信息网络建设和信息技术应用的快速增长。增长较慢的是信息化发展环境指数和信息化人力资源指数。这反映出信息技术、信息网络的发展与人才培养、制度建设之间的不相适应,表明国家信息化政策支持力度需要进一步加强。

第10章 中国电子政务的基本框架

目前，中国电子政务的框架是以“两网一站四库十二金”为重点的。“两网”是指政务内网和政务外网；“一站”是指政府门户网站；“四库”即建立人口、法人单位、空间地理和自然资源、宏观经济等四个基础数据库。

“两网一站四库十二金”覆盖了中国电子政务急需建设的各个方面，涉及信息资源开发、信息基础设施建设与整合、信息技术应用等领域，特点各异，又相互渗透和交融，初步构成中国电子政务建设的基本框架。

10.1 系列金字工程

1993 年底，我国正式启动了政府信息化的起步工程——“三金”工程，即金桥、金关和金卡工程，这标志着我国的电子政务的实施进入了一个重要阶段（即管理部门的信息化工程）。

金桥工程、金卡工程和金关工程是为加速中国国民经济信息化进程，提高宏观经济调控和决策水平，推进金融体制改革和信息资源共享，由原电子部协同银行、原邮电等有关部委推出的建设工程。

“三金”工程之间有内在联系，即“三金一网”，共用金桥网。金桥工程以金关工程为起步，金关工程作为金桥工程的一期工程，二期工程通过金卡工程来实施，采取分步实施，逐步完善，建成国家公用信息基干网“中速国道”，实现各个专业网互联互通，信息资源共享。

在“三金”工程之后，中国以“金”字打头的电子政务工程如雨后春笋般涌现。2002 年国务院 17 号文件明确提出“十二金”的概念。17 号文件指出，要加快 12 个重要业务系统建设，继续完善已取得初步成效的办公业务资源系统、金关、金税和金融监督（含金卡）四个工程，促进业务协同、资源整合；启动和加快建设宏观经济管理、金财、金盾、金审、社会保障、金农、金质和金水等 8 个业务系统工程建设。业务系统建设要统一规划，分工负责，分阶段推进。业界把这 12 个重要业务系统建设统称为“十二金”工程。

从“十二金”工程立项来分析，“十二金”工程又可以分为三类。一类是对加强监管、提高效率和推进公共服务起到核心作用的办公业务资源系统、宏观经济管理系统建设；第二类是增强政府收入能力，保证公共支出合理性的金税、金关、金财、金融监管（含金卡）、金审等 5 个业务系统建设；第三类是保障社会秩序、为国民经济和社会发展打下坚实基础的金盾、社会保障、金农、金水、金质等 5 个业务系统建设。

10.1.1 金桥工程

系列金字工程中，金桥工程属于信息化的基础设施建设，以光纤、微波、程控、卫星和无线移动等多种方式构建国家公用信息平台，它是政府信息化的网络基础。

1998 年 10 月，被列为"九五"期间国家重大续建工程项目的金桥一期工程全面开工，金桥工程进入新的发展阶段。一期工程完成后，金桥网络由初期以卫星传输为主的窄带数据网，发展成为以地面光纤宽带传输系统为主、面向用户的、可支持多业务的全国性新型电信业务网，在此网上实现了数据和话音的融合，使国内的长途通信能力得到极大的改造和完善。

经过前期工程的建设，金桥网络目前已初步形成了全国骨干网、省网和城域网三层网络结构，其中骨干网和城域网已初具规模。网络采用了 DWDM、SDH、ATM、IP 等多种先进的技术，全程全网统一管理，具有开放式网络构架，调度灵活，可以承载包括语音、数据和图像等多种综合业务，能面向社会提供多种高可靠、高质量的国际国内通信服务。

1. 骨干网建设

"九五"期间，金桥工程建设的地面传输网络的传输层包括全国 100 多个城市的骨干节点、区域汇节点和接入节点。这些骨干网、区域汇节点和接入节点通过各种形式的数据传输相连接，由北京网络控制中心统一管理控制，并由上海网络控制中心提供部分备份。在北京、上海、武汉、广州、深圳等 5 个城市之间已建设一个全联接的 ATM 骨干网络，传输带宽达到 155 兆字节，近期将扩容至 622 兆字节。金桥网的各种业务(包括互联网接入、IP 电话、ATM 接入、帧中继接入等)都可以在这个 ATM 骨干网上提供。

2. 国际出口建设与互联互通

目前，金桥网络在北京、上海、广州和深圳分别设立了国际出口，同美国 AT&T、MCI、SPRINT 和香港电信等互联，国际出口总带宽达到 159M。在国内，金桥网通过北京互联网交换中心，以 155M 的带宽实现了与国内 9 大网络的互联互通。

3. 综合接入网建设

经过综合接入网的建设，现在金桥网络可以为用户提供多种接入方式，如拨号、专线等，其中专线方式包括市内 DDN、光纤、微波和卫星接入等，同时还将进行宽带无线接入系统(LMDS)的试点工作，以期早日为用户提供这种便捷的、高质量的宽带接入手段。北京、上海等 10 城市的城域网规划业已完成，其中北京、哈尔滨等市城域网已在建设中。

4. IP 电话业务网建设

1999 年 5 月，吉通公司率先在国内开通了 12 城市的 IP 电话业务，这标志着吉通公司已经涉足电信领域。到目前为止，开通城市已超过 100 个，吉通公司也由此转变为国际国内长途电信运营商之一。

5. 数据网络的建设

在建设金桥基础网络的同时，业务网络也得到了同步的发展，已经建成了覆盖 100 个城市的互联网业务网和 16 城市的帧中继业务网，可以为跨国企业的关键商业数据传输提供更安全、更有保障的网络服务。

经过"九五"期间的建设，吉通公司现已开展的主要业务有互联网拨号及专线业务、

IPPhone拨号及专线业务、卫星通信、VPN、VPDN、ATM 及 Frame Relay、IDC 及电子商务等，同时一批新业务也正在调研和试点中(如 LMDS)。金桥网拨号用户数已近 80 万，专线用户已逾1 000，其中包括政府部门、媒体系统及一大批国内知名的企业用户，如上海大众集团、中国石化总公司、中央电视台、IBM 中国公司等。

随着国民经济信息化进程的深入发展，整个社会对现代化通信需求进一步增强。新一代宽带通信网络将成为新一代电信的明显特征。金桥网络下一步的目标将是在全国建成高速宽带综合业务通信网，覆盖全国 200 个经济发达城市，以数据通信作为基础承载的通信网络。该网络以客户为中心，以应用为先导，采用先进的 IP/ATM/FR/DWDM 等技术，提供数据、语音、图像及多媒体与信息服务；是统一先进、性能优良、安全可靠、服务完善的网络，可全方位、多层次地满足基本通信业务和各种宽带多媒体业务需求。形成金桥工程 21 世纪发展的主要支柱，成为国家信息化建设的重要组成部分。

10.1.2 金关工程

1993 年，国务院提出实施金关工程，由当时的电子工业部全面负责。按照当时提出的要求，工程的主要目的是通过实现外经贸和相关领域的计算机联网，提高政府工作效率、降低成本、减少官僚主义作风、防止舞弊造假。金关工程分为网络技术和业务规划两大部分，外经贸部仅参与业务协调组的部分工作。由于工程大量涉及相关部委的业务，组织协调很困难。1995 年金关工程转由国家经贸委负责，局面仍未见改观。

1996 年 5 月，国务院信息化工作领导小组第一次全体会议决定，金关工程由外经贸部统一组织和负责，经贸委等有关部门协同配合。并于 1997 年 2 月正式下发文件，重新调整了金关工程领导小组和办公室领导成员，以加强金关工程统筹规划、集中领导，加快组织的实施和应用。至此，金关工程主干网建设和业务协调工作全部由外经贸部负责。

金关工程领导机构由领导小组和办公室组成，领导小组组长和副组长分别由外经贸部副部长、原邮电部副部长、海关总署副署长和外经贸部副部长担任，成员由国家计委、国家经贸委、电子部、国家税务总局、国家外汇管理局、中国银行、国家机电办的部级领导担任。

领导小组办公室(简称金关办)设在外经贸部，外经贸部一位副部长担任办公室主任，相关部委的司局级领导任办公室成员。办公室下设综合组、业务协调组和专家组(主要依靠国务院信息办专家组)。综合组主要承担重要会议的组织和部委间联系工作；业务协调组由配额许可证、进出口统计、出口退税、出口收汇和进口付汇核销 4 个业务工作小组组成，分别由外经贸部、海关总署、税务总局、外汇管理局的司局领导任组长，相关部委同志参加，主要任务是理顺和规范业务流程。

5 年来，在国务院领导同志的关心支持和有关部委的共同努力下，金关工程的协调工作大为改观，工程进展加快。1998 年 2 月，金关工程领导小组召开第 4 次全体会议，审议通过了金关工程定义，作为指导金关工程的总目标。即金关工程是国家利用计算机网络技术实现对外经济贸易和相关领域的标准化、规范化、科学化、网络化管理的国家信息化重点系统工程。其近期目标是建设好配额许可证管理、进出口统计、出口退税、出口收汇和进口付汇核销 4 个应用系统工程，实现外经贸相关领域的网络互联和信息共享。中长期目标是逐步推行各类对外经贸业务单证的计算机网络传输，提高对外经济贸易的现代化管理水平，实现国际电子商务，增强国家宏观调控能力。同年3月，国务院信息办召开专家组评审会，经过论证通过了4个应用系统的业务流程和实施方案。

1996年初，外经贸部按照国务院信息化工作领导小组要求，正式向国家计委申请工程立项。近年来，在中编办、国家计委、财政部、信息产业部的支持下，外经贸部先后通过了网络规划论证、立项和运营许可等，完成了主干网通讯平台、数据交换平台、信息平台和网络备份工程建设，并在全国97个省市设立了网络节点，实现了与各地外经贸管理机关、部分企业和我国驻外经商机构的联网，实现了与相关部委的联网。1999年年底，国家信息化领导小组正式批准外经贸部作为国家第8个独立的互联网接入单位，构架中国经济贸易互联网，为21世纪我国对外经济贸易的现代化奠定了重要基础。到2000年年底，金关工程骨干网已经建成，4个应用系统加快推广应用，外经贸部、海关总署、国家外汇管理局、国家税务总局等相关部委开始实现信息共享和网络化管理，金关工程的近期目标已经初步实现。下面介绍金关工程的4个应用系统。

1. 配额许可证管理系统

目前，外经贸部在与美国、欧盟、加拿大、土耳其等国家海关实现纺织品配额联网核查的基础上，完成了与全国62个许可证签证机关的计算机联网管理和电子数据网上核查。截至2000年年底，累计通过该系统申领和发放进出口许可证超过106.8万份，涉及金额超过535亿美元。2000年，外经贸部与海关总署联合发文，从2000年10月1日起，在全国许可证发证机关和海关口岸全面试行进出口许可证联网核销。

1998年10月，外经贸部通过金关工程主干网首次实现了纺织品被动配额电子招标。截至2000年年底，外经贸部共进行电子招标115次，其中涉及纺织品配额21大类，主动配额17大类，仅2000年就涉及企业9 549家，大幅度降低了招标成本。目前，外经贸部所有招标项目已全部实现了电子招标。

同时，外经贸部还先后开发和投入使用了全国进出口商品配额执行情况反馈系统、进出口许可证发证查询系统、对韩国大蒜联网审批管理系统等一批电子贸易管理系统，有效提高了科学化、规范化、网络管理服务水平。

2. 进出口统计系统

原始数据由海关产生，外经贸部利用海关联网传输的清关数据开发生成了80多种业务统计报表，为部机关和有关单位提供服务。海关总署还依托此系统积极推动口岸电子执法系统的开发与应用，实现电子报关与监管核销，加快通关的网络化和自动化步伐。

3. 出口退税系统

目前，税务总局利用金税工程加快实现与全国税务系统的专线联网，并通过拨号方式实现了与外经贸部的联网(正在实施专线联网)，通过互联网实现了与海关总署、外汇管理局的计算机联网。税务总局已开发完成出口退税网络版，正调试运行，并希望与外经贸部开展联网退税试点。同时，提出与外经贸部联网举办电子退税培训班。

4. 出口收汇与进口付汇核销系统

目前，外汇管理局正通过银行专用网络加快实现与全国主要外汇管理机关的联网，已实现与外经贸部的拨号联网(正实施与外经贸部的专线联网)，并将与外经贸部实现对外承包工程投议标联网审批、技术引进和设备进口联网审批等。通过互联网实现了与海关口岸电子执法系统的联通，传输外汇核销单，初步实现了报关单电子底账的计算机核查等。

在金关工程的标准体系的建立方面，外经贸部按国家标准制定了《中华人民共和国进出口企业代码管理办法》和配套措施，建立了全国进出口企业代码数据库。已有34 650家外贸企业、204 523家外商投资企业申领了代码，并在配额许可证管理、电子招标、加工贸易等一批重要外经贸联网管理业务中使用。此外，外经贸部还组织完成了一批电子报文格式标准和外贸单证格式标准。海关总署牵头编制的进出口商品代码也已完成，并开始推广应用。

此外，金关工程也很注重安全体系的建立。由外经贸部承担的国家"九五"科技攻关项目——商业电子信息安全认证系统已经完成。1999 年 2 月，顺利通过了国家科技部和公安部、安全部、国家密码管理委员会的技术鉴定。这是我国第一个自主开发、具有自主版权的电子安全认证系统。按照国务院统一部署，外经贸部、海关、税务、外汇、银行等部委顺利解决了计算机 2000 年问题(俗称"千年虫问题")，保证了金关工程网络平台和数据交换业务的正常进行。同时，各部委网络抗病毒和防攻击能力也将得到加强。

金关工程是一项与外经贸业务关系密切的国家信息化重点工程，近年来已经取得了很大的进展，对促进我国外经贸事业的发展正发挥着越来越重要的作用。随着我国加入世界贸易组织目标的实现，我国的外经贸事业迎来了一个飞速发展的新时代，以金关工程为代表的我国外经贸信息化建设也必将加快步伐，金关工程的中长期目标也必将会顺利实现。

10.1.3 金税工程

1994 年，我国进行了核心内容为建立以增值税为主体的流转税制度的税制改革。增值税易于公平税负，便于征收管理。1994 年 3 月底，金税工程试点工作正式启动。

1995 年 5 月，根据朱镕基同志金税工程要积极稳妥地向前推进的指示精神，进一步明确了金税工程包括的内容，即增值税计算机稽核系统、增值税专用发票防伪税控系统和税控收款机系统，同时抓好这三个系统的紧密衔接。1998 年初，财政部同意拨资金 15.75 亿元(包括一期试点工程的 1.25 亿元)用于金税工程的建设，其中，13.5 亿元用于增值税稽核系统的建设，1 亿元用于防伪税控系统和税控收款机的推广。1998 年 6 月 8 日，金税工程项目建议书经国务院批准，国家计委同意立项。

2000 年 5 月，国家税务总局调整了金税工程建设方案和实施计划。确定了金税工程的建设目标，即在全国国税系统，建立从区县国税局、地市国税局、省国税局到总局的四级广域网络。在区县设立数据采集中心，在地市以上设立三级稽核中心。建立覆盖全国区县以上稽查局的四级协查网络，在区县或以下配备防伪税控发票发行和发售子系统，在区县以下税务征收机关配备防伪税控报税子系统和认证子系统，将防伪税控开票子系统推广到全部增值税的一般纳税人。金税工程的主要任务是：通过采用防伪税控系统技术，对增值税专用发票进行防伪稽查，并进一步监控税源；同时利用防伪税控系统统一进行增值税的数据采集，将采集的增值税发票使用明细等有关信息送到上级稽核中心进行计算机交叉稽核，将稽核结果交由协查系统进行协查，各级税务稽查部门根据协查系统提供的信息进行重点稽查，以堵塞和防止增值税纳税中的偷、漏、骗税行为，使增值税管理工作逐步进入科学化、规范化的轨道，达到对规模庞大的增值税专用发票的有效管理，最大限度地减少税款流失。

2000 年 8 月 31 日，国务院批准了金税工程二期的建设方案。2001 年 7 月 1 日，增值税防伪税控发票开票、防伪税控认证、增值税交叉稽核、发票协查信息管理4个子系统在全国全面开通，总体运行情况良好。对加强增值税专用发票管理，打击偷、骗税犯罪行为，增加税收收入等方面起到积极有效的作用。

第一，金税工程建成了全国增值税发票监控网，对全国百万元、十万元和部分万元版专用发票进行监管。这些增值税发票占全部增值税发票数量的46%。全国目前已有40万户增值税一般纳税人配备防伪税控开票子系统，这些企业缴纳的增值税约占全国增值税总量的60%以上。百万元版、十万元版专用发票已取消手工开具，改用该系统开具。通过网络，税务机关可以有效监控企业和税务机关内部增值税发票的使用和管理，企业已不能够利用假票骗抵税款，不能够隐瞒销售收入(指开具增值税发票部分)，基本上杜绝假票和大头小尾票等骗取抵扣问题，确保了增值税链条的完整。同时，也促使企业将销售额如实申报。全国范围内专用发票的交叉稽核和协查，提高了稽查质量，极大地打击和威慑了利用专用发票偷、逃、骗税的不法行为。

第二，认证子系统已部分发挥作用。全国区县级国税局已配备低档认证子系统，对百万元和十万元版专用发票全部进行认证。据统计，目前各地通过该系统发现的假票或不能通过认证的专用发票税款为2亿多元。虚开增值税专用发票的犯罪案件数量和涉案金额近期已呈明显下降趋势。犯罪分子已很难用一张专用发票骗取1.7万元以上的税款。可以说，系统的运用已初见成效。

第三，计算机稽核系统软件和发票协查软件在北京等9省市已投入运行，经过4个月的运行，数据采集率已经达到99.6%。

第四，国税系统的网络建设已经覆盖了全国区县(含)以上国税机关，形成了总局、省局、地市局、区县局的4级广域网，成为国税系统的网络通信支撑平台。在进行网络建设的同时，税务系统在各种硬件配备上也有了一定规模。拥有小型机1 000多台，其中国税约800台，地税约200台。PC服务器15 000多台，其中国税约10 000台，地税约5 000台。PC机25万台，其中国税16万台，地税9万台。已经实现计算机管理的基层征收单位2.2万多个，其中国税约1.2万个，地税约1万个。通过计算机管理的纳税户超过1 000万，80%以上的税款通过计算机征收。另外，在税务系统信息化建设过程中形成了3万人左右的信息技术队伍，成为整个税务系统信息化建设的中坚力量。

金税工程现存的主要问题是采集的信息局限于发票，无法真正实现税控的目的，需要将系统功能拓展到一般纳税人认定、发票发售、纳税评估等业务环节。因此，在现有金税工程二期4个子系统的基础上，建立一个业务覆盖全面、功能强大、监控有效、全国联网运行的税收信息管理系统势在必行。同时，为了提高执法力度和执法效率，必须加强税务部门与其他部门，如工商、银行、外贸、海关、质监、公安、统计等系统的信息共享，实现跨部门的网络互联，加快电子政务工程的建设进程。

10.1.4 金盾工程

2001年4月25日，国务院通过了“金盾工程”立项。这标志着全国公安工作信息化工程——“金盾”工程建设在全国进入全面推进的新阶段。当时公安部部长贾春旺就金盾工程建设工作曾做过多次批示，指出：“金盾工程很重要，如果我们不搞这样一个工程，那么，可以说今后有许多任务就不能完成。不是可搞可不搞，可快可慢，或什么时候搞成都行，而是一定要搞，要尽快搞成。”

金盾工程是全国公安信息化的基础工程，是实现警务信息化或电子化警务的基础。金盾工程主要包括公安基础通信设施和网络平台建设、公安计算机应用系统建设、公安工作信息化标准和规范体系建设、公安网络和信息安全保障系统建设、公安工作信息化运行管理体系建设和全国公共信息网络安全监控中心建设等。

1. 建设工期

总体工程计划5年内完成，分两期建设。一期工程要重点建设好一、二、三级信息通信网络以及大部分应用数据库和共享平台等工程，周期暂定为3年。二期工程主要任务是完善三级网及延伸终端建设，以及各项公安业务应用系统，逐步实现多媒体通信，全面实现公安工作信息化，周期暂定为2年。

2. 公安基础通信设施和网络平台建设

公安基础通信设施和网络平台建设将在一期工程内完成：基础通信设施包括有线通信、移动/无线通信、卫星通信；网络平台建设包括电话专网、计算机专网、电视会议系统。

3. 公安计算机应用系统建设

一期工程建设目标是初步建设成应用系统公共支持平台，并建成或完善全国公安快速查询综合信息系统和城市公安综合信息系统。

全国公安快速查询综合信息系统主要包括：在逃人员信息系统、失踪及不明身份人员（尸体）信息系统、通缉通报信息系统、被盗、抢、丢失机动车（船）信息系统等。城市公安综合信息系统建设是以城市公安信息中心为核心，以城市三级综合通信网为基础，建立与公安业务紧密结合的网络化综合信息系统和相互关联的业务信息数据库，实现信息的综合采集、管理和利用，实现对实战部门全面、快速、准确的信息支持，提高公安机关的工作效率、管理水平和科学决策能力。

公安业务系统：

- 治安管理信息系统，主要包括常住人口和流动人口管理信息系统。
- 刑事案件信息系统，主要包括违法犯罪人员信息系统、涉案物品管理系统、指纹自动识别系统。
- 出入境管理信息系统，主要包括证件签发管理信息、出入境人员管理信息系统。
- 监管人员信息系统，主要包括看守所在押人员信息系统、拘役所服刑人员信息系统、行政（治安）拘留人员信息系统、收容教育人员信息系统、强制戒毒人员信息系统。
- 交通管理信息系统，主要包括进口机动车辆信息系统、机动车辆管理信息系统、驾驶员管理信息系统、道路交通违章信息系统、道路交通事故信息系统。
- 禁毒信息系统。
- 办公管理信息系统。
- 建设全国公安电视会议系统，完善现有的移动通信指挥系统，逐步普及移动终端。

二期工程计划全面完成基础研究部门所需要的应用系统，并实现全国公安机关业务信息共享。

4. 其他建设

- 信息的技术标准与规范体系建设是实现信息共享的基本依据。
- 安全保障体系建设包括计算机网络安全设计和公安综合信息系统安全设计等。
- 运行管理体系建设包括运行机制、管理模式、技术系统、设备组成、人才培养和规章制度等，以确保发挥公安信息系统的效益。

5. 信息系统的服务方式(用户对信息系统的访问方法)

(1) 种类信息开放程度可分为四种开放级别

- 面向社会。
- 面向公安系统。
- 面向本业务系统。
- 面向特定对象。

(2) 用户访问方法主要有以下四种

- 计算机联网实时访问。
- 计算机联网非实时查询。
- 无线移动终端查询。
- 人工查询。

10.1.5 金保工程

1. 金保工程概况

金保工程是政府电子政务工程建设的重要组成部分，是全国劳动保障信息系统的总称。可以用“一二三四”来加以概括，即一个工程，二大系统，三层结构，四大功能。即在全国范围内建立一个统一、高效、简便、实用的劳动和社会保障信息系统，包括社会保险和劳动力市场两大主要系统，由市、省、中央三层数据分布和网络管理结构组成，具备业务经办、公共服务、基金监管、决策支持 4 大功能。

2. 金保工程实施背景

随着社会保险个人账户的建立、养老金的社会化发放，以及离退休人员管理服务社会化进程的推进，社会保险业务管理的信息量正以前所未有的速度急剧膨胀，社会保险基金量也相应急剧增长，传统手工方式乃至小规模的计算机管理系统已不能满足日常管理工作的需要。同时，市场导向就业机制的逐步建立，劳动者的流动日益频繁。实施建设全国统一的劳动和社会保障信息系统工程成为必然。

2002 年中共中央办公厅、国务院办公厅转发的《国家信息化领导小组关于我国电子政务建设指导意见》，明确了 12 个重点建设和完善的业务系统，社会保障是其中之一。劳动和社会保障部明确提出将金保工程作为“一号工程”，于 2002 年 10 月，金保工程全面启动。

3. 金保工程的建设目标

金保工程的总体目标是在政务统一网络平台上，构建中央—省—市三级劳动保障系统网络。在此基础上建立网络互联、信息共享、安全可靠的全国统一的劳动信息服务网络。以网络为依托，优化业务处理模式，建立规范的业务管理体系、完善的社会服务体系和科学的宏观管理体系。

金保工程建设将分步实施。“十五”期间，金保工程建设的主要目标是地级以上城市全部建立统一的、覆盖各项业务的集中式资源数据库，实现城区内广域网实时联接，在街道一级普遍建立劳动保障信息发布站或查询终端。实现劳动保障主要业务全过程计算机管理，大部分业务应用系统能够使用统一软件。初步建立硬件设备配置标准、网络接口标准和数据传输方式统一的全国劳动保障信息系统。

其中，社会保险系统建设面临的主要任务：①在各中心城市建立覆盖全部参保人员和参保单位的集中式资源数据库，网络终端延伸到各个经办窗口和相关服务机构，实现养老、医疗等各项社会保险业务的全程信息化，并以所有中心城市的数据库作为全国联网的基础平台。②在各省、自治区建立覆盖全省区的养老保险资源数据库、各类社会保险监测数据库，对跨地区领取社会保险待遇的人员要建立社会保障省内异地交换数据库，实现省内联网。③在劳动和社会保障部建立全国社会保险数据中心，包括全国的社会保险监测数据库、社会保险跨省异地交换数据库，实现全国联网。

劳动力市场信息系统建设面临的主要任务：①在各中心城市要力争将公共职业介绍机构和失业保险经办机构前台服务全部纳入信息系统管理，建立集中式就业服务和失业保险资源数据库，与辖区内主要区、县、街道联网，做到信息共享和就近服务，积极建立就业服务专门网部，开展网上招聘求职服务，并公布供求分析报告。②加强省级劳动力市场信息网监测中心建设，加强对各城市系统建设的指导。③ 加强全国劳动力市场信息网监测中心建设，发布全国劳动力市场信息。

同时，要有效整合社会保险和劳动力市场信息网络，原则上统一建设各级劳动保障部门社会保险数据中心和劳动力市场监测中心，形成统一的劳动保障数据平台。

4. 金保工程进展状况

(1) 积极推进立项工作

劳动和社会保障部积极推进金保工程的立项工作，完成了《电子政务社会保障工程社会保险信息系统分工程(金保工程)一期建设项目建议书》的起草工作，并经国务院信息化工作办公室审核后上报国家发改委审批。

(2) 着手进行养老保险信息系统全国联网的准备

劳动和社会保障部下发了《关于进一步加快劳动保障信息系统建设的通知》(劳社部发[2002]22号)，对金保工程建设的目标、任务、进度安排以及保障措施提出了明确要求，并着手进行养老保险信息系统全国联网的实施准备工作。各地劳动保障部门积极配合取得了较好进展。

(3) 重点业务系统建设进程

作为金保工程社会保险信息系统的主体软件，社会保险管理信息系统核心平台软件在全国社会保险信息系统一体化建设中起到了积极的促进作用。自2000年推出首版以来，已在全国100多个城市社会保险经办机构得到推广应用，用户满意度和基本满意率达到92%。根据社会保险业务发展和管理的需要，核心平台二版开发工作于2002年启动，采用了更先进的技术路线。核心平台在各地的推广实施，为社会保险信息系统规范化管理、执行统一标准起到了积极的推动作用，也为金保工程建设打下了良好的基础。

劳动力市场信息系统的建设也得到了稳步发展。修订完成了劳动力市场地区代码标准和职业分类标准，在推进劳动力市场综合月报数据库上报制度的同时，在“中国劳动力市场”

网站上发布了城市职业供求对比分析。对劳动力市场网站进行了全面改版，建立了以数据库为基础的信息发布平台，扩大了信息源和信息量，完善了网站的设备和通信环境。2002年9月14日，劳动和社会保障部已正式开通“中国劳动力市场”信息网站。

10.1.6 金卡工程

金卡工程广义上是金融电子化工程，狭义上是电子货币工程。它是我国的一项跨系统、跨地区、跨世纪的社会系统工程。它以计算机、通信等现代科技为基础，以银行卡等为介质，通过计算机网络系统，以电子信息转账形式实现货币流通。它的实现必将加速我国金融现代化步伐，从而提高社会运作效率，方便人民工作生活。

我国IC卡的开发生产和应用如雨后春笋般迅猛发展起来。目前已广泛应用于金融、电信、交通、商贸、旅游、社会保险、计划生育、企业管理、税收征管、组织机构代码、医疗保险、银行账户管理以及公共事业收费管理(如电表卡、煤气卡、加油卡等)。

金卡工程的实施，推动了我国一些商业银行的电子化进程，为电子商务的开展打下了基础。从某种意义上来说，金卡工程本身就是电子商务在我国的应用试点，并取得了显著的成效。截止到1997年年底，首批12个试点省市全部实现了自动柜员机ATM与销售点终端机POS的同城跨行(工、农、中、建、交等各商业银行)联网运行和信用卡业务的联营，这中间包括了电子数据交换EDI、电子转账EFT的实际应用，金卡工程的建设为实现网上支付与资金清算提供了很好条件。

金卡工程作为信息化建设的首批启动工程，9年来，取得了重要进展和显著成绩，有力地推动了我国国民经济和社会信息化进程。2002年是我国银行卡事业取得突破性发展的一年。2002年1月，统一标识的“银联卡”开始在北京、上海等城市发行，并逐步扩展到全国40个城市。2002年3月国内银行卡联合发展组织——中国银联股份有限公司在上海挂牌成立。中国银联将负责建立和运营全国统一的银行卡跨行信息交换网络，制定统一的业务规范和技术标准，改善用卡环境，保障银行卡跨行通用以及业务的联合发展。为各商业银行提供共享的网络基础设施和信息交换平台，并开展技术和业务创新，提供先进的电子支付手段和相关的专业化服务。成立中国银联，推行统一“银联”标识卡，解决了多年来困扰我国银行卡联合发展的运营机制问题，已经初步建立并将不断完善银行卡“市场资源共享、业务联合发展、公平有序竞争、服务质量提高”的良性发展环境。目前300个城市银行卡同行异地联网工作已经基本完成，98个城市已初步实现银行卡同城跨行通用。

10.1.7 金宏工程

1. 项目背景

宏观经济管理信息系统(即金宏工程)是我国电子政务一期重点工程中的12大业务系统之一，由国家发展和改革委员会牵头，财政部、商务部、中国人民银行、国有资产监督管理委员会、海关总署、国家统计局和国家外汇管理局共同承担。上述部门领导组成项目协调领导小组，下设办公室，日常工作由项目协调领导小组办公室负责。

宏观经济管理信息系统的建设有利于宏观管理部门实现信息资源共享，提高工作效率和质量，增强管理与决策的协调性。有利于党中央、国务院获取及时、准确、全面的宏观经济信息。有利于推进公共服务,增加政府工作的透明度。

2. 建设目标与原则

宏观经济管理信息系统建设的总体目标是依托国家电子政务网络平台,实现宏观经济管理部门的互联互通和信息共享,提高业务管理信息化和科学决策水平,促进宏观经济管理部门间的业务协同与互动。为党中央、国务院及时、准确、全面地掌握宏观经济运行态势提供信息服务,增强政府调控宏观经济、驾驭市场变化、应对突发事件、总览经济全局的能力。

为实现上述目标,宏观经济管理信息系统的建设将遵循以下原则:①需求导向驱动、分期实施建设;②保护既往投资、整合现有资源;③逻辑集中管理、适度分布部署;④部门联合共建、实现优势互补;⑤统一标准规范、保障信息安全 。

3. 主要建设内容

通过系统建设,力争实现业务处理规范、业务协同环境良好、信息收集及时准确、决策支持服务到位。

(1) 系统平台

以国家统一建设的电子政务网络平台为依托,以共建部门现有资源为基础,形成宏观经济管理部门互联互通、信息共享和业务协同的基本环境。

(2) 信息共享平台和应用集成环境

一是建立信息资源交换体系,制定信息交换规则,形成信息共享机制。二是建立信息资源共享平台,形成宏观经济领域的信息共享环境。三是建设应用支撑与集成环境。

(3) 共享信息数据库

共建部门在本部门业务数据库的基础上,依据统一的信息资源目录体系和信息资源开发标准,统一规划、建设和管理共享信息数据库。

(4) 宏观经济管理业务应用系统

根据宏观经济管理的需要,一是充实和完善共建部门现有相关业务应用系统;二是建设一批宏观经济管理急需的重点业务应用系统,三是构建宏观经济管理辅助决策支持系统。

(5) 跨部门业务协同机制和网络化流程

依据政府职能转变与政务信息化的需要,逐步构建符合宏观经济管理需要的电子政务协同基础架构。

(6) 统一的系统保障环境

一是建立统一的信息标准、软件开发标准、应用标准等;二是依据信息内容,划分不同的安全域,实施等级保护,构建信息安全保障体系;三是重视体制创新,规范管理制度,加强队伍建设,提高保障水平。

10.1.8 金财工程

金财工程即政府财政管理信息系统,简称 GFMIS。是利用先进的信息技术,支撑以预算编制、国库集中收付和宏观经济预测为核心应用的政府财政管理综合信息系统。政府财政管理信息系统覆盖各级政府财政管理部门和财政资金使用部门,全面支撑部门预算管理、国库单一账户集中收付、政府采购、宏观经济预测和办公自动化等方面的应用需求。

金财工程不仅是公共财政改革的基础,本身还是公共财政改革的重要内容。金财工程的实施，从根本上改变财政系统多年来粗放式的管理模式，促进财政分配行为的科学化和规范化，提高财政工作效率和财政资金的使用效益，更好地为人民理财。

金财建设目标由两大部分组成：一是财政业务应用系统，二是覆盖全国各级财政管理部门和财政资金使用部门的信息网络系统。

金财工程在实施过程中，将严格遵循以下四个原则：①坚持为财政业务服务；②坚持统一领导、统一规划、统一技术标准、统一系统平台和统一组织实施；③坚持先进性与实用性相结合；④坚持建设与应用并举。

金财工程以覆盖各级政府财政管理部门和财政资金使用部门的大型信息网络为支撑，以细化的部门预算为基础，以所有财政收支全部进入国库单一账户为基本模式，以预算指标、用款计划、采购订单以及财政政策实施效果评价和宏观经济运行态势跟踪分析为预算执行主要控制机制，以出纳环节高度集中并实现国库现金有效调度为特征，体现了公共财政改革的要求。其涵盖预算编制审核系统、国库集中收付系统、工资统一发放系统、政府采购管理系统、基本建设项目管理系统等方面。

GFMIS 系统不是传统意义上只能做"事后"记账处理的一般财务系统，它是带有"事前"控制机制的政府财政"资源型"的管理系统，也是自动化程度较高，依"法"理财的系统。它的综合性、复杂性、可控性和覆盖范围都将超过金关工程和金税工程。

GFMIS 系统的建立将覆盖 GDP 20%的资金流动，对国家经济的运转也将产生重大影响。

金财工程由财政部牵头，有关部门配合，预计在 2008 年全面完成。

10.1.9 金农工程

1. 金农工程建设背景

在国家信息化进程中，如果忽视农村信息化，势必加大工农差别和城乡差别。因此，农业和农村信息化必须与国民经济和社会信息化同步。为了在总体上加速推进农业和农村信息化，国务院要求国家农业主管部门和各级政府把农业信息化纳入农业发展规划，逐步建立农业综合管理和服务系统，向各级农业管理部门、生产单位及农民提供有关信息。

2. 金农工程建设情况

金农工程由农业部牵头，国家计委、国家粮食局、中农办等部门配合。一期建设从 2003 年开始，2005 年结束。具体建设任务是开发四个系统、整合三类资源、建设两支队伍、完善一个服务网络。

开发四个系统初步建成农产品市场预警系统，选择部分关系国计民生的重要和敏感农产品，通过建设数据采集、分析、会商、发布等 4 个工作平台，完成数据集成、警情确认和信息发布工作。这 4 个工作平台指数据平台、分析平台、会商平台、发布平台。依托部属"五个一"信息发布窗口和社会媒体，建立固定发布窗口和稳定传播渠道，传播、发布农产品市场预警信息，为农产品生产经营者提供服务。

(1) 完善农村市场服务系统

在中国农业信息网开发供求信息公共服务平台，通过各地农业部门网站联网运行，集成全国供求信息，实现用户发布、查询信息"一站通"。

农产品批发市场价格信息服务系统是一个通过网络进行市场价格采集发布的系统。目标是要改进农产品批发市场价格行情采集分析平台，扩大联网范围，实现400家全国性和区域性农产品批发市场联网。

(2) 启动农业科技信息联合服务系统

部、省两级数据中心根据统一的目录体系，分别整合农业科技信息资源，建立存储文字、多媒体等多种形式的数据库群。

(3) 推进农业管理服务系统

在网上公布农业部门主要业务工作规范，建立开放的政务管理数据库，开发网络办公系统，逐步实现行政审批和市场监督管理事项的网络化处理。重点使农药、兽药、种子等农业投入品的生产、经营许可和登记管理、无公害食品等农产品的审定、验证登记，以及质检机构等有关市场主体的认证、管理等事项达到网络化。

(4) 开发与整合三类信息资源

整合内部信息资源，建立稳定的涉农信息收集、沟通渠道，建立起与海关总署、粮食局、供销总社、国家计委、外经贸部等涉农部门的信息支持协作机制，开发国际农产品生产贸易信息资源。

(5) 建立两支信息服务队伍

一支是高素质的农业信息管理服务队伍。计划用3年时间，完成3万人的培训任务。另一支是农村信息员队伍，依靠村组干部、农村经纪人、产业化龙头企业、中介组织和经营大户等，通过培训考核和资格认证，建立农村信息员队伍。计划用3年时间，在全国建立起至少15万人的农村信息员队伍。

3. 金农工程的成效

经过前10年的探索，农业信息体系建设已经取得了明显的阶段性成效，主要表现在：一是组织体系逐步完善。截至2004年年底全国所有的省份、97%的地(市)、80%的县级农业部门都设有信息管理和服务机构，67%的农业乡镇设有信息服务站，发展可向农民直接传递信息的农村信息员17万人。二是网络平台初具规模。农业部建立的中国农业信息网具有较强支持服务功能，是著名的中国农业信息"批发市场"，构建了办公网络平台，开通了指挥调度卫星通信系统，初步建成了以中国农业信息网为核心，集20多个专业网为一体的国家农业门户网站，访问量在全球农业网站中排名第二(仅次于美国)。2004年年底，各省级农业部门、80%左右的地级和40%的县级农业部门建立了局域网和农业信息服务网站。全国乡镇信息服务站中，有计算机并可以上网的约占80%。农业信息服务网络正快速向中介组织、龙头企业、批发市场、乡村以及经纪人、种养大户延伸。三是信息采集与资源开发渠道日趋完善。通过抽样调查、典型调查等方式，建立了基本覆盖农业、市场、资源等重要内容的信息采集系统36条，省级农业部门大都建立了定期农业农村经济形势会商制度，信息资源整合开发工作取得了较好的进展。特别是农业部在2002年6月，为适应农业发展新阶段和加入世贸组织的需要，在全国率先启动了农产品市场监测预警系统，对小麦、玉米、稻谷、大豆、棉花、糖料、油料等主要农产品的生产、进出口、价格、供求形势及世界农产品市场态势跟踪监测分析，每月发布监测预警报告，在调控农产品市场中发挥着积极的作用。四是信息发布覆盖面逐步扩大。农业部建立了以"信息发布日历"为主要形式的信息发布工作制度，形成了部属中国农业信息网、农民日报、中央电视台农业节目、农村杂志社和中央农业广播学校等媒体为主,各相关媒体参与的信息发布窗口。各地农业部门也都与有关媒体联合,开辟信息发布渠道,努力扩大信息服务范围。五是电子政务凸显成效。在信息工作的推进过程中,伴随着计算机网络的普遍推广应用,农业部门的调控引导、监管服务等政务工作发生了前所未有的变化。农业部行政审批综合办公信息系统为申报单位提供了"一站式"服务。一些地方农业部门通过网络系统,实现了监管事项的办事程序、过程和结果的三公开。电子政务工作的开展,使农业部门行政效率得到了明显提高。

10.1.10 金水工程

水利是国民经济的基础设施。21 世纪的中国,随着经济和社会的发展,洪涝灾害、干旱缺水、水污染严重等水资源三大问题日益突出,已经严重制约国民经济发展和社会进步。

为了解决好新世纪的水的问题,《全国水利发展"十五"计划和到 2010 年规划》中要实现从工程水利向资源水利的转变,从传统水利向现代化水利、可持续发展水利的转变。在这个历史性转变过程中,水利信息化作为水利现代化的重要内容,是实现水资源科学管理、高效利用和有效保护的基础和前提。

金水工程水利信息化,指的是充分利用现代信息技术,深入开发和广泛利用水利信息资源,包括水利信息的采集、传输、存储和处理,全面提升水利事业活动的效率和效能。

1. 水利公用信息平台建设

水利公用信息平台为各个应用系统的开发和运行提供统一的软、硬件环境,以避免重复建设,实现互联互通、资源共享。包括:水利信息标准化建设、基础数据库建设及水利信息网络建设。

(1) 水利信息标准化建设

在广泛采用国际和国家标准的同时,重点是建立起水利系统适用的信息化标准体系,制定和完善水利信息采集标准与规范。在水利信息源中,大多数种类的信息缺乏统一的标准、规范。要开展不同层次的信息需求调研,分类整合现有水利信息指标体系,合理规范信息采集渠道,对于一些不适合信息化要求的已有标准、规范,必须进行修订和完善。在此基础上,研究建立适应信息化的水利信息采集标准和规范。

加快研制水利信息化关键技术标准与规范。对信息的存储、传输、共享及应用软件的开发与网络建设相关的关键信息技术进行研究,结合水利信息化建设的实际需要,建立水利信息化关键技术标准与规范。该技术标准与规范适用于各级水利部门的信息化建设,保证信息资源的共享及应用软件的相互兼容,实现各级各类水利信息处理平台的互联互通。

(2) 基础数据库建设

基础数据库是可供多个应用系统共享的数据库,主要包括国家水文数据库、水利空间数据库和基础工情库等。

- 国家水文数据库建设。国家水文数据库存储经过整编的历年水文观测数据,是各种水利专业应用系统的基础。在现有基础上要重点解决测站编码、库结构、水位基准、水量单位的统一,与整编程序的接口等问题,尽快建成中央节点库,完善流域和省级节点,依托水利信息网络,实现上网运行,提供信息服务。

- 水利空间数据库建设。水利空间数据库是描述所有水利要素空间分布特征的数据库。在国家空间数据库基础上建立1∶25万、1∶5万比例尺覆盖全国的水利空间数据库，在防洪重点地区建立1∶1万或1∶5 000比例尺的水利空间数据库。逐步实现“数字流域”或“数字水利”。
- 基础工情库建设。基础工情库是描述所有水利工程基础属性的数据库，包括设计指标、工程现状及历史运用信息。建成省、流域和中央三级基础工情库，形成涵盖全国水利工程、分布存储的数据库群。

(3) 水利信息网络建设

水利信息网络是为防汛抗旱、政务、水资源管理、水质监测、水土保持等各种水利应用提供的统一传输平台，是最重要的水利信息化基础设施之一，其建设按三级网络构架进行。

- 建设全国水利信息骨干网。依托公用电信网，充分利用现有设施，建成覆盖水利部机关、7个流域机构、31个省(自治区、直辖市)水利(水电、水务)厅(局)、部直属单位的宽带多媒体网络，并通过链路加密等技术，将骨干网分割为涉密骨干网和普通骨干网。争取前两年骨干网初步建成，实现互联互通，并实现与国际网互联，后3年，骨干网达到兆位(Mbps)级，国际出入口达到10Mbps。
- 建设地区水利信息网络。依托公用电信网，充分利用现有设施，建成联结各流域机构和省(自治区、直辖市)水利(水电、水务)厅(局)所在地与所属单位的广域网络。
- 建设完善各单位部门网。按照各级网络中心的要求，采用现代组网技术因地制宜地完善全国地区以上各级水利部门的部门网，流域机构和省级以上的部门网必须分建涉密网和普通网，普通网与涉密网实现物理隔离。

建设各级接入网，扩大网络的应用范围。中国水利信息网络从国家防汛指挥系统项目的实施中开始建设，并不断扩充完善，为各个应用系统提供网络服务。其他应用系统不再重复进行网络建设。

- 完善和建设各级水利信息网络中心。在水利部机关建设中国水利信息网络中心，提供对整个网络的运行管理和技术支持，负责网络安全和互联网出入口管理，负责中国水利信息网节点IP地址的规划、分配和域名的管理工作。

在各流域和地区建设流域、地区水利信息网络中心，负责本流域、本地区的网络运行管理和技术支持。网络中心的建设要打破部门分割，为本流域、本地区的各种应用系统提供网络管理和服务，要充分重视网络中心的配置，理顺关系、充实专职人员，使其成为本流域、本地区水利信息网络的枢纽。

2. 重点应用系统的建设

(1) 建成国家防汛指挥系统

完成3 002个中央报汛站测验和报汛设施的更新改造，完成927个工情采集点、5个移动工情采集站、1 265个旱情采集点和1 800个旱情监测站的建设；完成224个水情分中心、228个工情分中心和267个旱情分中心的建设。在我国建成一个覆盖7大江河重点防洪地区，辐射全国重点易旱地区，信息源布局基本合理的高效、可靠、先进、实用的防汛抗旱信息采集系统，争取在半小时内把各类防汛水情信息传递到各级防汛部门。

建立和完善气象产品应用系统、洪水预报系统、防洪调度系统、灾情评估系统、信息服务系统、汛情监视系统、防汛会商系统、防汛抗旱管理系统、抗旱信息处理系统，建成统一的防汛抗旱决策支持系统，使从中央到地方各级防汛和抗旱部门的工作效率、质量、效益和水平有明显提高。

（2）完善并建成全国水利政务信息系统

依托中国水利信息网络，建设联接水利部机关与各流域机构、各省（区、市）水利厅（局）以及部直属各单位，具有统一技术标准和统一服务界面的水利政务信息系统。水利政务信息系统由办公、计划、财务、人事、科技、外事等子系统组成。各子系统按其政府职能，通过水利信息骨干网，与上、下级对口部门实现互联互通。同时，通过水利部机关部门网向部领导提供决策支持信息。其主要工作是根据水利政务的特点和上级部门的要求制定信息传输交换的标准，建立政务数据库，开发相应的管理软件，从而提高水利政务服务的能力和水平，逐步实现水利政务信息交换的电子化，最终形成全国水利行政事务处理、部门业务管理和具有科学决策服务功能的综合性的政务信息系统。

（3）建设国家水资源管理决策支持系统

依托水利公用信息平台，建立包括 7 大流域和 31 个省（区、市）分布式的水资源数据库系统及相应的地理信息系统，主要包括有关的地理、社会、经济信息；地表水资源、地下水资源；已建和在建的供水工程；用水户和用水定额；供水、用水、耗水、污废水排放量及水价等信息。并在此基础上开发水资源需求分配的预测、分析、模拟仿真、优化等应用模型，逐步形成国家水资源管理决策支持系统，直接为国家编制水资源中长期供求计划、水资源合理配置方案、流域或区域水资源综合开发利用规划以及水资源宏观管理决策服务。同时向社会提供公共信息服务。

（4）基本建成国家水质监测和评价信息系统

在全国 173 条主要水系及其省际断面上，建设5 218个水质监测站，30 个供水水源地水质自动监测站。在全国 7 大流域和 31 个省（区、市）重点建设 250 个水质分析实验室和水利部水环境监测评价中心实验室。

制定满足全国水质监测和评价需要的水质信息采集、传输和管理的标准，建立全国水质监测和评价信息系统，以能定时、快速收集水质信息，灵活地提供水质历史资料和水质趋势预测；及时进行水质监测和预警预报，确定主要污染源，提供应对措施预案并进行评估，发布水质信息和评价结果。

（5）建成全国水土保持监测与管理信息系统

以中国水利信息网络为依托，以“3S”(GIS、GPS、RS)技术为手段，建设水土保持监测与管理信息系统，对流域及不同层面的行政区域的水土流失现状进行实时动态监测，对不同分级的水土保持信息进行管理，对水土流失和水土保持进行评价。建立相应的数学模型，为水土保持区域治理和小流域治理的工程设计、经济评价和效益分析服务，提高水土保持监测、设计、管理和决策的水平。

（6）基本建成全国水利工程管理信息系统

建设全国水利工程数据库，并在此基础上建设全国水利工程建设与管理信息系统。其中包括各类水利工程设施的历史资料、现状信息的收集、整理、入库、检索与查询。存储和管理在建水利工程的设计方案、管理现场、技术规范以及进度控制、质量管理、招标活动、技术专家库,建设与管理的政策法规,建设、施工、监理、咨询等水利工程建设市场主体的资质资格等动态信息,提供信息链,提高水利基本建设的管理水平和规范化程度。

围绕农村水利建设与管理所需的各类信息,建立全国农村水利决策支持系统及相关数据库,包括灌溉、排水、节水、农村饮水、乡镇供水、农田水利基本建设等。

(7) 建成全国水利信息公众服务系统

加强水利系统各级网站建设,利用互联网技术,建设全国水利信息公众服务系统,向社会宣传水利,提高水利部门办公的透明度、树立水利部门的良好形象、促进水利部门的廉政建设。通过该系统的建立,提高水利为社会公众服务的意识和水平,自觉接受社会的监督,争取社会对水利的支持,更好地为社会服务。

(8) 建设全国水利规划设计信息系统

根据综合分区和标准体系,在充分利用其他信息系统资源的基础上,建立勘测、规划、设计等前期工作所需的水文、地质、工程和社会经济等基础资料的信息管理系统,为滚动规划服务。

(9) 建设水利数字化图书馆

水利文献信息资源是水利信息资源的重要组成部分。应用现代信息技术对水利系统所需的图书、期刊等文献进行联合编目、统一采购,按统一标准进行数字化加工,逐步形成能够在网络上实现远程查询、异地阅览的水利系统文献保障体系,最终建成能够进行网上浏览、网上下载的“水利数字化图书馆”。

10.1.11 金审工程

金审工程是“审计信息化建设项目”的简称,属于国家确定加快建设的6个业务系统工程建设项目之一,是国家电子政务一期工程的重要组成部分。

1. 金审工程建设背景

审计的基本职能是通过对账簿的检查,监督财政、财务收支的真实、合法、效益。但是到了20世纪80年代,以查账为主要手段的审计职业遇到了来自计算机技术的挑战。金融、财政、海关、税务等部门,民航、铁道、电力、石化等关系国计民生的重要行业开始广泛运用计算机、数据库、网络等现代信息技术进行管理,国家机关、企事业单位会计电算化趋向普及。会计信息电子化发展的同时出现了会计领域计算机做假和犯罪,具有“舞弊功能”的财会软件时有出现。

审计对象的信息化,客观上要求审计机关的作业方式必须及时做出相应的调整,要运用计算机技术,全面检查被审计单位经济活动,发挥审计监督的应有作用。1998年,审计署提出审计信息化建设的意见,并开始筹备金审工程。

2. 金审工程建设的意义

审计信息化是审计领域的一场革命。审计信息化的进一步发展,必将促使审计手段发生一些重大变革。①审计信息化象征着审计工作将发生三个转变。从单一的事后审计变为事后审计与事中审计相结合;从单一的静态审计变为静态审计与动态审计相结合;从单一的现场审计变为现场审计与远程审计相结合。这三个变化将逐步实现。动态审计、远程审计还需要大环境的配合才能全面铺开。②审计信息化必将推动审计方法的改变,对被审计单位的账目逐笔审计在过去是不可想象的，但在审计信息化的情况下将轻而易举。③审计信息化必将推动广大审计人员思维方式的转变，增强审计人员的全局意识和宏观意识。④审计信息化必将提高审计质量，降低审计风险。

3. 金审工程建设的目标与任务

金审工程的目标轮廓可以用“一个模式、三个转变、五个一工程”来描述。

“一个模式”就是用5年左右的时间，建成对财政、银行、税务、海关等部门和重点国有企事业单位的财务信息系统及相关电子数据进行密切跟踪，对财政收支或者财务收支的真实、合法和效益实施有效监督的信息化系统，建立起一个适应信息化的崭新审计模式……“预算跟踪＋联网核查”。

“三个转变”即逐步实现，从单一的事后审计转变为事中审计和事后审计相结合，从单一的静态审计转变为动态审计和静态审计相结合，从单一现场审计转变为现场审计与远程审计相结合。增强审计机关在计算机环境下查错纠弊、规范管理、揭露腐败、打击犯罪的能力，维护经济秩序，促进廉洁高效政府的建设，更好地履行审计法定监督职责。

“五个一”工程是指建设一个信托政府公共网络，联通全国审计机关和重点被审计单位的高效实用的审计专用网，开发一批满足审计业务需求并在应用中不断完善的应用软件，建立一个为审计业务和决策、为政府和社会公众提供有效信息的数据库群，配置一批经济实用的计算机设备，培养一支胜任审计信息化的新型队伍。

4. 金审工程建设情况

金审工程分期建设。一期建设工期为2年左右。一期建设的任务如下：

- 应用系统建设。整合审计业务和原有的应用系统，初步建成基于应用平台、实现数据共享的办公和业务应用系统，开展联网审计试点，探索“预算跟踪＋联网核查”审计模式的实现途径与方法。
- 局域网建设。改建、扩建和提升审计署机关和驻地方的18个特派员办事处的原有网络基础设施，使之适应应用系统运行的需要；实施审计机关之间、审计机关与政府部门和重点被审计单位之间、审计机关与审计现场之间的广域联接试点。

金审工程建成之后，审计署与省级审计机关、驻地方的18个特派员办事处之间的城际广域联接，将依托国家统一电子政务网络平台，不搞重复建设。

- 安全系统建设。以国家关于电子政务安全体系框架为指导，以确保审计信息的安全为核心，在局域网系统设计、数据传输、审计业务应用、安全管理机构和制度等方面，采取符合国家有关安全规定的建设措施。重点解决电子政务网络统一平台环境下的数据交换、共享的安全。
- 标准规范建设。以国家关于电子政务标准体系框架为指导，以确保网络互联互通、信息资源共享为目标，按照“有国标用国标，无国标定署标”的原则，制定金审工程需要的审计准则、审计操作指南、审计机关、审计事项、被审计单位、违纪违规行为等标准代码。
- 人员培训。继续抓好审计人员信息技术知识培训，依照工作岗位和人员比例，分别开展计算机基础知识和操作技能培训、计算机审计中级培训。

10.1.12 金质工程

金质工程是国家电子政务建设的重要组成部分，是我国电子政务建设的12个重点应用系统之一。通过电子政务系统的建设，促进各级质检机关向管理服务型转变，提高质量监督检验检疫执法的透明度，形成全国统一的质检大网络，促进质检系统执法电子化、信息化，为生产企业和外经贸企业带来更大的方便与效益，加大打击假冒伪劣的力度，更有效地规范市场经济秩序，促进社会主义市场经济的发展。

1. 建设目标

依托国家电子政务平台，建设标准统一、功能完善、安全可靠的质检信息化网络平台，全面建设质检业务计算机管理系统，建立质检业务数据库群，提高信息资源共享程度，建设质检信息化标准体系，开展全方位的信息化培训。

通过金质工程建设，打造质量监督检验检疫信息化平台，进而达到提高质量监督检验检疫的行政执法水平，提高市场监管能力和质量安全监控的快速反应能力，改进政府行政管理模式，提高质检工作效率，促进对外经济贸易的发展，保护民族产业的发展，推动政务公开，为公众提供广泛的信息咨询服务的目的。

2. 主要任务

金质工程的建设内容可以用"一网一库三系统"的建设来概括，即建设质检业务监督管理系统、质检业务申报审批系统、质检信息服务系统，建设质检业务数据库群，建设软硬件及网络平台。

(1) 质检业务监督管理系统

质检业务监督管理系统由一系列质量监督、检验检疫核心业务系统组成，主要侧重质检内部业务管理。这些系统的实现将大大地提高工作效率，加强行政执法力度，实现严格有效的监督管理，从而达到规范和建立市场秩序的目的。典型的子系统包括：执法打假快速反应系统、检验检疫风险预警系统、产品质量监督管理系统、认证认可系统、标准化管理系统、WTO/TBT-SPS通报管理系统和检验检疫综合业务管理系统等。

(2) 质检业务申报审批系统

作为国家行政执法部门，质检系统在许多方面实行许可、审核、核准、注册和备案管理。对于此类业务，实行网上申报、电子审批是必要的。申报审批是电子政务建设的一个重要组成部分，借此将有助于提高政府工作的透明度，提高工作效率，为企业提供方便。典型子系统包括进境动植物检疫审批系统，食品化妆品标签审核系统等。

(3) 质检信息服务系统

信息服务系统以网站为界面，以数据库为依托，以应用系统产生的信息和多重渠道采集的信息为源泉，发布产品质量信息、产品抽检结果信息、防伪打假信息、企业资格认证信息、疫情通告、WTO TBT/SPS相关信息、国内外检验检疫动态和进出口管制措施、办事指南、质检公告、认证认可信息、标准和计量信息、法律法规等信息，受理质量投诉，接受网上申报。

(4) 质检数据库群

建设数据库系统的作用：①为监督管理系统、申报审批系统和信息服务系统提供数据支持；②为领导决策提供支持；③为企业和公众提供服务。因此，不同的数据库系统具有不同的特征。有些具有基础和标准的特征，如企业编码数据库、商品编码数据库、人力资源数据库等；有些是核心业务的主体，如特种设备数据库等，有些本身就是一个独立的应用系统，如法律法规库、质检标准库。

(5) 质检软硬件及网络平台

依托国家电子政务网络平台，分期建设联接国家质检总局、全国各地检验检疫机构和质量技术监督机构的质检广域网，建设各节点的局域网系统，配置相应的软硬件平台，为应用系统提供公共的运行环境和技术支撑。

3. 效果评价

金质工程的建设对于进一步推动质检信息化的建设具有重要意义。金质工程已经在全国质检系统产生了较大的反响，许多地区质检机构正在积极制定信息化建设的发展规划，落实资金，并且开展了很多前期准备工作。有些急用的项目正在逐步启动。

4. 工程进展情况

金质工程的立项工作。根据国家电子政务建设的部署，按照国家发展与改革委员会的要求，我们按项目审批程序，编写的金质工程项目建议书，报国家主管部门审批。目前开展了可行性研究的准备工作。

对质检业务进行了需求调研，提出了金质工程的目标、任务、主要内容、建设周期、主要技术路线、预算，进行了多次征求意见、研讨和论证。对于资金来源进行了研究，制定了落实地方配套资金的有关工作方案。

提前启动了可行性研究工作，确定了工作模式，开展了一些基础工作。和金质工程相关的、业务急需的项目也在不断进展当中，如广域网建设、核心业务系统建设和大通关系统的建设等也取得了阶段性的进展，但由于资金问题，限定了总体进展。

10.2 两网四库

10.2.1 “三网一库”

“三网一库”即机关内部办公网络（内网）、办公业务资源网络（专网）、公共管理与服务网络（外网）、电子政务信息资源库（一库）。

机关内部办公网（简称内网）是指各个行政机关内部的行政办公局域网。运行的内容有决策指挥、宏观调控、行政执行、应急指挥、监督检查、信息查询等各类相对独立的电子政务系统。内网通过与办公业务资源网的链接，实现上下级的信息共享和各类施政业务的开展。内网与办公业务资源网（专网）之间采用逻辑隔离。

办公业务资源网络（简称专网）是通过联结各部门、各地方的内网，形成覆盖从国务院到各部门、各地方的政务资源网络，为政府运转提供最主要的信息服务和业务协同工作环境。专网按照国家的安全保密要求，与公共管理与服务网络之间采用物理隔离，以确保内部政务办公、决策指挥等系统的运行安全性。

公共管理与服务网络（简称外网）是面向企业和社会服务的公共管理与服务网。它通过应用支撑平台与公共互联网接口，与其他政府部门的外网实现安全的互联和信息交换。公共管理与服务网可以提供公众政务服务的访问功能，并通过后面的应用网关实现 web 服务系统与公共互联网之间的逻辑隔离，以确保内部业务系统的运行安全性。公共管理与服务网与宏观调控系统、行政执行系统、监督检查系统等部门的网络进行联结，并为有关部门之间的业务协作提供网络支持和数据来源。

电子政务信息资源库(简称一库)是指政府各部门共建共享的包括党务、政务和行业部门业务数据的电子政务信息资源库，如国家的政策法规，工商、税务和海关等部门的业务管理信息或数据等等。

信息资源库的建立可以使政府部门共享业务信息资源，政府行政管理、应急指挥和快速反应的能力进一步提高，高效率、高质量地进行宏观管理和科学决策。在政府信息资源开发利用方面，信息资源数据库通过建立政府信息资源管理体制，建立政府信息公开和面向社会服务制度，制定政府信息资源管理、信息采集、交换、公告、信息网络建设的实施标准、信息库建设规范。保证信息资源数据库工程建设质量和数据标准的统一、制定统一的信息资源交换体系和目录体系。建设一批能对主要政府业务工作和决策提供支持的数据库群，从而保证政府信息在政府机构内部实现畅通流转、充分共享。

信息资源库的规划是对政务信息的采集、处理、传输、利用进行全面的规划，它是电子政务的顶层设计。信息资源数据库是整个电子政务的源头，是各个部门电子政务系统实现信息共享、资源优化的前提。只有构建好、维护好信息资源数据库，才能使整个电子政务网络平台成为有源之水、有本之木，才能将电子政务巨大的社会效益和经济效益充分发挥出来。目前国家正在积极制定政务信息资源的目录体系和交换体系，以期实现统一的数据标准建设。

“三网一库”的体系结构如图 10-1 所示。

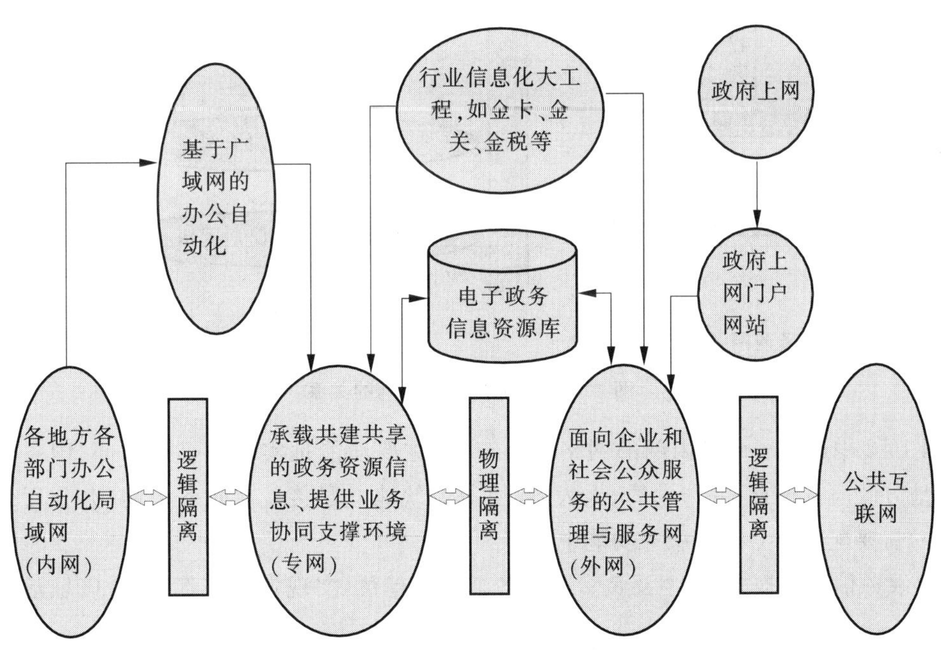

图 10-1 “三网一库”的相互关系

10.2.2 “三网一库”到“两网四库”

在对“三网一库”结构进行改进与优化的基础上，我国提出以政务内网和政府外网结构为特征的电子政务基本体系。

从“三网一库”结构转变到政务内外网结构，可以基本解决因为业务性质决定的在“三网一库”结构中存在的网络物理隔离与数据交换之间的矛盾问题。另外，由于“三网一库”中的专网相对而言现在已经成熟，因此将其纳入政务内网中而不再单独列出来也是合理可行的，但实际中还存在。

政务内网主要是联接办公厅内部、国务院各部门、副省级以上政务部门，并与党委、人大、政协等系统建立连接的办公网，与省级以下的办公网络物理隔离。政务内网是典型的层次结构，实行逐级、分层管理。

政务外网是政府的业务专网，主要运行政务部门面向社会的专业性服务业务和不宜在内网上运行的业务。

政务内网与政务外网之间的关系如图 10-2 所示。

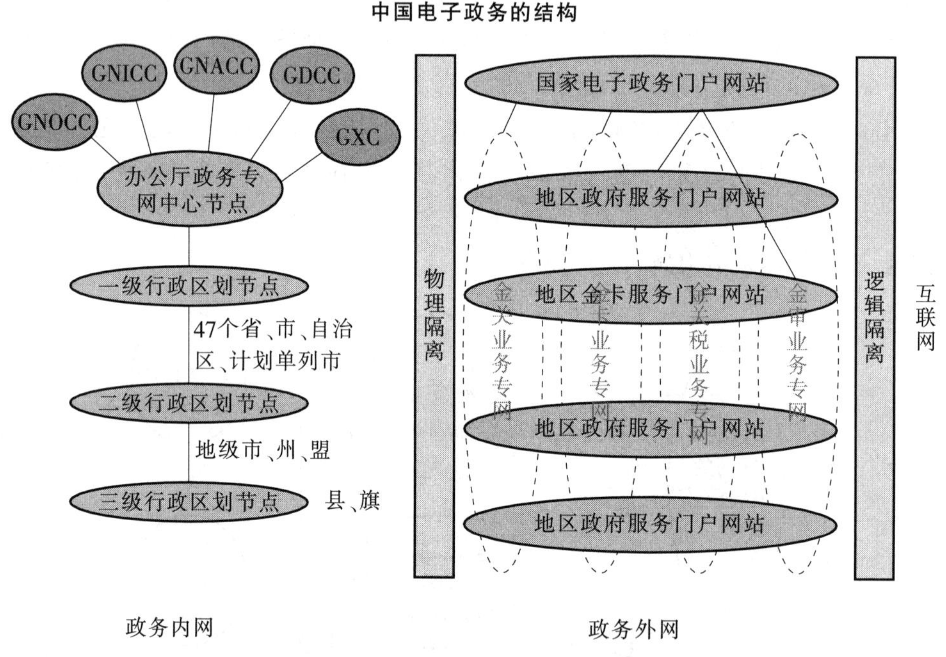

图 10-2 政务内网与外网的关系

图 10-2 中的电子政务内网的网络中心节点，主要功能是实现办公厅内部、国务院各部门、各地方政府的链接，并与党委、人大、政协等系统建立联接。在政务内网(办公厅政务网络中心)需要配套建立 5 个服务功能中心：

- 政务信息交换中心：主要负责联接各个相关单位，实现各类跨部门、跨区域信息上传下达和交换枢纽。
- 政务数据中心：主要负责保存、更新、分发、备份等全局性政务信息服务的基础环境。
- 政务认证授权中心：主要是保障电子政务安全的网络地址分配服务、网络域名注册和解析服务、网络目录服务、网络信息资源导航服务的全局性基本设施。

- 政务网络信息中心：负责保障试点示范工程各个应用成为一个有机的整体，支持试点示范工程的运行。核心包括：用户管理（含用户信息管理、用户认证、用户授权）、信息资源管理、业务统计、系统测试、性能管理、路由管理、配置管理和系统安全管理。
- 政务网络管理中心：负责网络的规划、建设、日常维护、运行。

2002 年，国务院信息化领导小组确定了《关于我国电子政务建设的指导意见》，提出了建设四大基础数据库，明确了政务资源信息库（“一库”）建设的重点内容。四大基础数据库指的是建设人口基础信息库、法人单位基础信息库、自然资源和地理空间基础信息库和宏观经济数据库四大战略性、基础性信息库。

10.3 一站

系列“金字”工程的建设，推进了我国一些行业及其管理部门的信息化，为我国电子政务的建设打下了基础。但这远远不能满足我国政府信息化建设的现实需求，也和我国面临信息时代、知识经济的挑战不相适应，而我国政府部门职能也正由管理型转向管理服务型，因此，抓住时机对信息网上的信息资源的建设进行有序的组织和规范管理，建设政府站点推进政府上网就显得极为紧迫和重要。

政府上网是指各级各地政府部门利用 INTERNET/INTRANET 等计算机通信技术，在互联网上建立正式站点，推动我国政府办公自动化与政府网上便民服务，在网络上实现政府在政治、经济、社会、生活等诸多领域中的管理和服务职能。1999 年 1 月 22 日，由中国电信总局和国家经贸委经济信息中心主办，联合 40 多家部委（办、局）信息主管部门共同倡议发起的“政府上网工程启动大会”在北京举行，由此拉开了“政府上网工程”的序幕。我国的电子政务也由此进入了以全面的政府上网工程为特征的第三阶段。

10.3.1 政府上网工程的实施背景

20 世纪 90 年代后期，伴随着信息技术的发展和计算机的普及，互联网在人们生活中扮演着越来越重要的角色，网络成为信息时代一个重要产物，它延伸到社会的每一个角落，上网成为一种不可抗拒的历史潮流。各种公司、组织、团体、甚至个人都纷纷上网，建立起各自的主页，通过互联网和全世界进行信息交流和业务往来；另一方面，我国政府部门的职能也正在从管理型转向管理服务型，推动我国政府有序、规范、全线上网，实现政府信息化，被提上了议事日程。

通过互联网这种快捷、廉价、生动形象的通信手段，政府可以让大众迅速了解政府机构的组成、职能和办事章程，各项政策法规，增加执法办事的透明度，并自觉接受公众的监督。同时，政府也可以在网上与民众进行信息交流，听取人们的意见与心声，从而使政府更好地为公众服务。互联网是没有国界的，我国政府上网以后，可以使世界各国更好地了解中国，加强中国与世界的交流，向世界传播中国政府的和平外交政策和主张，树立中国政府在世界上的良好形象。

10.3.2 政府上网工程的实施步骤及规划

实施政府上网工程，只是我国信息化建设的前奏，通过启动政府上网工程及相关的一系列工程，从而实现我国迈入网络社会的"三步曲"：

第一步：实施政府上网工程，在公众信息网上建立各级政府部门正式站点，提供政府信息资源共享和应用项目。

第二步：政府站点与政府的办公自动化网联通，与政府各部门的职能紧密结合。政府站点演变为便民服务的窗口，实现人们足不出户即可在政府部门办事，构建电子政务。

第三步：利用政府职能启动行业用户上网工程，如企业上网工程、家庭上网工程等，实现各行各业、千家万户联网，通过网络既实现信息共享，又实现多种社会功能，形成网络社会。

可见，政府上网工程不仅为我国电子政务的构建打下了基础，也成为我国国民经济信息化实现的前提，推进政府上网工程具有重要意义。

1. 政府上网工程实施意义

实施政府上网工程旨在推动各级政府部门为社会服务的公众信息资源汇集和应用上网，实现信息资源共享，这对于全面推进国民经济信息化具有重要意义。

- 便于树立中国各级政府的网上形象，组织和规范各级政府的网站建设，提高政府工作的透明度，降低办公费用，提高办事效率，有利于勤政、廉政建设，同时大幅提高政府工作人员的信息化水平。
- 将各级政府站点建设成为便民服务的"窗口"，帮助人们实现足不出户即可完成与政府各部门的交流与沟通，为实现政府部门之间、政府与社会各界之间的资讯互通及政府内部办公自动化，最终构建电子政务打下坚实基础。
- 网络正在成长为第四媒体，将成为人们获得信息，实现社会多种功能的主要载体，因而抓住时机实施政府上网工程，可以改变我国在信息化建设领域，长期以来，在硬件、软件和信息服务业投资上的比例严重失调状况，极大地丰富网上的中文信息资源。
- 政府上网工程通过政府对信息产业界主要力量的引导和组织，促使政府在短时期内上网，实现政府信息资源的市场价值，引导和形成新的消费热点和经济增长点，从而带动相关产业群的发展，营造有利于我国信息产业发展的"生态环境"，加速我国信息产业和国民经济信息化的发展。

2. 政府上网工程建设规划

(1) 站点规划

我国政府主站点以"中华人民共和国国务院"(www.china.gov.cn)作为中国政府导航站点，下设各部委行署，各省及直辖市。各部委主页应以"中华人民共和国××部(行、署)"的形式出现，各省市政府的站点应以"××省(市)人民政府"或"××省(市)××局"的形式出现。各政府站点均设机构设置、政府职能、政策法规等基本栏目。

(2) 域名规划

各部委和各省市政府的域名统一规划为www.××.gov.cn，并对应一个多媒体网的域名 www.××.cninfo.net 以便于 169/163 用户访问。

(3) 信箱规划

各政府部门的站点考虑设置虚拟信箱，如江苏省政府办公电子信箱名为 name@jiangsu.gov.cn，以示正式和权威。

(4) 网页规划

政府站点的网页设计应简洁、美观，界面应与政府形象相符，网页大小有所限制，网页须响应及时，可以采用多种浏览器浏览，便于检索，同时具有纯中文版本甚至外文版，以满足不同用户的需要。

(5) 主机规划

在电信港湾设置政府主机，作为政府站点的专用服务器，每个政府主机由电信部门提供 1G 的硬盘空间，并实现数据库管理和提供交互式功能。

(6) 标准规划

对政府站点、域名、主机和网页等制订相应的标准和规范。

(7) 信息规划

区分和筛选政府信息资源中安全信息和不安全信息，加大力度研究政府部门的信息资源开发利用潜力，妥善处理好公益信息和增值信息的关系及两者在网络建设中所占比例。

10.3.3 政府上网工程的实施概况

1. 政府上网工程的实施方案

政府上网工程一经启动，就得到了社会各界强烈响应和广泛传播，政府上网成为了社会关注的一大热点。中国电信为了将政府上网工程的相关工作落到实处，提出了政府上网工程的实施方案。

(1) 政府上网工程的总体设想

政府上网工程启动之时，中国电信作为我国最大的信息网络服务商和经营者，为支持中国信息产业的发展，除建成覆盖全国的电话网，还建成了覆盖全国的先进统一的公用数据及多媒体通信网络平台，联接全国省会城市的 ATM 宽带骨干网平台也很快建成开通。

(2) 政府上网工程的实施范围

包括国务院办公厅，国务院 29 个部、委、行、署和国务院直属机构；上述单位的省级机构和各省、自治区、直辖市政府、地市政府。根据有关单位的要求和社会的需求，随着时间的推移，政府上网工程的实施范围进一步扩大。

(3) 政府上网工程的配套服务措施

中国电信和中国互联网信息中心合作，为简化和方便各级政府部门办理政府域名申请手续，可由中国电信所属各级电信部门帮助当地政府部门申请办理后缀为 gov.cn 的政府规范域名。

(4) 政府上网工程的技术方案

政府部门设立网站可以有以下 4 种方式：在电信机房托管服务器、租用电信机房的服务器磁盘空间、服务器设在政府部门的机房、电信机房主机与政府内部服务器镜像设置等。

2. 政府上网工程的实施成果

截至2004年年底，注册以gov.cn结尾的英文域名总数为16 326个，占.cn注册域名数的比率为3.8%；已经建成的www下的政府网站达10 260个，占国内www网站总数的1.5%。各政府网站上发布了大量信息用于社会共享，各地政府网站已成为承载当地政府信息资源的主流网站。

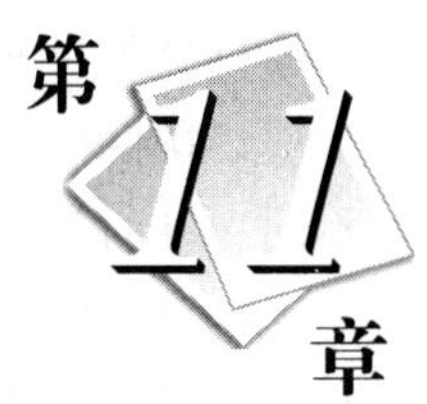

第11章 在线处理系统案例

11.1 杭州市投资项目网上审批平台

杭州市投资项目网上审批平台(杭州市投资项目集中办理中心)是杭州市政府为改善投资环境、提高办事效率、加快固定资产投资项目的审批,按照改革行政审批制度的要求而建立的。

杭州市投资项目集中办理中心于2000年10月18日正式开办,工作人员约为120人。包括15个窗口单位、投诉监察室、中心值班主任室、各部门的业务处室和计算机管理中心行政与服务人员。

中心办理市级审批、审核转报范围内,包括市级属地管理审批范围内(含在杭州的国家、省属单位)的固定资产投资项目(含内外资基本建设、技术改造)的审批事项。中心负责各部门审批环节中前置、并联审批的协调;受理建设单位咨询、查询、督促办理进度。

在运作方式上,中心实行“一门受理,统筹协调,规范审批,限时办理”的运作方式。

- “一门受理”,即凡属市级审批、审核转报范围内,包括市级属地管理审批范围内(含在杭州的国家、省属单位)的固定资产投资项目(含内外资基本建设、技术改造)的审批事项,一律在中心受理。
- “统筹协调”,即在中心的职能部门按各自职责履行审批职能。情况较为复杂、与现行政策及杭州市经济社会发展实际需要有一定矛盾的项目,由中心协调处理。
- “规范审批”,即各职能部门依照有关法律和政策法规,按杭州市固定资产投资项目审批程序履行审批职能,依法规范审批。
- “限时办理”,即各职能部门必须按市固定资产投资项目审批程序所要求的审批时限办理审批事项。

1. 整体战略规划

面对当前政府政务信息化的蓬勃兴起,中心的信息化建设和战略规划重点是建立投资项目管理信息平台化,总体架构是“一个平台、三个数据库、五个对象”,“一个平台”指各个局委办窗口单位在一个平台办理业务,“三个数据库”包括项目信息库、知识库和文档库,“五类对象”包括项目业主单位、审批中心、各审批职能部门、监督部门、市各级领导。

其中投资项目信息库是核心数据库之一,是实现信息共享、互用的基础。投资项目信息库主要包括项目分类信息、项目特性信息、项目审批信息区。

项目分类目的是建立统一的分类标准，实现项目信息的共享、共用。

项目特性信息管理的目的是在项目审批的过程中，各窗口部门对项目信息关心的侧重点不同。有的部门关心项目的规模，有的部门关心项目的资金来源、构成，有的部门关心项目是否在风景区、是否进入绿色通道等等。另外，还需要对项目的各方面信息进行统计。这些都要求对项目的特性信息进行管理，以提供最全面的信息支持。

项目审批信息分区的目的是按照投资项目的审批环节把投资项目在审批过程中产生的信息分区管理，这些数据分别由各个相应的窗口部门来维护。项目分区信息不仅真实地反映项目在整个生命周期中的审批信息，更便于中心与各部门、部门与部门之间的信息交换。

2. 对信息化的整体投资

中心已经建立了局域网，并已有网通光纤接入，可以通过网通 VPN 与各职能部门互联（目前有 7 家部门与中心互联）。中心现有一台戴尔服务器作为应用和数据库服务器，一台高档 PC 作为防病毒服务器，各窗口均配置有 PC 机、打印机。目前中心已建立项目管理系统，初步实现项目的登记、查询等功能。现有系统采用 B/S 模式，后台数据库采用 MS-SQL Server，服务器操作系统采用 WIN2000 Server。

中心在杭州市政府信息化战略规划和部署下，对投资项目审批信息化建设的网络设备、服务设备和软件等方面进行了较大的信息化投资。总信息化投资金额近 600 万元，其中软件投资额近 200 万元。

3. 建设系统之前的难题

在建设审批平台之前，中心在投资项目库管理、部门间审批信息共享、网上并联审批等方面存在如下的问题和困难：

- 建设之前的投资项目库不能较好地全面反映项目的基本要素。
- 不能及时准确地反映投资项目基本信息的变动情况。
- 各窗口职能部门对中心系统在项目信息的统一利用和双向交流需求难以满足。
- 难以通过共享部门间的审批指标结果和批文，形成部门间的联动。
- 现有系统对项目的管理还比较初级，能够反映项目审批办理的状态，但基本上没有反映审批结果，不支持项目的网上并联审批。
- 对于同一业主在中心多次申报项目，未能形成通过业主信息库和相应的企业代码库自动调出业主单位信息。
- 中心目前的系统只在分析、查询、统计方面提供了初步的功能，无法为项目管理提供有力的数据支持，制约了中心综合效能更好的发挥。

4. 选择供应商与服务商的过程

网上审批平台是杭州市政府为全面推进政务信息化、实行网上并行审批的一个重大项目，杭州市政府在选择 IT 供应商和服务商时，从厂商品牌、自有技术和政务信息建设的经验等方面考察供应商，并通过公开采购招标的形式筛选 IT 服务商。杭州信雅达系统工程股份有限公司有着内容管理、表单引擎、影像处理技术、文档管理、Sunflow 工作流引擎、安全技术等 6 项自主版权核心技术，凭着对政务联合审批流程优化的独特理解，丰富的系统开发、系统集成和网络集成与实施经验，在众多 IT 厂商中脱颖而出，一举中得“杭州市投资项目网上审批平台”的项目标，网上审批平台技术框架图见图 11-1。

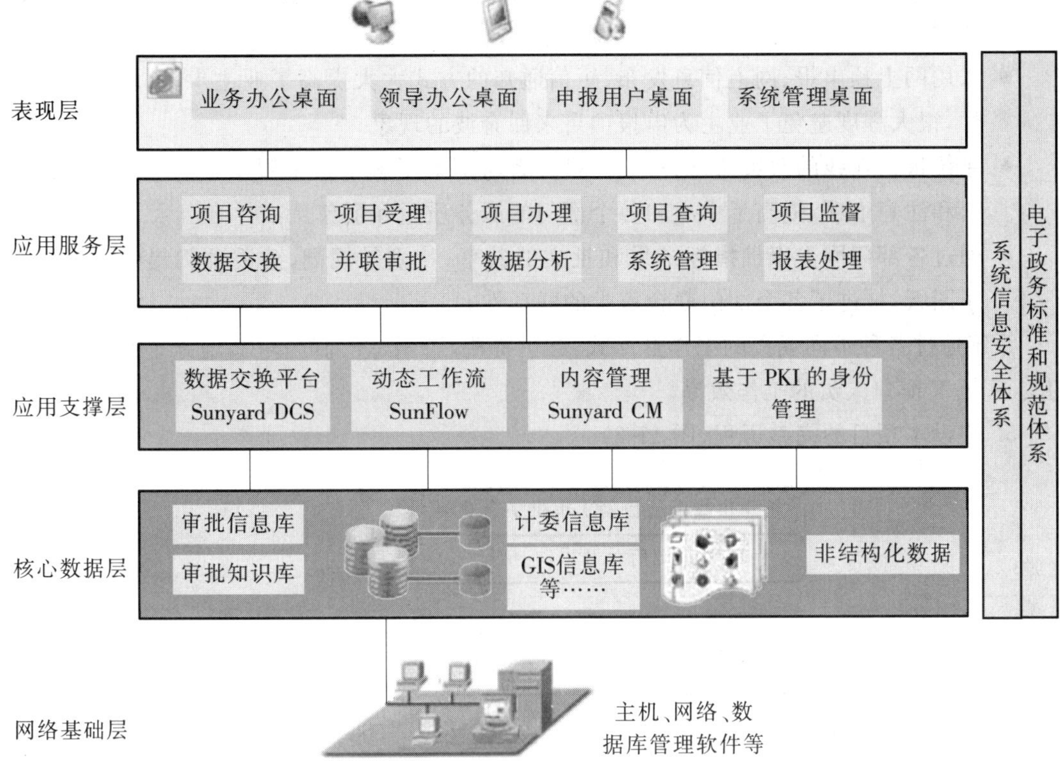

图 11-1　网上审批平台技术框架图

网上审批平台通过先进的平台技术和设计构架，主要实现了以下三个目的：

- 政务办公外网上，通过建设完善的集中行政审批信息库和集中行政审批知识库，从而构建一套充分满足集中行政审批全过程业务和管理需要的应用平台。
- 通过与各部门内部审批系统的联系，实现跨部门审批与各部门内部审批业务的无缝连接。
- 网上审批平台通过与互联网的信息交换，建立政府与企业和社会公众之间网上行政审批的通道，实现网上咨询、查询、申请、审批、投诉、监督等业务功能，成为真正的网上办公、办事的在线服务平台。拉近了企业、居民与政府部门间的距离，提高了办事效率，强化了政府形象。

杭州市投资项目网上审批平台一期系统的建设基本达到了中心的统一建设“一个平台，三个信息库，五类对象”的系统目标；另一方面系统的功能已基本满足各个窗口业务办理、中心与部门数据交换及业务衔接、网上征求意见、中心审批监督管理等方面的需求。

杭州市投资项目网上审批平台系统的实施，体现了这个系统的特色和优势，成为政务网上联合审批项目建设的一个典范：

- 采用基于 XML 和 XSLT 相结合的页面展现、业务数据存储策略，解决了项目审批事项、要素、批文等的多样性和复杂性所带来的业务管理和业务访问难题，满足业务表单自定义的需要。

- 通过信息共享和交换充分采用计委的项目指标信息和批文，建立业主申报的项目基本信息区、分类指标信息区和特性信息区，建立了各个部门信息共享的基础性数据。
- 采用网上预申报、网上信息发布、短信通知的方式大大提高了业主申报、取件的简便性，很大程度避免了业主为申报项目来回奔波的现象。
- 系统提供在线的政策法规咨询，使投资者清晰地了解项目事项申报的政策、流程、材料和注意事项，提高了中心和各个部门的服务质量和形象。
- 通过各部门网上审批指标结果和批文的共享，特别是规划、建委部门提供的网上电子图纸，推进了各个部门联合审批的联动性。

系统通过各种不同涵义的工作灯形式，起到提醒、警示、查询的作用，增强了系统与用户的交互，提高窗口人员的工作效率。

5. 建设本项目的完整历程(图 11-2)

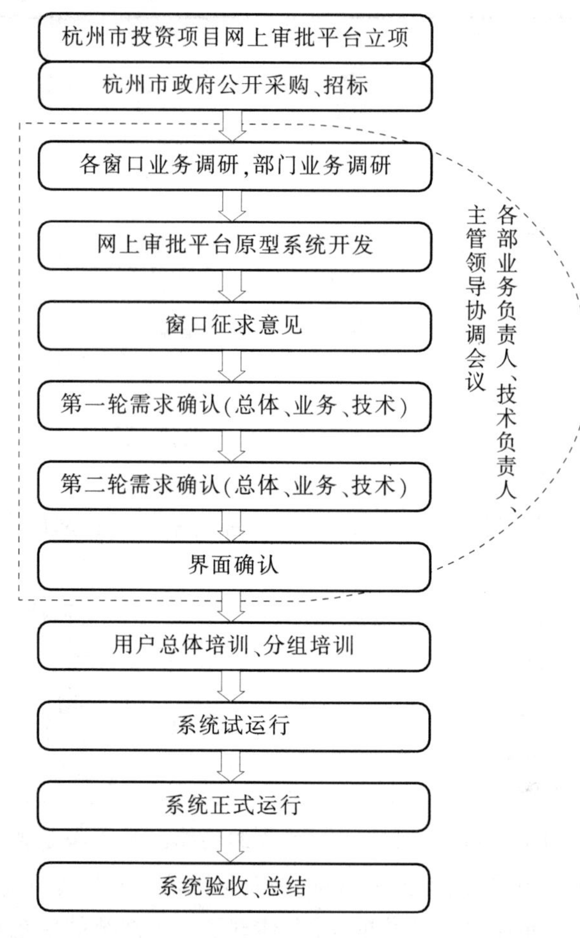

图 11-2 项目历程

6. 实施过程中的主要问题及化解

网上联合审批项目的实施是一项庞大的系统性工程，在各局委办业务流程优化，各部门资源、信息集成与共享实施均存在着方方面面的问题。

- 各部门申报表单形式多样且无较固定格式，申报要素复杂，易变化，采用基于 XML 和 XSLT 的自定义表单要素满足部门受理业务的需要。
- 局委的内部审批系统与中心平台信息交换与业务衔接，通过局委数据交换平台，提供统一的交换标准和模式实现中心同各局委的异构系统衔接和数据交换。
- 系统实施前已经具有项目库和事项的老数据，采用数据平滑移植、分批重点转入的策略处理老系统中的规则和不规则数据。

7. 系统成功实施后的应用效果

(1) 投资者应用的效果

- 提供网上填写表单和网上预申报的功能。
- 中心平台办结完成后短信通知投资。
- 投资业主可通过互联网上网查询项目办理状况。
- 投资者可实时在线查询项目办理的政策、法规和相关文件，了解办理具体事项必备的资料和办理过程，了解最新的投资动态。

(2) 窗口办理人员应用的效果

- 在中心网上平台统一受理业务，采用项目受理、项目受理注销、项目暂停、项目恢复、项目无效等多种方式，使得部门提高业务办理的规范性，更进一步推动《行政许可法》的实施。
- 窗口人员在办理业务时可实时调用项目库信息，了解该投资项目的概貌，能快速给出是否行政许可的结果，在受理收件后能快速出单，减少投资者等待的时间。
- 提供催办灯、会审灯、在办灯、办结确认灯等功能，能实时给予窗口办理人员提醒或警示，减少业务办理的延期、超期。
- 窗口办理工作人员通过网上可以查看该项目前置或后置事项的相关信息，为本部门的业务办理起到辅助参考作用。

(3) 部门内部进行审批产生的应用效果

- 由窗口受理预输入信息，通过信息交换后减少部门审批过程输入的工作量，提高审批效率。
- 部门内部审批可通过审批平台获取项目库信息及前续部门提供的指标信息，并通过中心平台提供本部门的审批指标结果和批文。
- 中心与部门的业务衔接将逐步以电子化和信息共享方式为主，减少纸质流转达 40% 以上。
- 部门领导可以查询本部门的受理项目及事项信息，对部门的窗口受理及办结工作特性统计。

(4) 对审批中心进行监督管理产生的应用效果

- 构建中心的统一项目库，项目库包括项目基本信息区、分类信息区、特性信息区和审批指标信息区，供各部门共享共用。
- 构建中心的知识库，包括业务规则库、企业法人代码库和法规政策咨询库。满足中心的项目统一受理和返回的管理需要，同时提高中心协调服务质量。
- 丰富中心项目审批监督功能，增强投资项目在中心的办理过程透明度，通过催办、超时查询、单个部门效能统计、部门间效能比较等方式增强中心的监察、监督功能。

- 通过会议室登记、发布公告、在线交流等功能增强中心与部门、部门与部门间的交流和沟通。

(5) 市政府领导应用的效果

- 市政府领导通过项目树能查看单个项目在各个部门的业务办理情况，及主要部门的审批结果和电子批文。
- 市政府领导通过平台可了解中心及部门的阶段项目受理、办结、退件、超时情况。
- 市政府领导可以查看不同类别项目（不同投资主体、不同资金来源、不同地区）在政府审批的总时间和各个部门的审批时间，通过对比了解部门行政审批的效率。
- 市政府领导可查看杭州市年度投资项目申报和审批的情况，从宏观层面了解和把握全市的项目投资发展状况，保持政府对社会投资的积极引导和有效调控。

11.2 外经贸部进出口许可证管理系统

进出口许可证是中国现行对外贸易的重要管理手段。鉴于许可证管理方式在世界各国已被广泛应用，世贸组织已承认并允许各国在一定程度上采用许可证方式对进出口贸易进行必要的管理和统计。目前，全国在各省（市）外经贸厅（委）、外经贸部驻全国重要进出口口岸城市的 16 个特派员办事处等 61 个单位设有许可证签发机构。在中国的许可证管理商品中，进口主要分自动进口和限制进口两种，出口主要有一般出口、自动出口和被动纺织品出口三种。限制进出口涉及的商品税号近万种，据研究，为履行中国入世的承诺，限制进出口类的商品将逐年减少，但实行自动登记的商品将在较大范围内存在，其目的主要是用于统计分析，建立有效的预警机制和应对反倾销措施。

经外经贸部授权，外经贸部配额许可证事务局统一管理全国的许可证发放工作。具体包括负责制定许可证签证工作规范、发证机构管理办法、每年的分级发证目录；对各特派员办事处及各地方发证机构的发证业务进行管理、监督、检查、指导；实时监控进出口许可证签发情况，核查各发证机构的许可证签发数据及许可证的海关清关数据；处理许可证电子数据核查工作中出现的问题；分析研究许可证商品签发和配额使用情况、发展状况及存在的问题，并定期不定期向国务院及外经贸部报告情况、反馈有关信息。

早在 20 世纪 90 年代初，中国就认识到建立货物进出口网络系统的重要性。在国务院的领导下，确定了构建金关工程、金贸工程、金税工程的信息化建设目标。进出口许可证管理系统是国家金贸工程、金关工程的重要组成部分，是推进外经贸管理电子化、信息化进程的重要措施。世贸组织规则中要求各成员国的许可证管理方式必须符合简单、透明、便捷、公平的原则，这对中国许可证管理工作提出了新的更高的要求。为适应中国入世后的新形势，推进金关工程建设，深化许可证管理体制改革，许可证局在中国国际电子商务中心的帮助下，不断开发完善进出口许可证管理系统，逐步实现进出口许可证签发管理的网络化、标准化、规范化，尤其是随着新的许可证管理系统的推广应用，加强管理力度，提高工作效率，增强联网核查功能，大大提高了公开性和透明性，有效防范了违法违纪行为，为中国货物进出口打造了一个现代化的网络平台。

1. 演变与发展

进出口许可证管理系统的建设并不是一蹴而就的，而是经历较长时间的发展演变而来。目前的进出口许可证签发管理系统如图 11-3 所示。

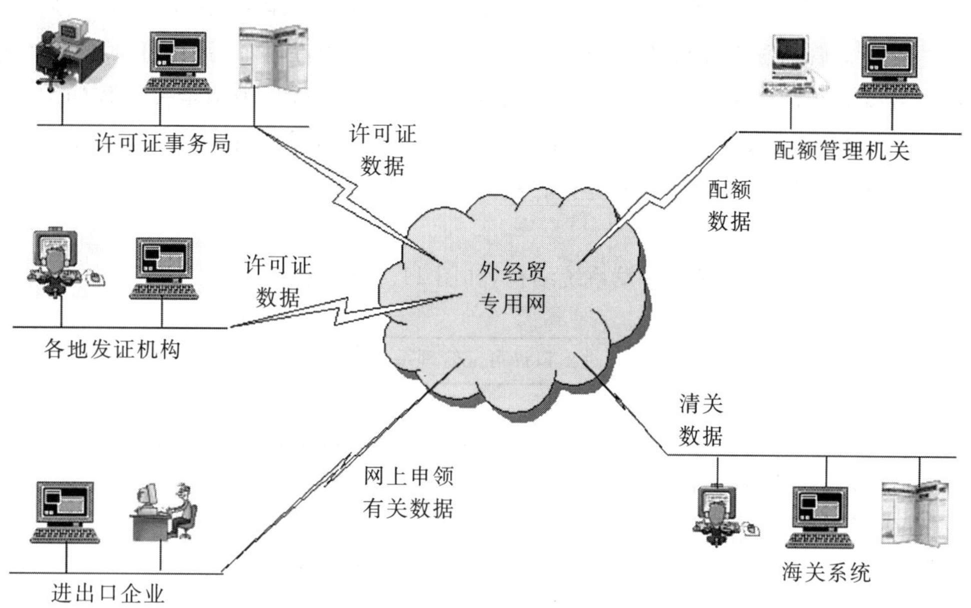

图 11-3 目前的进出口许可证签发管理系统

第一阶段：手工阶段。在 20 世纪 80 年代，许可证的签发完全是手工完成的，从申领单到最终的许可证，全部是手工填写。这种工作方式使得发证人员工作强度大，填写不规范，人为错误因素多，统计、管理难度很大。

第二阶段：PC 单机应用阶段。发证人员使用单个 PC 机将许可证数据录入计算机，在印刷好的空白许可证上打印出来。这种方式与过去纯手工制作相比，在规范化、标准化、数据统计方面上有了一定的提高。但由于各 PC 机相对独立，没有计算机网络和相应的发证程序，所以在本质上并没有太大的改变，配额依据无法控制，海关清关数据无法及时反馈，各操作人员的随意性较大，错误率较高。无配额发证、超配额发证等事件难以防范。

第三阶段：局域网阶段。许可证局于 1999 年建成局域网，它与中国国际电子商务中心、外经贸部各地方特派员办事处、各省市外经贸委、海关等部门通过电话拨号、DDN 专线等方式相联，定期(每天)进行发证数据交换。这一方式较前两个阶段有了本质上的进步。由于实现了网络联接，有了信息交换，配额数据可由许可证局集中管理，一些控制统计措施也就可以实行了。但由于不是完全的联网状态，不可适时交换，各发证点必须驻留发证程序和数据，在管理和控制上留有漏洞。2000 年许可证局与海关各口岸间实施联网核查系统，实现了电子数据与纸面证书的双重认定，有效地防止了假证、伪证等违法现象，许可证局可掌握全国许可证商品的发证及清关情况，并进行必要的数据分析，为外经贸部制订贸易政策提供决策依据，进出口许可证管理系统基本轮廓已初步显现。

第四阶段：全面联网阶段(新系统)。新的进出口许可证签发管理系统，从 1999 年开始开发，经过一段时间的试运行，于 2001 年正式投入使用。新系统以外经贸专用网为平台，对配额许可证电子数据进行集中管理，全国 61 个发证机构、中央和地方的商品配额管理机关、海关及进出口企业采用专线方式与许可证局的发证系统主机全面联网。配额数据、许可证数据、海关清关数据自动交换，实施对进出口配额分配、许可证申领、许可证审批、通关核查等环节的全面监管。随着发证机构网上发证、企业网上申领许可证、许可证数据自动核查、海关电子数据和纸面证书双重认证等等一系列功能的推广应用，中国金关工程的第一步战略目标已基本实现，为下一步实现电子证书的论证、无纸化贸易的开展以及与海关、税务、银行系统大联网的信息化目标打下了坚实的基础。

2. 系统结构

目前的进出口许可证管理签发系统结构，如图 11-4 所示：

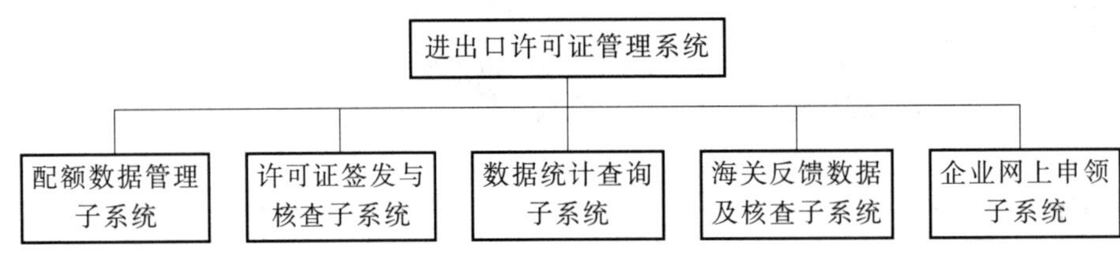

图 11-4　进出口许可证管理系统构成

3. 主要实现功能

该系统由配额数据管理子系统、许可证签发与核查子系统、海关反馈数据及核查子系统、数据统计查询子系统、企业网上申领子系统组成。

(1)配额数据管理子系统

由过去计划经济管理体制下发展而来的中国现行对外贸易管理体制，仍是一个“政出多门”的较混乱的交叉管理模式。不同的商品由不同的部委管理，同样的商品也可能有多种管理方式，由不同的部门共同管理。据不完全统计，涉及管理商品配额的单位总共有二十多个。配额数据管理子系统实现了各配额管理单位与许可证发证系统的联结。该系统负责接收各配额管理机关的**总量**配额数据及各省市的**二次分配**数据，形成配额信息数据库，作为全国各发证机构的发证依据。许可证局承担核对配额数据的职责，对配额分配情况、使用情况进行实时核查。这一功能改变了过去公文流转带来的配额下达延时及文件印刷错误，发证机关可在第一时间拿到数据，保证企业及时领证，大大提高了效率。

(2) 许可证签发与核查子系统

许可证发证人员依据系统提供的配额数据，以 web 方式进行相关信息的录入、修改和打印，并对相应的配额进行核减，由于采取配额数据集中管理的网上发证模式，有效杜绝了无配额、超配额、越权发证等违法违纪行为的发生。

(3) 企业网上申领许可证子系统

该系统为 B/S 结构，企业经过 CA 身份认证，获得相应的企业代码和密钥，即可通过公网登录到许可证申领网页，实现远程递交申领单、查询申领单的审批结果、修改申领单、打印申领单等操作。企业网上申领系统的推广应用在全国范围引起了广泛的关注，中央电视台、《国际商报》等媒体对此进行了相关报道。过去，企业申领 1 份许可证必须往返 2 次，发证机构处理1份许可证需要3个工作日。采用网上申领后，企业只需来发证机构一次就可以领到许可证，而且急证立等可取，工作模式发生了很大变化。起到了简化办事程序、提高办事效率、降低办事成本、方便企业申领的作用，也增加了许可证签发管理工作的公开性和透明度，有利于企业对发证机构的监督。

(4) 海关反馈数据及核查子系统

由许可证局生成许可证核销数据，每两个小时向海关传送一次，并定时从海关接收海关清关数据。许可证局能够及时查阅许可证电子数据的清关情况，特别在对许可证证书进行删除、核销处理时有了依据，减少了误操作的发生。对建立电子口岸、电子政务以及将来的无纸贸易等方面的意义尤为深远。

(5) 许可证统计查询子系统

提供全国各许可证发证机构的发证数据查询，海关清关数据查询，全国许可证商品配额使用情况查询，汇总全国各发证机关许可证数据和全国各配额承接单位的配额数据，并形成报表。统计查询是一切决策分析的基础。许可证局每月进行的许可证使用动态报告为各部委制订相关政策提供参考。同时，由于实现了联网，各配额管理单位也可通过查询相关数据来及时了解所管辖商品的进出口状况。

4. 安全性

新的进出口许可证签证系统以外经贸部电子商务专用网为依托，各发证点与专用网之间采用专线联结，构建的是一个封闭的、专业化的网络，在安全性上有较好的保障。企业网上申领系统是置于公网上的。为了能够识别用户的合法性，保证申领系统和用户数据的安全，必须对登录用户的身份进行识别和验证，系统只允许通过认证的用户登录到申领系统。该系统采用了CA(Certificate Authority)认证技术，要求在网上申领许可证的企业要先注册并领取电子证书(密钥)。系统在数据传输的过程中对数据进行加密处理，并具有对用户登录后的操作进行记录的能力，电子证书内的信息不可导出，从而防止了复制密钥、身份冒充等行为的发生，安全性较高。

5. 网站与办公系统

(1) 网站

2001年，许可证局建立了自己的门户网站，网站的域名为http://www.licence.org.cn。

许可证局网站不仅是一个面向社会的窗口，同时也是许可证局许可证签发及核查的一个管理平台。许可证局不断丰富网站内容，完善网上申领、数据查询等功能，尽最大可能为企业申领进出口许可证提供方便，不断提高管理水平，促进许可证管理工作的规范化、网络化和科学化，实现了方便企业、提高效率、增加透明度和信息的最大程度共享。

许可证局网站主要包括以下内容。

- 职能介绍：许可证局的机构设置、职能、签证规范等。
- 信息发布：主要发布一些外经贸法规、新闻、工作动态，以及许可证管理商品的相关规定、政策。
- 可证的接入点。
- 统计信息：提供许可证相关数据统计信息。
- 问题解答：对相关进出口业务问题进行解答。

许可证局网站主页如图 11-5 所示：

图 11-5 许可证局网站主页

(2) 办公自动化系统

许可证局的办公自动化系统主要包含公文流转、档案查询、信息发布、日程管理、通讯录管理等几项内容：

- 公文流转。许可证局的公文流转分为收文流转和发文流转两部分。公文流转的路径定义也很灵活，即可以以固定的流转方式，也可以针对特殊情况临时确定流转路径。用 Word 撰写的公文以附件的形式进行流转。由于收文都是纸质文件，所以先由局领导在纸质文件上作相关批示，然后对文件进行扫描，直接形成 PDF 格式文件，以附件的形式进行流转。局内人员的计算机上都安装了 ADOBE ACROBAT 阅读软件，直接双击附件就可以打开。公文在网上进行流转，缩短了公文处理的时间，提高了公文处理的效率。
- 档案借阅查询。档案查询具有类似于图书馆的书目查询系统，借阅人只要记得档案的一些主要特征，如有关哪方面的内容、几个重要的关键字、发文日期大约在什么时候、是哪个部门发的文、文体是什么等等就可以进行组合条件模糊查询。查询到所需要的档案名称后，就可以点击该名称进行电子借阅申请，由系统管理员进行电子借阅审批后，借阅人才能够对该文件进行电子浏览。公文流转完毕后，会自动进入档案库中，也可以由档案管理员手工对文件进行归档。查文效率高，把档案管理员从繁重的工作中解脱出来。

- 信息发布。信息发布分为三种，一种是属于公告性质的信息，如外经贸部政务信息、全局大会通知、局简报、工作动态、任职前公示。由于这类信息比较重要，所以，要得到系统管理员的审批才能进行发布。第二种是要定向发布的信息，如召集所有处以上干部开会的通知、下发到党小组、所有党员的学习材料、各处每月向局办公室上报的考勤情况、工作情况汇报材料等。第三种是常备信息，如常用的表格下载、常用软件下载、请休假单、出差单、局规、干部考核任免办法、奖惩规定、公文写作样本、文件流转办法、出国手续的办理程序等。此外，还有自由讨论区，即 BBS。

第12章 业务及办公信息系统案例

12.1 公安刑事案件综合信息管理系统

刑侦信息综合管理系统(以下简称刑侦系统)是刑警信息综合管理系统的重要组成部分。刑警信息综合管理系统是以系统工程理论为指导,依托公安信息网络,将刑侦信息纳入现代化计算机管理的电子信息系统。它将实现刑侦资料的数字化、实时化与共享化,为高层领导决策、指挥员分析调度及侦察人员破案提供高效、易用、先进的手段。刑警信息管理系统由主体信息系统、客体信息系统及相关信息系统三部分组成。

- 主体信息系统:由调度指挥(指挥员、工作预案等)、警力(警点、警员、专门技能人才)、后勤保障(财务、装备、设施建设)、行政管理(人事调度、考核奖惩、工资、纪律监督等)几个支系统组成。
- 客体信息系统:由案件(发案、立案、破案)、人员(涉案人、前科记录人员、违反治安管理人员、公安机关列管重点人员、公安机关刑嫌调控对象)两个支系统组成。
- 相关信息系统:由专业信息库(常住人口、外来人口、拣失人口、精神病人员、机动车驾驶员、旅店、娱乐场所、典当行、前科涉嫌人员通信录等)、社会公用信息库(机关、企事业名录及通信录等)组成。

刑侦信息综合管理系统作为刑警信息综合管理系统中的客体信息系统,管理与刑侦系统主流业务——刑事侦察相关的案件和违法犯罪人员信息,在刑警信息系统中占据重要的位置。

1. 系统建设的目标

利用网络通讯、数据库、GIS、互联网、客户/服务器、智能化数据分析等当今计算机先进技术,提供刑事案件和犯罪嫌疑人全部信息的收集、立破案登记、查询检索、犯罪团伙自动整理、串并案分析、统计报表等功能,实现刑侦工作中从接报案(警)、处警、案件管理、信息再利用、统计分析的全面计算机动态控制及管理,将快速传递信息、完整收集信息、充分共享信息作为系统建设的目标,规范信息采集和管理工作,促进刑侦业务工作的规范化。

2. 刑事案件侦破业务

对刑事案件的侦破,根据级别、地域、职能、移送、指定管辖规定,由市局、分县局及派出所共同完成。从业务流程图中可以看出,在侦破案件各个阶段所参与的部门不尽相同,每个阶段所产生的法律文书不一样,在案件受理或侦察过程中还会出现根据级别、地域和职能管辖移交案件情况。从案件受理到立案侦查阶段，需要对案件进行串并案分析，发现新的线索，尽快破案并将案犯缉拿归案。对案件资料的查询检索及报表统计分析，自始至终贯穿在案件侦破过程中，但每个阶段需查询检索内容及所产生的报表都不尽相同。

要侦破一起刑事案件需要了解很多情报，如案发时间、案发地点、被害人、知情人、目睹人、嫌疑人、作案过程、犯罪工具、痕迹物证、涉案物品等，同时，违法犯罪人员的流动性、隐蔽性及作案手段的越来越先进，给案件的侦破造成很大困难。刑事案件的管理流程以及刑事案件信息管理系统网络结构如图12-1和图12-2所示。

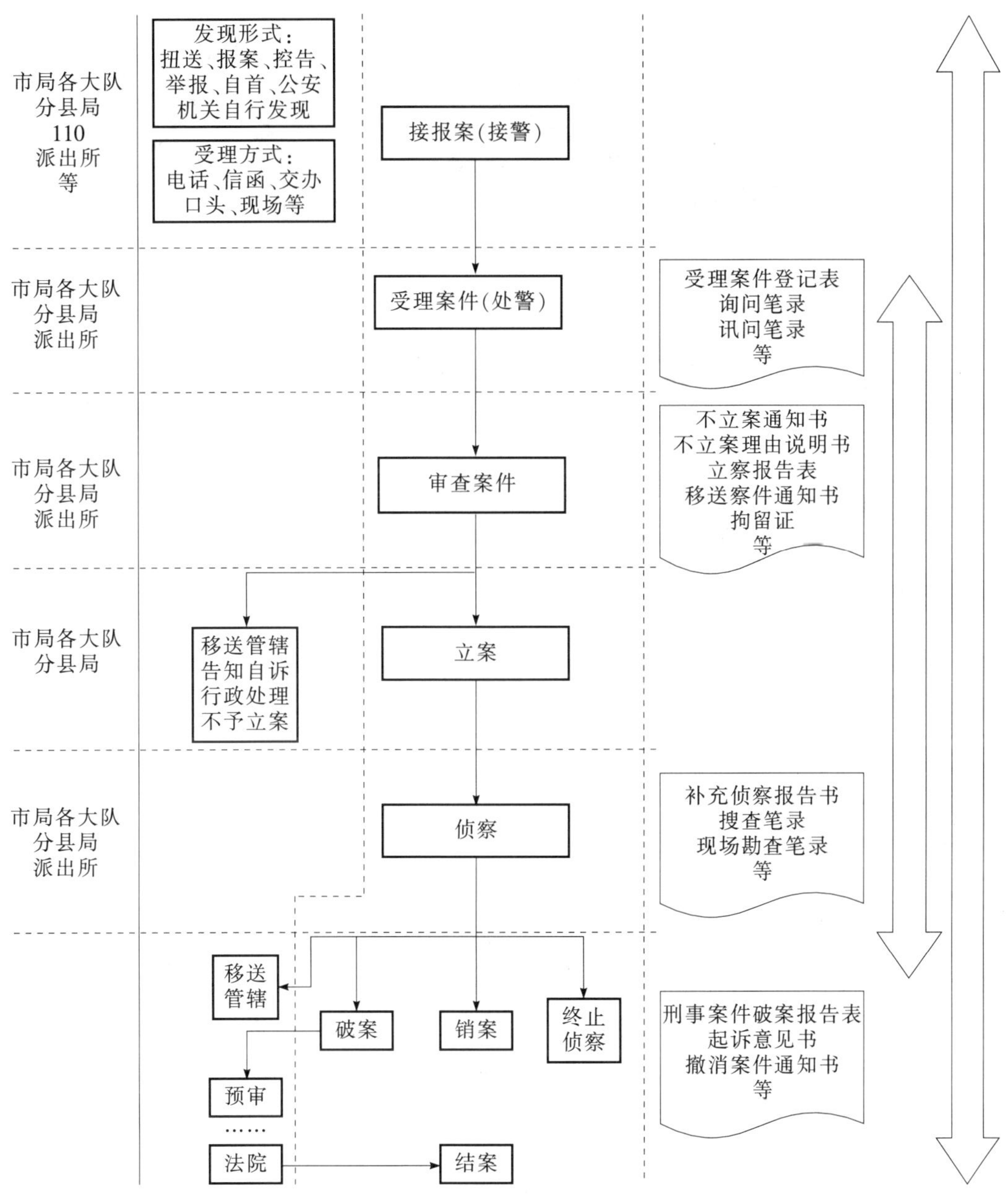

图12-1 刑事案件管理流程

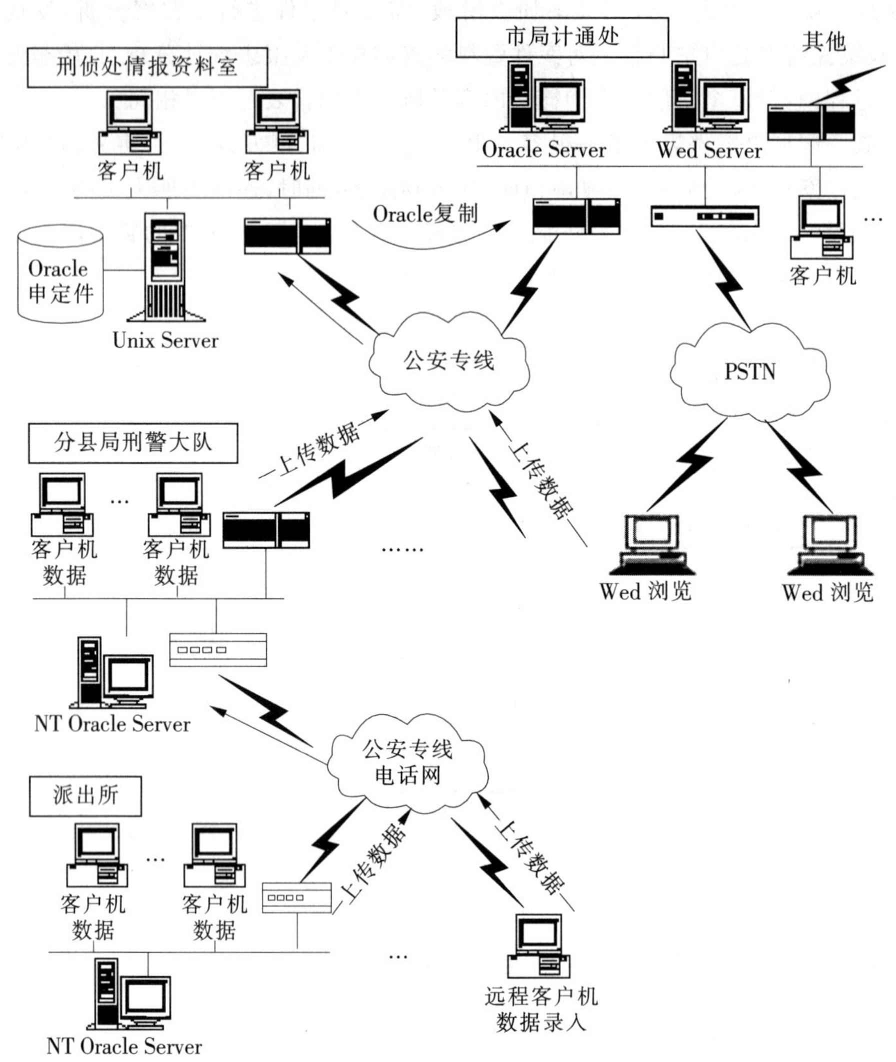

图 12-2 刑事案件信息管理系统网络结构

3. 系统总体结构及平台

(1) 系统总体结构

● 三级网络结构

最上层为市局，从地理位置上分为市局刑侦处情报资料室和市局计通处两个局域网，通过公安专线联接。市局刑侦处情报资料室设有基于 Unix 的数据库服务器及若干台客户机以客户/服务器方式工作。将收集全市刑事案件及违法犯罪信息，进行案件的串并案分析、常规的统计报表生成，同时监视全市刑事案件及违法犯罪人员信息。市局计通处主要完成全市刑事案件及违法犯罪人员信息的发布。将设有数据库服务器及 www 服务器。

第二层为分县局刑警大队局域网，将通过公安专线与市局联网。在分县局局域网上，设有基于 NT 的数据库服务器，采集刑事案件及违法犯罪人员信息，并收集下属派出所的以上信息。同时，将把所要案件及违法犯罪人员的信息上传到市局。分县局刑警大队还将完成案件的串并案分析、常规的统计报表生成，同时监视全区刑事案件及违法犯罪人员信息。

第三层为派出所局域网或远程客户机，将通过公安专线或电话网与分县局联网。在派出所局域网上，设有基于 NT 的数据库服务器，采集管辖地区刑事案件及违法犯罪人员信息，同时将把所要案件及违法犯罪人员的信息上传到上级刑警大队。以远程客户机方式工作的派出所直接将本区域的刑事案件及违法犯罪人员信息采集在上级数据库中。派出所还将完成案件的串并案分析、常规的统计报表生成。

● 采用客户/服务器及互联网技术

在三层局域网上采用客户/服务器技术，进行数据采集、维护、查询、统计报表、串并案分析、法律文书生成等工作。

采用互联网技术进行数据发布。移动用户、远程用户、其他部门用户将通过浏览器进行全市数据的查询。

● 采用分布与集中相结合的数据存储方式

采用以分布为主，与集中相结合的数据存储方式，在每层数据库服务器中，存放本地区的数据，同时将本地区的数据上传到上级单位。这种存储方式可以体现各基层部门的自主性，减少网络流量，提高系统响应能力，同时由于数据冗余存储保证数据的安全性。

● 采用本地/远程查询技术

采用数据库分布查询技术，使得每层客户机上，既能查询本地数据也可以查询全市数据。这在案件及串并案分析中尤为重要。

● 采用智能化数据分析技术

采用智能化数据分析技术实现智能串并案分析，为领导决策、指挥员指挥调度，及侦察员破案提供强有力的支持。

● 采用 GIS 技术

采用 GIS 技术，为案件分析提供直观、可视化、形象化的操作界面。

● 提供数据转换及传递功能

提供旧数据的转换功能，保护宝贵的已有数据资源；实现与指纹识别系统的无缝连接，避免重复劳动提高工作效率；提供与 CCIC 系统之间的数据转换功能，保证被盗抢机动车、枪支数据，在逃犯等信息及时准确地送到公安部。

(2) 系统平台

- 网络　系统基于公安专线网，使用 TCP/IP 协议。
- 服务器　市局服务器采用 IBM RS/6000 服务器及 AIX 操作系统，分县局和派出所服务器均采用 PC 服务器，使用 NT 操作系统。
- 客户机　客户机采用 PC 机，使用 Windows 95/98 操作系统。
- 数据库　数据库管理系统采用 Oracle 8. x。
- 应用系统开发　应用系统开发使用 Powerbuilder V6. x，数据库设计工具采用 ERWin。在应用系统的开发过程中，采用 OLE 技术调用 Word、Excel、Visio、MAPX 等控件实现部分数据处理，免去不必要的重复开发，工作重点放在核心模块的完善和性能的提高上。同时，与 GIS 系统有机衔接，将查询出来的结果在地图上标识形象直观地表现。

4. 数据库

系统是三级广域网结构。在广域网应用系统中数据结构及数据分布的设计是系统能否高效运行的关键。我们对数据采用分布为主与集中相结合的存储策略,提高系统运行效率和确保数据的高度安全。

- 在派出所建小型数据库系统(非远程客户机方式),保存本所接报的案件资料和相关人员资料,同时将这些资料通过网络上传到所属分局刑警大队的数据库服务器中。
- 在分县局刑警大队的数据库系统中保存自己接报的案件资料、破案资料和相关人员资料,同时保存管辖区内所有派出所上传的数据。并且将这些资料通过网络上传到刑侦处情报资料室的数据库服务器中。
- 市局刑侦处情报资料室作为全市刑侦信息中心,保存全市的案件资料、破案资料和相关人员资料。这些刑侦信息是从下属分县局刑警大队上传而得到的。同时,市局计通处的数据库系统中将保存与市刑侦处情报资料室完全相同的刑侦数据,是通过Oracle复制机制实现实时复制。计通处将以web方式向全市发布刑侦信息、统计信息并提供以浏览器方式移动查询功能。
- 在每层的数据库系统中,案件资料信息与违法犯罪人员(单位)数据存放在同一Oracle数据库中,以便实现由案件资料到违法犯罪人员,由违法犯罪人员到其犯罪记录的互查功能。

5. 主要功能

考虑到本系统所提供的功能多,同时为了将来的扩充,本系统划分为若干个子系统,每个子系统提供的功能以菜单方式体现。系统提供挂接子系统功能。

应用系统子系统划分如下:

- 发案资料管理:完成发案资料的采集录入和维护。
- 破案资料管理:完成破案资料的采集录入和维护。
- 破管辖外案资料管理:完成破管辖外案资料的采集录入和维护。
- 销案资料管理:完成销案资料的采集录入和维护。
- 违法犯罪人员资料管理:完成违法犯罪人员信息的采集录入和维护。
- 违法犯罪单位资料管理:完成违法犯罪单位信息的采集录入和维护。
- 犯罪团伙信息管理:完成犯罪团伙信息的录入、整理和维护。
- 查询统计报表:完成各类信息的完全匹配、部分匹配查询及固定报表、随机报表的定义生成和统计分析。
- 串并案分析:完成案件的单起、多起案件对比及自动对案件的串并案分析。
- 修改口令:修改已登录用户的密码。
- 数据上报:完成对基础数据的上报。
- 数据转换:完成对在逃信息、被抢盗枪支、被抢盗机动车信息的转换及上报。
- 用户权限管理:完成对用户账号的创建、维护及权限管理。
- 日志信息管理:完成对日志信息的查看及其维护。
- 刑警信息管理:完成刑警信息采集、录入。
- 退出系统。

12.2 中国口岸电子执法系统

口岸电子执法系统(以下简称中国电子口岸)的建成和推广应用,标志着国家电子政务系统中的海关即金关工程已从设计开发转入实际运行阶段,并且在整顿和规范经济秩序,促进对外贸易发展方面产生了巨大的经济效益和社会效益。

1. 中国电子口岸的概念

中国电子口岸是一个公众数据中心和数据交换平台,依托国家电信公网,实现工商、税务、海关、外汇、外贸、质检、银行等部门以及进出口企业、加工贸易企业、外贸中介服务企业、外贸货主单位的联网,将进出口管理流信息、资金流信息、货物流信息集中存放在一个集中式的数据库中,随时提供国家各行政管理部门进行跨部门、跨行业、跨地区的数据交换和联网核查,并向企业提供应用互联网办理报关、结付汇核销、出口退税、网上支付等实时在线服务。

2. 中国电子口岸产生的背景

20 世纪 90 年代中期,利用假单证、假批文、假印章进行的“三假”走私、骗汇、骗税违法犯罪活动十分猖獗。据不完全统计,1997 年全国海关共查获“三假”走私案案值为人民币 15 亿元,1998 年达到 21 亿元。“三假”走私骗汇、骗税对国家经济造成了严重损害。

按照国家外汇管理有关规定,企业出口货物必须事先到外汇管理部门备案,然后在规定的时间内把出口货物换取的外汇结算给外汇指定银行。企业进口设备、原材料需要外汇时,只需要向外汇指定银行出具海关签发的进口报关单证明,就可以自由购汇。实际上 1998 年国家外汇大量流失的主要原因是不法分子根本没有进口货物,而是通过制造假的报关单到银行骗购外汇。

为了配合有关部门打击骗汇、骗退税活动,全国海关曾经采取了许多防伪措施,先后研制了 3 代防伪印油、2 代激光防伪标签,并且在所有海关签发的报关单证明上加贴的激光防伪标签和加盖特防伪印油,进行单证防伪,并且配合外汇、国税和银行对进出口报关单进行“二次核对”。

1998 年,海关总署和外汇管理局按照国务院领导关于要加快银行、外汇管理局和海关之间的计算机联网,加强对报关单和外汇进出口核销工作的管理,从源头上防止骗汇、逃汇违法活动的发生的指示精神,联合开发了“进口付汇报关单联网核查系统”,该系统通过海关与外汇部门的联网核查来鉴别进出口付汇报关单的真伪,改变了靠书面单证防伪的做法,1999 年 1 月 1 日该系统在全国推广使用,并立刻收到了非常明显的效果。

口岸电子执法系统采用“电子底账+联网核查”的管理模式,使有关部门之间可以通过计算机网络直接核查对方的执法电子数据,从根本上防止了不法分子的造假机会。

3. 中国电子口岸的主要功能

(1) 数据交换功能

即通过中国电子口岸平台,政府与政府部门、政府部门与企业之间可实现数据交换和共享。数据交换对象包括国家行政管理机关、社会团体、事业单位、国内外企业、驻华使领馆、个体工商户等;联接方法有:PSTN、ISDN、ADSL、DDN、FR、ATM 等有线或 GPRS、CDMA

等无线接入方式;交换格式包括 EDFACT、XML、HTML、WML、SWIFT 等。

(2) 事务处理功能

即中国电子口岸可为政府部门和企业办理核销单审批、加工贸易合同审批、减免税审批、报关单申报、进出口许可证件和外汇核销单的申领、结付汇核销、保税区台账申请、ATA 单证申请等提供实时在线服务。

(3) 身份认证功能

电子政务网上操作谁也见不到谁,不仅要解决安全问题,更要解决信用问题,否则发生法律纠纷难以判定法律责任。中国电子口岸入网用户都要经过工商、税务、质检、外贸、海关、外汇等 6 个部门严格的入网资格审查,才能取得入网 IC 卡开展网上业务,从而有效解决网上业务信用问题和法律责任问题。身份认证包括:对工商、税务、海关、外汇、外贸、技术监督局等政府部门的身份认证;对进出口企业、加工贸易企业、外贸工业服务企业、外贸附属企业的身份认证;对个体工商户的身份认证。

(4) 存证举证功能

根据国家行政管理机关的授权以及中国电子口岸数据中心与各用户单位之间签订的协议,中国电子口岸数据中心针对部分联网应用项目承担存证举证的责任,电子数据存证期为 20 年。

(5) 标准转换功能

按照国家行政管理机关各部门以及企业用户的需要,由中国电子口岸数据中心对交换数据进行代码转换,如组织机构代码转换、业务单证代码转换、参数数据代码转换。

(6) 查询统计功能

根据提供共享业务数据主管部门或单位的授权,有控制地开放数据查询和统计服务。共享数据包括进出口报关单数据、企业经济户口档案数据、外汇核销单数据、海陆空铁邮及快件等货运数据、知识产权数据等。

(7) 网上支付功能

针对用户支付税费和货款的需求,由中国银行、工商银行、农业银行、交通银行、招商银行等商业银行在中国电子口岸设立网上银行,为用户开设电子账户,提供资金支付、信用担保、账务管理等多种金融服务。

(8) 网络隔离功能

企业及个人与政府部门的联网通过电子口岸实现"一点接入",使电子口岸成为政府网关,并实现政府网与互联网的逻辑隔离,从而确保政府网络的安全性。

4. 安全、可靠、高效的平台

(1) 科学合理的网络结构

过去一提联网、数据交换,就想到拉专线,建专网,势必造成重复建设、资源浪费、服务质量降低,加重企业负担。中国电子口岸改变了过去那种点对点的连接方式,依托国家电信公网建立一个公共数据中心和交换平台,实现了部委之间、部委与企业之间的联网数据交换和共享,详见图 12-3。

实践证明,采用国家电信公网资源,可以缩短建设周期,减少重复建设造成的浪费,实行专业化管理,提高服务质量,并且由于电信运营商实行规模经营,可以大大降低企业负担,减

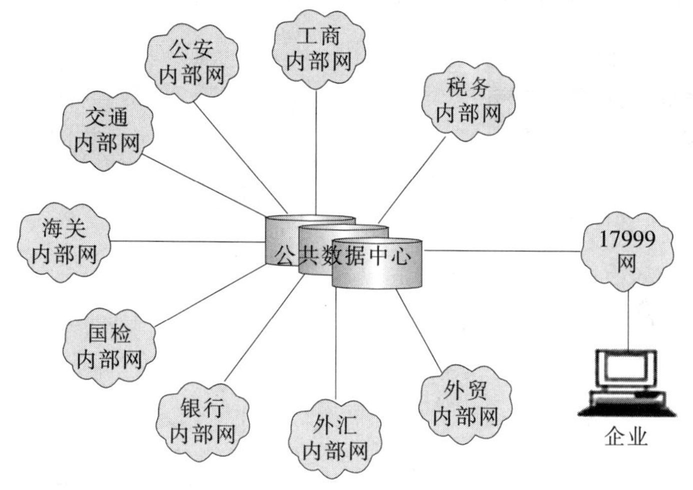

图 12-3　中国电子口岸网络结构

少政府投入。

(2) 科学的逻辑结构(见图 12-4)

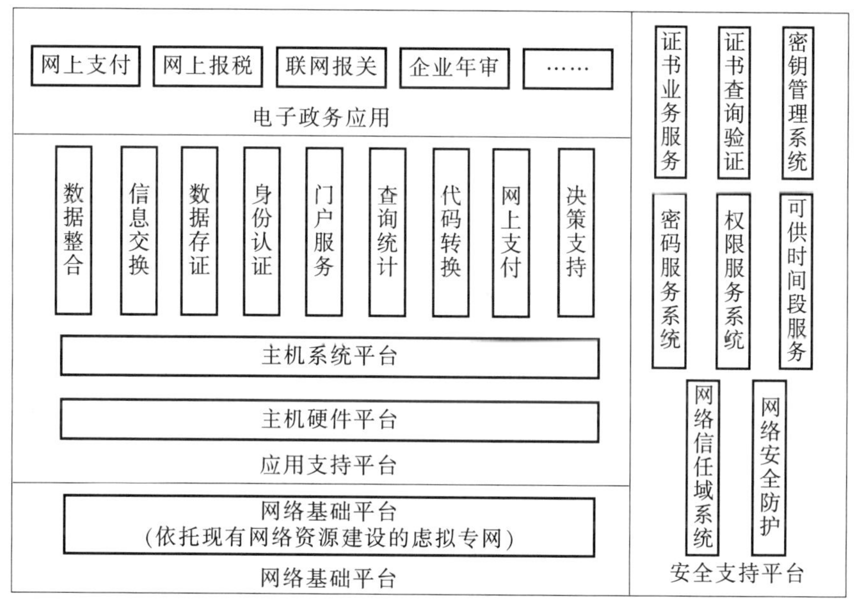

图 12-4　中国电子口岸逻辑结构

(3) 多种接入方式

为便于企业上网办理业务,电信运营商结合中国电子口岸的业务特点,推出了全国统一的“17999”拨号、宽带和专线等多种接入方式,使企业上网非常便利。

(4) 严格内外网隔离

中国电子口岸采用了“一点接入”的方式把每一个行政管理机关与其他行政管理机关和企业的链接通道全部进行逻辑隔离,在公共数据中心加装多重防护措施,以保证有效主运行系统和网络的安全。多重防护设施主要包括:(1)电子门卫,负责身份认证;(2)电子警犬,负责 24 小时侦查、报警；(3)电子侦察，对非法入侵者进行跟踪，如图 12-5 所示。

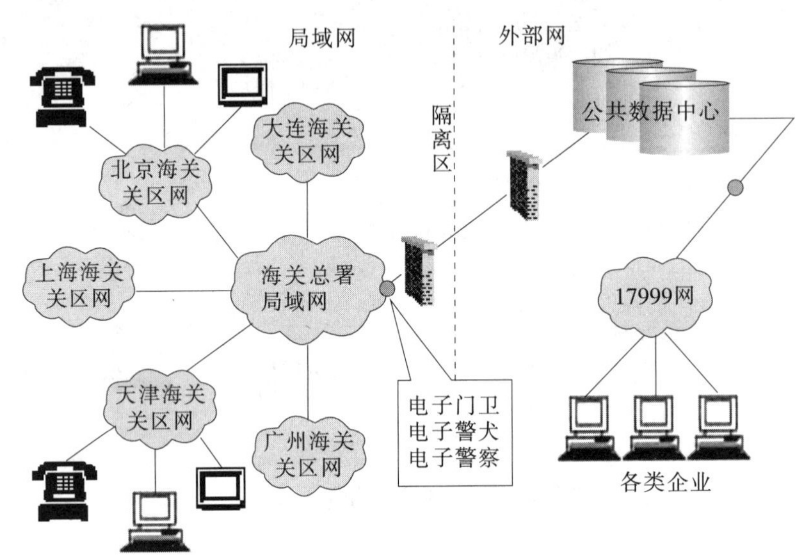

图 12-5　中国电子口岸内外网隔离措施

(5) 完善的多重备用系统

鉴于中国电子口岸在国家进出口管理中所承担的重要任务，因此在系统总体设计中特别注重多重备份。目前除主运行系统外我们还建有同城备份系统，并且在异地建有容灾备份中心。网络方面通过电信部门提供的远程拨号接入和迂回通信等方式，进一步加强网络安全可靠性，详见图 12-6。

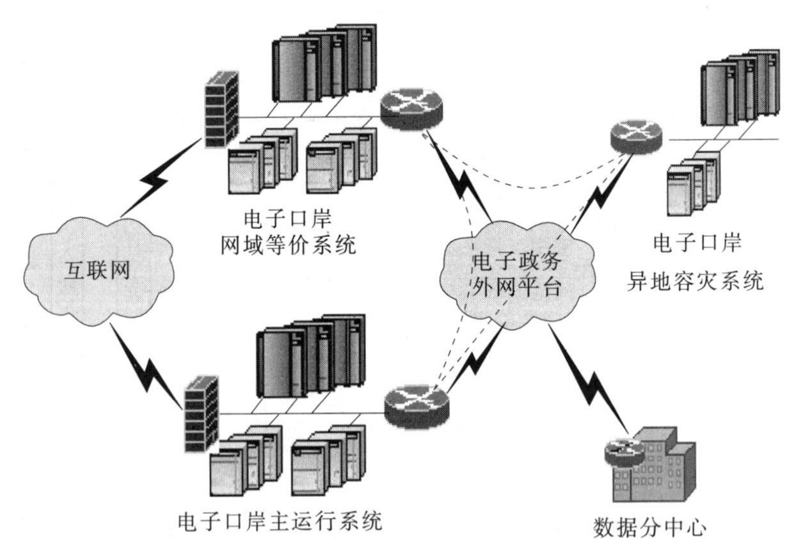

图 12-6　中国电子口岸多重备用系统

(6) 严密的用户入网资格审查

企业申请成为电子口岸用户，上网办理报关、外汇核销、出口退税等业务，必须经过工商、税务、质检、外经贸、海关、外汇等 6 个部门的资格审查和申请业务授权。企业使用 IC 上网办理业务时，系统将自动进行身份检查和授权操作检查，确保用户的所有业务操作都在严密的管理和监控之下进行。

电子口岸入网IC卡分企业IC卡、政务IC卡两类。其中，企业IC卡又分法人卡和操作员卡；政务IC卡分管理员卡和操作员卡。企业法人卡用于以法人名义授权签字和对本企业操作卡进行管理等；操作员卡用于企业联网办理通关、收汇、退税业务等。政务管理卡用于对本部门操作IC卡的发放和管理；操作员卡用于办理网上审批和审核业务等。

5. 中国电子口岸的主要作用

(1) 强化监督管理，实现综合治理

国家有关行政管理部门分别将进出口企业档案、合同、税票、核销单、报关单、舱单(运单、路单)、运输工具等数据资料通过国家电信公网传送到公共数据中心建立电子底账，并实现跨部门联网核查、核注、核销，使管理部门对进出口货物、运输工具和监管场所等进出口环节的管理更加完整和严密，从根本上杜绝利用假单证走私、骗税、骗汇等违法犯罪活动。比如说，不法企业为少交关税和进口环节税，在报关时用低报价格的方式瞒骗海关，应该报10元的价格只报了1元。如果海关在审价时能够随时查到港务、理货、银行、交通运输等部门的有关资料，就可以及时发现企业的瞒报行为，防止国家税款的流失。

(2) 规范执法行为，促进政务公开

政府部门的行政审批、监督管理等执法业务操作全部上网，将促使管理部门各项执法行为更加规范、统一、透明，从而形成一种部门之间相互制约，相互监督的有效机制。同时，有关进出口管理、金融管理、税收管理等政策法规、管理规定上网，增加法规的透明度，促进政务公开。

(3) 提高贸易效率，降低贸易成本

企业只要通过互联网，就可以在网上向海关、质检、外贸、外汇、工商、税务、银行等国家行政管理机关申办报关、出口退税、结付汇和加工贸易备案等进出口手续，减少了企业直接到政府部门办理业务的次数，节省了办事时间，提高了贸易效率，从而真正实现了政府对企业的"一站式"服务。过去企业办加工贸易合同备案，平均每个合同要跑银行、海关、税务等部门10多次。如，广州一家造船厂造一条船要签120个合同，每年8艘船，要跑9 600次，这些审批全部在网上做，就可以大大提高效率。

(4) 促进中国电子政务的发展

以应用需求为导向，充分利用现有网络资源和信息资源，进行跨部门、跨行业、跨地区信息系统的整合，逐步形成中国政府电子政务的统一网络和数据处理平台，最终实现"一卡通"和"一站式"服务。

(5) 促进中国电子商务的发展

中国电子口岸入网用户已经达10万家，而且还在不断增长。这些用户每年进出口货物的总值超过数千亿美元，孕育着巨大的运输、仓储、金融、保险等电子商务服务市场，加上中国电子口岸安全可靠高效的交易平台，严密的资信和授权管理，为中国信息产业和电子商务的蓬勃发展创造了良好条件。

第13章 政务智能系统应用案例

13.1 江西省防汛指挥决策支持系统

由中国水利水电科学研究院和江西省水利厅、江西省防办、南昌大学等单位联合研制的"江西省防汛指挥决策支持系统"第一阶段的设计开发成果于2001年3月16～30日在江西省防办进行了安装、调试，开始投入试运行。

江西省防汛指挥决策支持系统根据国家防汛指挥系统工程总体设计确定的原则，结合了江西省省级防汛工作的具体特点进行设计和开发。该系统第一阶段的设计开发成果包括以下7个方面的内容：

- 用户需求分析与系统总体设计。
- 综合数据库设计和数据库维护子系统。
- 基于GIS的防汛信息查询子系统。
- 基于web的防汛信息查询和成果发布子系统。
- 工情安全评估子系统。
- 柘林水库洪水预报与调度子系统。
- 南昌市与康山蓄滞洪区防洪调度子系统。

系统运行于NT平台下的Client/Server/Browse体系结构的分布式计算机网络系统环境，设计开发过程中采用了先进的遥感、GIS、数据库、计算机网络、软件工程、信息工程、多媒体、web技术，使系统具有实用、先进、实时、可靠、开放、规范、界面友好和便于扩展等突出特点。

该系统的框架结构分为人机交互层、应用分析层和系统支撑层三个层次(如图13-1所示)。

1. 应用分析层

应用分析层通过人机交互接口与决策分析人员及决策者进行交互，在系统支撑层的数据、模型、方法、知识、图形、图像和GIS等资源的支持下，完成防汛抗旱决策过程中各个阶段、各个环节的信息处理、综合分析和辅助决策处理功能。

2. 人机交互层

人机交互层是系统使用者与系统之间的人机接口，主要作用是通过建立总控程序构筑系统运行的软件环境，控制应用软件运行、运行控制参数的输入和运行结果的表达等，提供

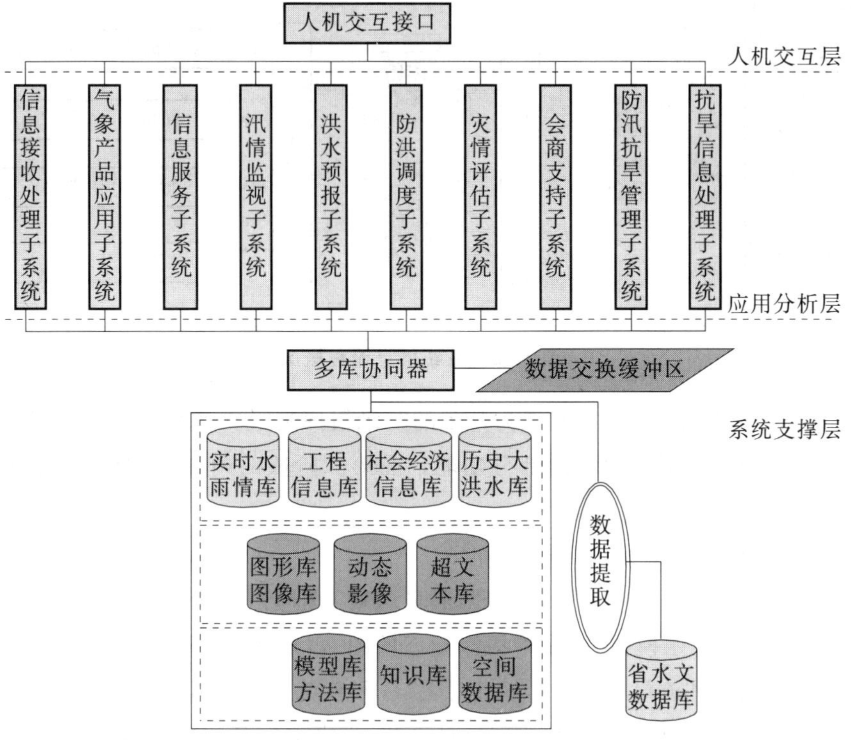

图 13-1　系统总体结构框架

良好的系统运行界面和人机交互环境；应用分析层是决策支持系统的核心，由信息接收处理、气象产品应用、洪水预报、防洪调度、灾情评估、信息服务、汛情监视、会商支持、防汛抗旱管理、抗旱信息处理 10 大功能子系统构成，提供防汛抗旱决策过程中所需要的各种具体业务功能。

3. 系统支撑层

系统支撑层存储和管理防汛决策过程中系统应用层各功能子系统共用的数据信息，既包括实时和历史的不同时期的数据，也包括数据表和数据文件，以及文本、图形、图像、程序、音频、视频资料等不同的信息类型的数据。分别形成以实时水雨情库、工程库、社会经济信息库、图形库、图形图像库、历史大洪水库、超文本库、水文数据库等 8 大信息库，组成系统的综合数据库。

系统的运行在流程上可以划分为：信息收集、预测预报、方案设计、决策实施和执行反馈 5 个阶段。总的运行原则是：各子系统之间不进行直接的相互控制，各自独立运行；子系统之间的数据联系通过公共的信息缓冲区，在多库协同器的统一控制下进行交换；子系统的控制则通过功能调用和消息传递的方式实现。系统的信息流程概况如图 13-2 所示，从包括水、雨、工、旱、灾情和反馈信息在内的信息源开始，自左至右依次经过信息收集、通信与计算机网络平台、信息管理功能、数据库和 GIS 平台、决策支持功能等，最终以决策信息形式到达各类用户，同时进行决策执行情况的情报反馈。

江西省防汛指挥决策支持系统的研制计划分为三个阶段实施。第一阶段实现以数据库为基础的防汛信息管理系统；第二阶段实现以模型库为基础的防汛专业应用系统；第三阶段

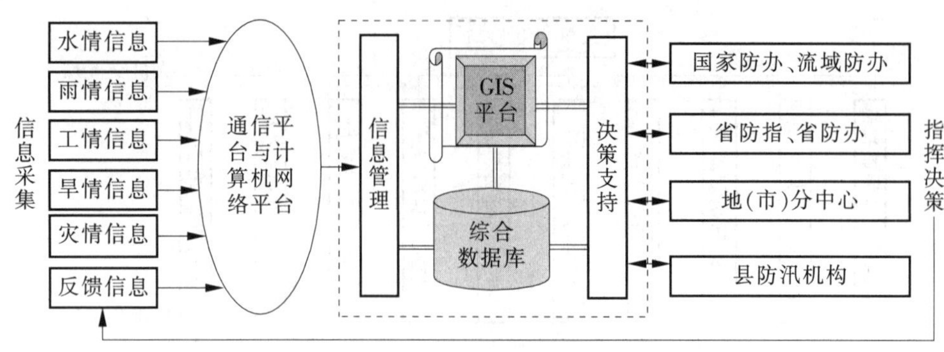

图 13-2　系统信息流程概况

实现以防汛信息、应用模型、专家知识为基础的防汛指挥决策支持系统。目前投入运行的研发成果包括第一阶段和第二阶段的部分功能。在第二阶段的内容中,重点研制了 3 个防汛模型的子系统:

- 康山蓄滞洪区洪水模拟系统

该系统包括:① 方案预定软件,可在图形显示的基础上方便、快捷地制定康山蓄滞洪区的各类防洪工况;② 洪水模拟软件,可以以动态的图、表形式直观表现出康山蓄滞洪区在溃堤后洪水的入洪过程和淹没过程;③ 实现了在 GIS 系统中对模拟洪水的显示,在洪水模拟的基础上通过康山蓄滞洪区的 GIS 地理信息系统,将洪水信息与地理信息、社会经济信息相结合,形成以淹没水深为表征的康山蓄滞洪区洪水风险图。该洪水模拟系统既可以在规划阶段为蓄滞洪区的安全建设、规划、运行服务,也可以在实际洪水过程中为蓄滞洪区的各类应急方案的实施服务。

- 工情安全评估子系统

运用该子系统中由中国水利水电科学研究院开发、并已成功用于多个实际工程的先进模型,可以方便快捷地对堤防、土坝等进行渗流和稳定分析计算,汛前可根据需要制定出多个预案,汛期也可实时根据不同的运行工况,判断出各相关工程的安全状况,为工程的安全保护提供及时、可靠的技术支持。

- 水库洪水预报调度子系统

洪水预报采用了中国水利水电科学研究院开发并已运用多年的洪水预报模型软件,该系统从综合数据库中读取实时数据(降雨、水位、流量)后,通过模型可计算出未来可能发生洪水的有关信息(包括洪峰、洪量、历时等);采用近代先进的系统识别技术实时校正模型,对水文模型预报的洪水过程进行实时修正,再由具有预报经验的水库调度人员发布洪水预报的结果。在防洪调度管理方面,根据该子系统预报的洪水过程、工程本身及上下游的防洪要求,计算并选择出最佳的防洪调度方案,科学指导运行决策。该子系统还能根据历史水文资料,进行洪水预报模型的参数优化,用以编制流域的预报方案。

上述各子系统的运行操作都十分简便,人机对话友好,且均有直观清晰的图面显示,现已投入总系统的试运行中。

江西省防汛指挥决策支持系统是包括省、地(市)、县多层次多节点的基于广域网并且覆盖全省范围的专业决策支持系统。在该系统的设计开发过程中,采用了先进的计算机技术、遥感技术、信息工程和软件工程技术等现代科学技术，其成果具有较高的学术价值。该系统已在2005年汛期投入试运行，能够有效地实现实时并完整地进行防汛信息的收集、传输、处理和存储；快捷、灵活地以图、文、声、像一体化的多媒体和超文本方式，提供雨情、水情、工情、旱情、灾情背景资料、历史资料和动态资料等信息服务；提高洪水预报的精度和预见期；改善防洪调度手段，支持迁移和安置咨询；及时向重点分蓄洪区发布洪水警报，收集反馈信息；提供现代化的防洪抗旱管理、决策手段，提高防汛指挥信息化和办公自动化水平，促进水利现代化建设。该系统的研制成功对省级防汛指挥决策支持系统的建设具有一定的借鉴参考价值，对于提高省级防汛抗旱工作的现代化水平，防治水旱灾害和减小洪涝灾害的损失、保障社会稳定和保障社会经济可持续发展，具有重要意义。

13.2 北京市应急指挥决策支持系统

1. 总体结构

(1) 逻辑结构

北京市应急指挥系统逻辑结构如图13-3所示，该系统由专业指挥子系统和区域指挥子系统组成。以北京市统一规划建设的网络基础设施进行信息传递，使用全市统一建设的基础信息资源和共享各委办局生产的专题类基础数据库，通过应急指挥系统服务平台进行信息交换。

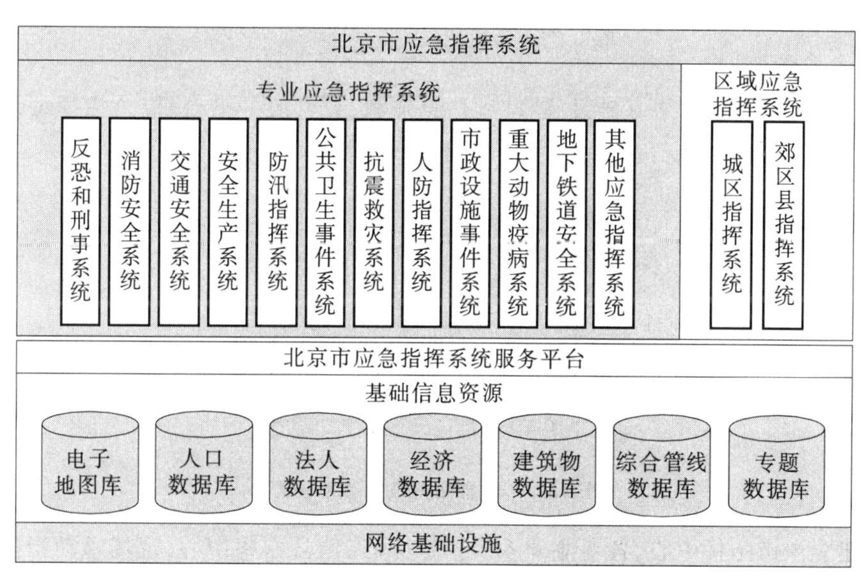

图13-3 北京市应急指挥系统逻辑结构图

(2) 分级结构

建设市级和区域与专业两级应急指挥系统，使它们构成互联互通、统一指挥、快速应对的北京市公共危机应急指挥系统。

如图13-4所示，在此系统中，以市级指挥中心为核心的市级指挥系统属最高层次的横向系统，能够指挥和调动各专业子系统和各区县子系统。

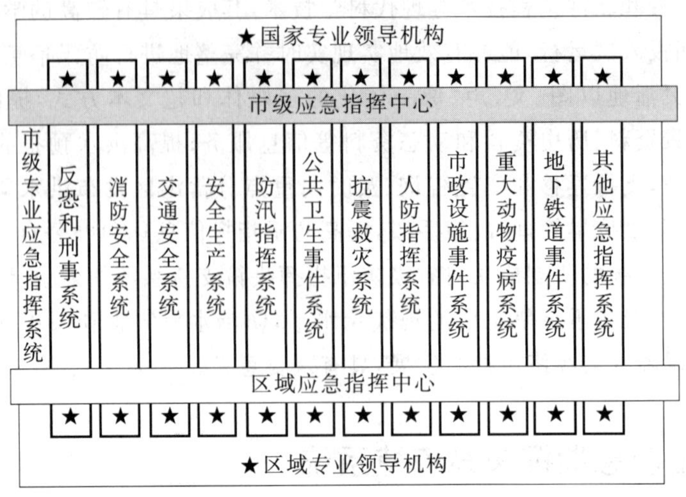

图 13-4　应急指挥分级结构

以区域应急指挥中心为代表的区县应急指挥系统主要完成属地管理原则所需的各项任务。

各专业应急指挥子系统是遵从各自垂向的行业规定，实现其政府职能范围内危机管理的应急系统，上联国家专业领导机构，下通本行业的区域专业领导机构。它受市级指挥中心和本行业国家专业领导机构的双重领导，并同时为市级指挥中心和区县应急指挥中心提供专业服务。

2. 技术参考模型

如图 13-5 所示，由网络基础设施、基础信息资源、公共服务平台、应急指挥系统、安全体系、运行支持系统和技术标准与规范共同组成应急指挥技术支撑体系。

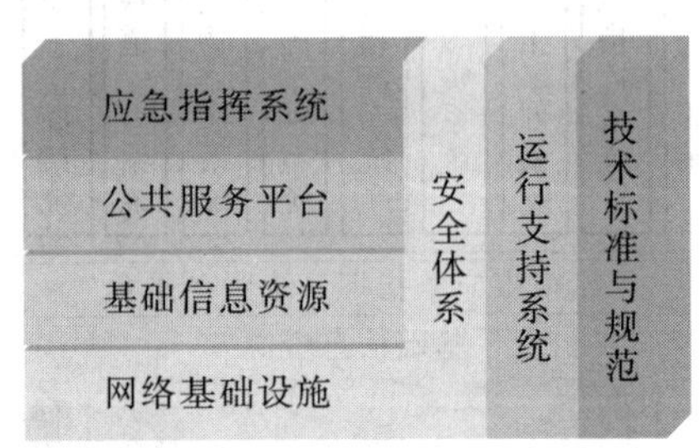

图 13-5　应急指挥技术参考模型

(1) 建立由市指挥中心、各专业子系统指挥中心、区县指挥中心、现场移动指挥车、现场救援人员组成，以报警服务中心、专业数据监测网络、视频监控系统、跨区域危机信息互通、现场移动指挥车等组成的危机信息采集系统。在北京政务平台基础上建立北京市公共危机应急决策指挥综合服务平台，实现信息的共享和交换。以建设中的 800 兆数字集群网为主要通信手段，公共通信设施及其他通信方式为备用通信手段，以有线通信系统、无线通信系统、视频会议系统共同构成的通信控制与调度系统，以超大电视屏幕组成的动态监视、跟踪评估与应急对策会商显示系统，形成应急指挥系统的技术支撑体系，实现危机信息与指挥信息的通畅传递。

(2) 建立统一的公共服务平台。主要包括建立各级应急指挥系统所需的统一生产、更新及时、全市共享的地方坐标体系基础系列电子地图和国家54坐标系基础系列电子地图。统一建设为实现危机预测分析、预案编制、危机处置、辅助决策及灾后恢复计划所需的以城市地理编码数据库、市政管线库、市民基础信息数据库、法人单位库、基础行政辖区边界数据库、遥感影像数据库、全市建筑物现状库、宏观经济库以及其他城市公共基础信息数据库构成的统一基础共享数据库。针对城市运行中各种基础设施、行政资源、行业基础信息、专业人才、各类应急技术等资源信息,以现有各专业委办局基础数据库为依托,建立若干基础数据中心,确立共享与数据调度更新机制,通过政务专网或无线网络实现对应急数据的查询和分析。

(3) 建立应急指挥决策系统,为危机预报、危机评估、危机紧急指挥与调度、危机处置决策、灾后重建提供信息支撑。以政府建设的有线电子政务专网和800兆数字集群无线政务专网为管道,以地理信息系统为基础,整合遥感信息、GPS定位信息服务,以危机专家知识库和危机处置预案库为核心,上连中直机关接收上级命令,从危机信息采集系统相关数据库中抽取数据,运用数学模型,生成指挥所需的决策意见或方案,形成能够实现综合分析、形成决策、调动资源、派遣队伍、下达指令、决战决胜、督促检查的应急指挥中心指挥决策系统。

(4) 建立信息安全保障体系。建设网络与信息安全应急救援及灾难恢复等信息安全基础设施和机制,要有一套全市统一的公用的网络与信息安全应急响应与灾难恢复基础设施来保证应急指挥系统的正常运行。

各专业子系统所拥有的专业监测系统所获区内外信息,经系统分析整理后报送市级应急指挥中心,一旦接近或突破预警边界,则启动全市危机应急预案。

全市危机应急预案启动后,市级指挥中心按法定程序和权限直接对各区县、各专业子系统行使指挥权限。

3. 应急联动模型

如图13-6所示,应急指挥系统的信息输入渠道有多种形式,以语音、web等方式发送的信息进入紧急救助受理服务中心,按照紧急与咨询分类处理,对咨询类需求转接到市长热线,对一般事件指令下达到各相关子系统指挥中心,对紧急事件指令直接下达到各二级专业处置机构,当发生全市重大公共危机事件时,将危机信息传送到市级指挥中心,此时启动全市危机应急预案。

各专业子系统拥有的专业监测系统所获区内外监测信息,经系统分析整理后报送市级应急指挥中心,一旦接近或突破预警边界,则启动全市危机应急预案。

全市危机应急预案启动后,市级指挥中心按法定程序和权限直接对各区县、各专业子系统行使指挥权限。

4. 应急指挥中心模型

(1) 市级应急指挥中心

- 市级固定指挥中心。

市级固定应急指挥中心主要由信息报送系统、视频监控系统、通讯控制与调度系统、基于GIS的分析决策系统、大屏幕显示系统、信息发布系统和基于IP的视频会议系统等7

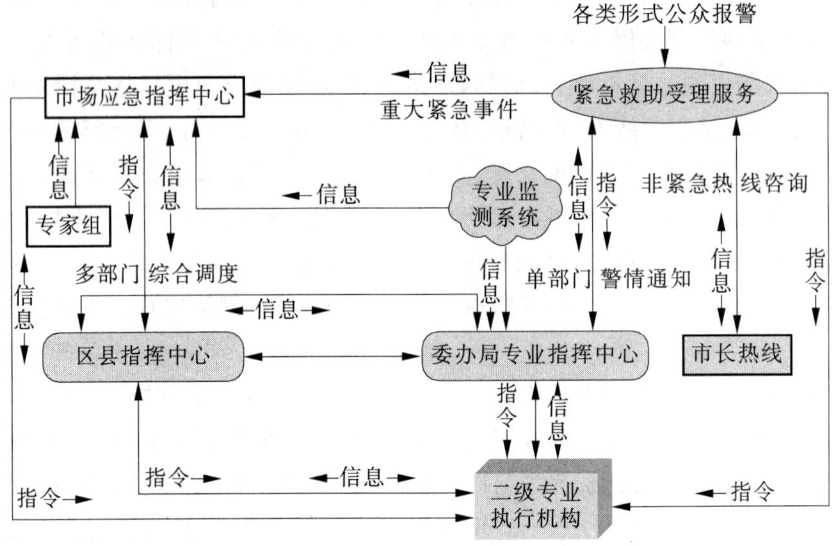

图 13-6　应急指挥联动参考模型

个功能模块组成如图 13-7 所示。借助基于专业监测网络的信息报送系统和紧急救助服务系统获得各类数据信息,借助视频监控系统获得现场情景信息,以有线通讯系统、无线通讯系统、网络系统、现场移动指挥中心共同构成的集成通信控制与调度系统实施应急指挥,借助视频会议系统召开跨部门联席会议,以互联互通的计算机网络系统和政务专网平台为核心的信息共享交换系统和基于 GIS 的分析决策系统,使市领导在市应急指挥中心通过以超大电视屏幕组成的动态监视、跟踪评估与应急对策会商决策显示系统,可对发生在全市范围内任何一点上的突发事件"看得见、听得清、信息准",确保"指令下得去,情报上得来"。

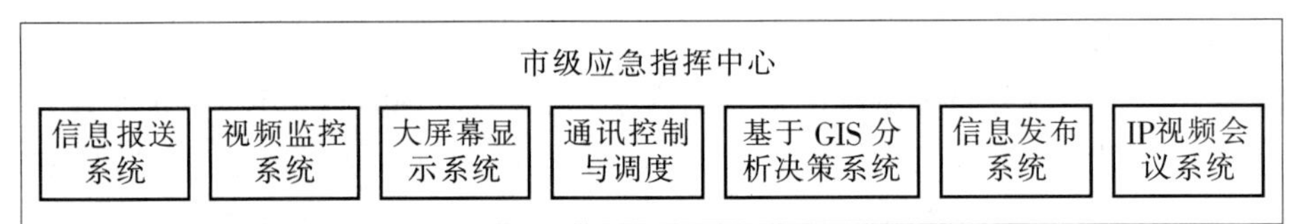

图 13-7　市级应急指挥中心技术模块图

在未启动全市应急预案时,市级应急指挥中心从整个应急指挥系统的各个渠道接收各类市情信息,经整理后报送市领导。

- 市级移动指挥中心。

移动指挥中心以卫星、微波、GSM、GPRS、CDMA、800M 数字集群等作为传输手段,集话音、图像、数据资料无线实时传输于一体,作为处理重大事件时的现场指挥中心,其功能基本与固定指挥中心相近。不同点在于信息获取与传输采取无线方式,同时各类设备须能够适应野外现场的恶劣环境要求。移动指挥中心可以从相临基站接入区县应急指挥中心或市级指挥中心。

市级移动指挥中心(见图 13-8)基本由预案系统、指挥调度系统、现场视频监控系统、视频会议系统、小型显示系统和辅助决策系统构成。包括管理和通信能力，并具有在需要时能够临时接替固定指挥中心成为市系统最高指挥权限的能力。

移动指挥中心应具备越野性能、防爆能力，配有可供系统 24 小时连续工作的后备蓄电池或配有发电设备。

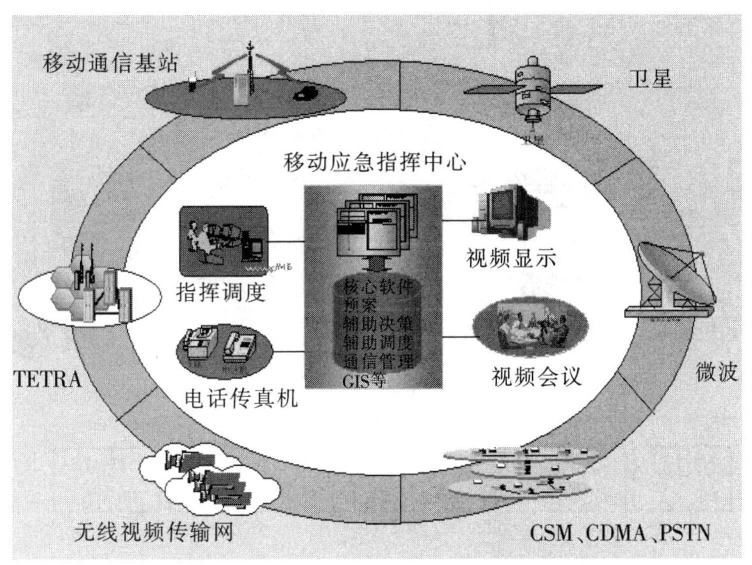

图 13-8 市级移动应急指挥中心技术模块图

(2) 区域应急指挥中心

区域应急指挥中心从技术体系标准上要与市级应急指挥中心保持一致，基本功能模块与市级应急指挥中心一致(见图 13-9)，在规模上要精简节约。内城的东城、西城、宣武、崇文四区除完成辖区内的信息收集与社区集成指挥外，专业应急处置主要依托于市级指挥中心。

远郊区县可考虑建设相对比较完善的中心。但是在区县内不应再建设由区县所辖的下级专业应急指挥中心，区县内专业应急主要由市级专业子系统提供服务。

北京市各区域应急指挥中心除了包括与区域相关的特殊功能子系统外，应该包括如下的基本的系统：

- 视频监控系统。
- 信息报送系统。
- 通信控制与调度系统。
- 基于 GIS 分析与决策系统。
- 视频会议系统。
- 数据整合、分析系统。
- 应急信息发布系统。
- 应急协同办公系统。
- 危机专家知识管理系统。
- 应急预案管理系统。
- 应急知识培训系统。

由于投资较大,区域移动指挥中心要根据具体情况慎重建设,主要应限于远郊区县。其建设方案可以参照市级移动指挥中心建设方案简化,并在满足区域应急指挥需求外,还应考虑在需要时升级为市级前线应急指挥中心。

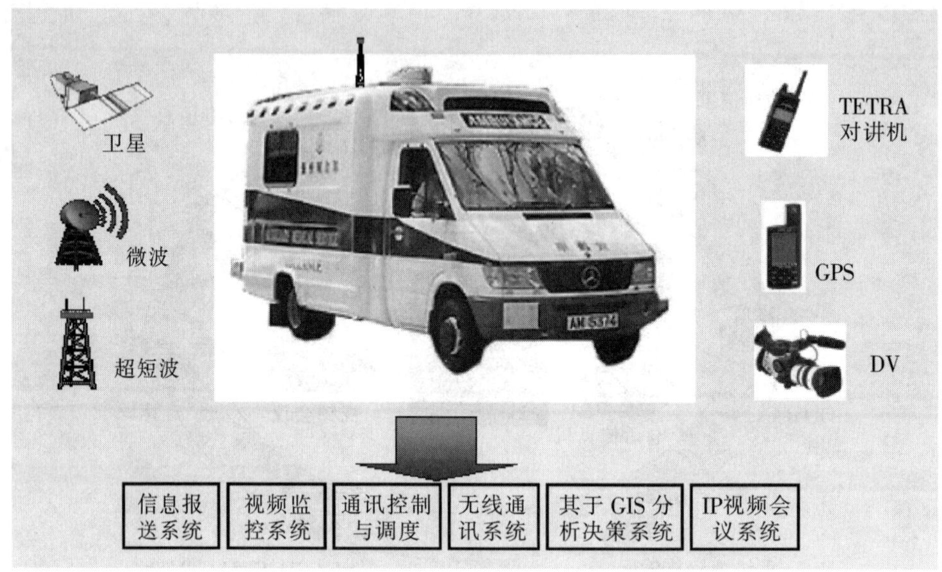

图 13-9　区域应急移动指挥中心技术模块图

参考文献

1. 刘邦凡.电子政务建设与管理.北京:北京大学出版社,2005。

2. 刘文富.网络政治.上海:商务印书馆,2002。

3. 汪玉凯,赵国俊.电子政务基础.北京:北京中软电子出版社,2002。

4. 焦宝文,刘庆龙,孟庆国.中国电子政务的探索与实践.北京:中国财政经济出版社,2003。

5. 徐晓林,杨兰蓉.电子政务导论.武汉:科学出版社,2001。

6. 张锐昕.电子政务概论.北京:中国人民大学出版社,2004。

7. [日]白井均.电子政务.上海:上海人民出版社,2004。

8. 赵国俊.电子政务.北京:电子工业出版社,2003。

9. 金江军,潘懋.电子政务高级教程.北京:中国人民大学出版社,2005。

10. 濮小金等.电子政务.北京:机械工业出版社,2005。

11. 姚国章.电子政务原理.北京:北京大学出版社,2005。

12. 孙正兴,戚鲁.电子政务原理与技术.北京:人民邮电出版社,2003。

13. 苏新宁,吴鹏,朱晓峰.电子政务技术.北京:国防工业出版社,2003.1。

14. 黄梯云,李一军.管理信息系统.北京:高等教育出版社,2000。

15. 吴爱明.电子政务教程——理论、实务、案例.北京:首都经济贸易大学出版社,2004。

16. 王浣尘.信息技术与电子政务——信息时代的电子政务.北京:清华大学出版社,2004。

17. 海尔·瑞尼著,薛澜等译.理解和管理公共组织.北京:清华大学出版社,2002.2。

18. 陈振明.公共管理学.第2版.北京:中国人民大学出版社,1999。

19. 焦宝文,刘庆龙.电子政务导论.北京:中国经济出版社,2002。

20. 吴爱明,祁光华.政府上网与公务员上网.北京:中国社会科学出版社,1999。

21. James Teng 著.梅绍祖译.流程重组——理论、方法和技术.北京:清华大学出版社,2004。

22. 陈群民.政府流程改进研究.上海:同济大学博士学位论文,2002。

23. 董新宇,苏竣.电子政务与政府流程重组——兼谈新公共管理.公共管理学报,2004(4)。

24. 陈明亮.中国电子政务建设模式和政府流程重组探讨.浙江大学学报(人文社会科学版),2003(4)。

25. 吴玉宗.服务型政府:缘起和前景.社会科学研究,2004(3)。

26. 张秀霞等.信息高速公路与行政管理的未来.中国行政管理,1998(5)。

27. 齐佳音,韩新民,李怀祖.客户关系管理的管理学探讨.管理工程学报,2002(3)。

28. 成栋,宋远方.浅谈客户关系管理在电子政务中的应用.管理世界,2002(6)。

29. 李宝玲.全球电子政务发展的现状.特点和未来.管理现代化,2005(3)。

30. 王立华,覃正,韩刚.电子政务绩效评估的研究述评.系统工程,2005(2)。

31. 陈波.电子政务建设与政府治理变革.国家行政学院学报,2002(4)。

32. 张成福.信息时代政府治理——理解电子化政府的实质意涵.中国行政管理,2003(1)。

33. 张成福,唐钧.电子政务绩效评估——模式比较与实质分析.中国行政管理,2004(5)。

34. 中国行政管理学会课题组.服务型政府是我国行政改革的目标选择.中国行政管理,2005(4)。

35. 宋海刚,陈学广.计算机支持的协同工作(CSCW)发展述评.计算机工程与应用,2004(1)。

36. 李一凡.电子政务的组织保障——政府流程重组.经济与管理,2004(5):18。

37. 曹凌,耿鹏.电子政务管理模式探析.西安电子科技大学学报.社会科学版,2001(3)。

38. 张繁，蔡家榻. 电子政务系统中动态工作流技术的应用. 计算机工程，2003(12)。

39. 黄晓梅等. 工作流技术在电子政务领域中的应用. 计算机工程，2003(11)。

40. 黄钢等. 电子政务网格层次体系结构研究. 计算机应用研究，2005(2)。

41. 张英朝等. 基于网格技术的电子政务平台体系结构. 计算机应用，2002(12)。

42. 王光宏，蒋平. 数据挖掘综述. 同济大学学报，2004(2)。

43. 陈明亮. 中国电子政务建设模式和政府流程重组探讨. 浙江大学学报. 人文社会科学版，2003(4)。

44. 杨秀丹，白献阳. 公共信息资源管理研究《图书馆论坛》第 25 卷第 6 期 2005 年 12 月

45. 于红梅. 国外信息资源管理理论学派概述《图书馆建设》2005 年 6 月第 6 期

46. 霍国庆. 信息资源管理的起源与发展《图书馆》1997 年第 6 期

47. 王瑞菊，翰章. 信息资源管理思想的继承与发展《图书与情报》2002 年第 4 期

48. 李绪蓉，徐焕良. 政府信息资源管理分析《电子政务》2005 年第 15 期

49. 郭家义. 政务信息资源目录体系的相关问题初探《电子政务》2005 年第 21 期

50. 冯卫红. 试论政府信息资源管理《中州大学学报》2005 年 1 月第 22 卷第 1 期

51. 曹树金，司徒俊峰，马利霞. 论政府信息资源的元数据标准《情报学报》2004 年 12 月 第 23 卷第 6 期

52. 罗昊 . 论建立信息公开制度《新世纪图书馆》2003 年第 4 期

53. 钟守真，李月琳. 论 IRM 的形成领域与发展阶段《图书馆工作与研究》2000 年 1 月第 1 期

54. http://www.echinagov.com/dzzw/

55. Ake Gronlund. *Electronic Government: Design, Applications and Management*. Idea Group Publishing, 2002.

56. David Garson ed. *Public Information Technology: Policy and Management*, Idea Group Publishing, 2003.

57. Jane Fountain. *Building the Virtual State: Information Technology and Institutional Change*, The Brookings Institution, 2001.

58. Layne, Karen, Jungwoo Lee. Developing Fully Function E-Government: A-Four-stage Model. Government Information Quarterly, Vol. 18, 2001.

59. Central IT Unit (UK). e-government A strategic frame work for public services in the information age. 2000, 4, http://www.iagchampions.gov.uk.

60. Christine Bellamy, John A. Taylor. Governing in the Information Age, Buckingham Philadelphia: Open University Press, 1998.

61. Performance and Innovation Unit(UK). Electronic Government Services for the 21st Century, 2000. http://www.cabinet-office.gov.uk/innovation/1999/ecommerce/

62. Phillip. J. Cooper etc. Public Administration for the Twenty-first Century. Harcourt Brace College Publishers, 1998.